Kommentar zur
Vermögens- und Mehreinkommensteuer
1919.

Von

Ludwig Buck und Dr. **Rudolf Lucas**
Regierungsrat a. D., Rechtsanwalt am Landgericht in Düsseldorf.
Rechtsanwalt am Landgericht in Düsseldorf.

Zweiter Teil:
Gesetz über das Reichsnotopfer.

Berlin und Leipzig 1920
Vereinigung wissenschaftlicher Verleger
Walter de Gruyter & Co.
vormals G. J. Göschen'sche Verlagshandlung — J. Guttentag, Verlagsbuchhandlung — Georg Reimer — Karl J. Trübner — Veit & Comp.

Roßberg'sche Buchdruckerei, Leipzig.

Inhaltsverzeichnis.

Gesetz über das Reichsnotopfer.

Gesetz über das Reichsnotopfer.

Vom 31. Dezember 1919.

(RGBl. S. 2189.)

Die verfassunggebende Deutsche Nationalversammlung hat das folgende Gesetz beschlossen, das nach Zustimmung des Reichsrats hiermit verkündet wird:

§ 1. Der äußersten Not des Reichs opfert der Besitz durch eine nach den Vorschriften dieses Gesetzes zu bemessende große Abgabe vom Vermögen (Reichsnotopfer).

Anmerkung: Das Gesetz spricht von einer „Abgabe" und nicht von einer „Steuer", um, ähnlich wie bei den früheren Kriegsabgabegesetzen, ihren Ausnahmecharakter hervorzuheben. Es handelt sich um ein Steuergesetz im Sinne des § 3 der Reichsabgabenordnung (RAbgO.), deren Vorschriften ergänzend Anwendung finden, also nur, insoweit in diesem Gesetz nichts Abweichendes vorgeschrieben ist (vgl. § 1 Abs. 3 RAbgO.). Insbesondere kommen die Bestimmungen der Reichsabgabenordnung über die Behördenorganisation, Gerichtsstand, Vertretung, Geschäftsfähigkeit, Veranlagung, Einziehung, Rechtsmittel, Strafrecht und Strafverfahren zur Anwendung; nicht dagegen oder nur teilweise oder ergänzend insbesondere die Vorschriften über Stundung, Zinszahlung, Rentenzahlung, Sicherheitsleistung, Wertermittlung (Grundstück!).

Wegen des Strafrechts vgl. die Sondervorschrift des § 58.

§ 2.[1]) Abgabepflichtig sind:

1. die Angehörigen des Deutschen Reichs[2]) mit Ausnahme[3]) derjenigen, die bereits vor dem 31. Juli 1914 sich mindestens zwei Jahre ununterbrochen[4]) des Erwerbes wegen oder aus anderen zwingenden Gründen im Ausland aufgehalten haben, ohne einen Wohnsitz[5]) im Inland zu haben, und entweder am 31. Dezember 1919 noch im Ausland[6]) wohnen oder innerhalb eines Jahres nach Friedensschluß des Erwerbes wegen im Ausland wieder ihren Wohnsitz nehmen.

   Die Ausnahme findet keine Anwendung auf Reichs- und Staatsbeamte, die ihren dienstlichen[5]) Wohnsitz im Ausland haben. Wahlkonsuln gelten nicht als Beamte im Sinne dieser Vorschrift;

2.[7]) nichtreichsangehörige Personen, die auch eine fremde Staatsangehörigkeit nicht besitzen, sofern sie im Deutschen Reiche einen Wohnsitz oder in Ermangelung eines Wohnsitzes ihren dauernden Aufenthalt haben, sowie[8]) Angehörige außerdeutscher Staaten, die im Deutschen Reiche einen Wohnsitz oder in Ermangelung eines Wohnsitzes ihren dauernden Aufenthalt haben und die deutsche Staatsangehörigkeit erst nach dem 31. Juli 1914 verloren haben;

3. Angehörige außerdeutscher Staaten, die sich im Deutschen Reiche dauernd des Erwerbes[9]) wegen aufhalten[9]);

4. inländische Aktiengesellschaften[11]), Kommanditgesellschaften auf Aktien[12]), Kolonialgesellschaften, Berggewerkschaften[13]) und andere Bergbau treibende Vereinigungen, letztere, sofern sie die Rechte juristischer Personen haben, Gesellschaften mit beschränkter Haftung[14]), Versicherungsvereine auf Gegenseitigkeit[15]), eingetragene Genossenschaften[16]), deren Anteile auf mindestens fünfzig Mark lauten, sowie landschaftliche, ritterschaftliche und ähnliche Kreditanstalten[10]) [17]) [30]);

5. die sonstigen inländischen juristischen Personen des bürgerlichen und öffentlichen Rechtes[18]);

6. inländische Vermögensmassen, die nicht dem Vermögen anderer Abgabepflichtiger anzurechnen sind, insbesondere das Vermögen nichtrechtsfähiger Vereine und der Stiftungen ohne juristische Persönlichkeit[19]).

Die Abgabepflicht umfaßt:

1. bei den im Abs. 1 Nr. 1, 2, 5 und 6 genannten Abgabepflichtigen das gesamte Vermögen[21]);

2. bei den im Abs. 1 Nr. 3 genannten Abgabepflichtigen das gesamte Vermögen mit Ausnahme des ausländischen Grund- und Betriebsvermögens[22]);

3. bei den im Abs. 1 Nr. 4 genannten Abgabepflichtigen das Reinvermögen nach Abzug des eingezahlten Grund- oder Stammkapitals (§ 17)[23]).

1. Allgemeines.

Es handelt sich um die Regelung der subjektiven Steuerpflicht. Der Abs. 1 bezeichnet den Kreis aller überhaupt der Abgabe unterliegenden Personen, der Abs. 2 den Umfang der Steuerpflicht, die zum Teil unbeschränkt (Ziff. 1), zum Teil auf bestimmte Vermögensmassen beschränkt ist (Ziff. 2 u. 3). Im gedanklichen Zusammenhang hiermit regelt § 3 die völlig schrankenlose Steuerpflicht hinsichtlich des inländischen Grund- und Betriebsvermögens.

Das Gesetz zieht die Grenze der subjektiven Steuerpflicht einerseits weiter als seine Vorgänger (WG., BStG., sämtliche Kriegssteuer- und -abgabegesetze), indem es der Abgabe unterwirft:

a) sämtliche Reichsangehörigen unterschiedslos, einschließlich der Auslandsdeutschen (bei letzteren allerdings mit bestimmten, durch gewisse Abwesenheitsdauer begründeten Ausnahmen), und zwar auch mit ihrem ausländischen Grund- und Betriebsvermögen (allerdings mit der Einschränkung des § 4 des Ges.);
b) sämtliche inländischen Erwerbsgesellschaften mit juristischer Persönlichkeit (Ziff. 4);
c) die sonstigen inländischen juristischen Personen des bürgerlichen und öffentlichen Rechts (Ziff. 5);
d) inländische Vermögensmassen, die nicht dem Vermögen anderer Abgabepflichtiger anzurechnen sind, insbesondere das Vermögen nichtrechtsfähiger Vereine und Stiftungen (Ziff. 6).

Andererseits geht das Gesetz bezüglich der Ausländer nicht so weit wie das BStG. und die sämtlichen Kriegsgesetze, indem es grundsätzlich nur diejenigen Ausländer, die sich des Erwerbes wegen im Deutschen Reiche aufhalten, der Abgabe mit der im Abs. 2 Ziff. 2 vorgesehenen Beschränkung unterwirft. Immerhin geht es aber über sein Vorbild, das WG., insofern hinaus, als solche Ausländer, die erst infolge des Krieges, also nach dem 31. Juli 1914, mithin aus selbstsüchtigen Beweggründen, ihre Staatsangehörigkeit preisgegeben haben, schlechthin also auch dann der Abgabepflicht unterworfen werden, wenn sie sich nicht des Erwerbes wegen im Deutschen Reiche aufhalten, aber ihren Wohnsitz oder dauernden Aufenthalt dort haben.

Im gedanklichen Zusammenhang mit § 2 stellt § 5 des Ges. den Kreis der Abgabefreien fest.

2. Die Angehörigen des Deutschen Reichs . . .

Angehöriger des Deutschen Reichs ist nach § 1 des Reichs- und Staatsangehörigkeitsgesetzes vom 22. Juli 1913 (RGBl. S. 583), wer in einem deutschen Bundesstaat (jetzt: Lande) die Staatsangehörigkeit oder wer die unmittelbare Reichsangehörigkeit besitzt. Maßgeblich ist hierbei der Stand vom 31. Dez. 1919 (§ 22).

Abgabepflichtig sind sonach mit den im folgenden besprochenen, durch eine gewisse Abwesenheitsdauer begründeten Ausnahmen sämtliche Reichsangehörige ohne Unterschied, ob und wie lange sie sich im Auslande aufhalten, und ob es sich um inländisches oder ausländisches Grund- und Betriebsvermögen handelt. Dieser weitgehenden Erfassung aller Auslandsdeutschen liegt der Gedanke zugrunde, daß diese genau so, wie sie der

Wehrpflicht unterlagen, auch die Pflicht zur Vermögensabgabe haben. „Ein Auslanddeutscher, der im Auslande den Schutz des Deutschen Reiches genießt und der jederzeit in Deutschland wieder in den vollen Genuß seines Bürgerrechts treten kann, besitzt keine innere Berechtigung, von dieser Abgabe freigestellt zu werden“ (Begr. z. Entw. S. 13).

3. Mit Ausnahme derer . . .

Der Entwurf zu diesem Gesetze unterwarf in seiner ursprünglichen Fassung alle Reichsangehörigen ohne Ausnahme, also auch alle Auslanddeutschen, der Abgabepflicht, und zwar mit der oben unter Anm. 2 a. E. angeführten Begründung. Er ging dabei über das WG., das BStG. und sämtliche Kriegsabgabegesetze weit hinaus und ließ lediglich aus praktischen Erwägungen im später gestrichenen § 50 die Möglichkeit des Abgabeerlasses durch den Reichsfinanzminister unter bestimmten Voraussetzungen zu, so insbesondere im Falle besonders starker steuerlicher Belastung im Auslande und einer Heimatsabwesenheit von bestimmter Mindestdauer. Sogar die Beratungen im zehnten Ausschuß und in zweiter Plenarlesung haben daran nichts geändert. Erst in dritter Lesung wurde § 50 gestrichen und als Teilersatz und in Anlehnung an die früheren Reichssteuergesetze die Ausnahmebestimmung der Ziff. 1 aufgenommen.

Immerhin wird nunmehr der Kreis der abgabefreien Auslanddeutschen im Vergleich zu sämtlichen bisherigen Reichssteuergesetzen erheblich erweitert, und zwar in mehrfacher Hinsicht:

a) Während die Auslanddeutschen nach § 11 BStG. sowie den beiden KrStG. 1916 und 1918 nur dann der Abgabe nicht unterlagen, wenn sie länger als zwei Jahre dauernd im Ausland wohnten, wobei diese zwei Jahre vom Endstichtag zurückgerechnet wurden, und während das KrAbgG. vom 10. Sept. 1919, schärfer vorgehend, den ersten Abwesenheitstag auf den 1. Januar 1914 zurückverlegte, wird in diesem Gesetz ein zwei Jahre vor dem 31. Juli 1914 begonnener und nicht unterbrochener Aufenthalt im Auslande vorausgesetzt. Der Aufenthalt im Auslande muß somit spätestens am 31. Juli 1912 begonnen haben. Damit ist der von Strutz in DStZ. VIII Nr. 1 aufgestellten Forderung im wesentlichen Rechnung getragen.

b) Der Aufenthalt im Auslande muß — wenigstens bis zum 31. Juli 1914 — des Erwerbes wegen oder aus sonstigen zwingenden Gründen erfolgt sein. Die bisherigen oben genannten Reichssteuergesetze sahen diese weitere Einschränkung nicht vor.

c) Der Aufenthalt im Auslande muß — das ist die wichtige dritte Einschränkung — bis zum 31. Dezember 1919 gedauert haben, oder aber: die Rückkehr zum Auslande zum Zwecke des Erwerbes muß innerhalb eines Jahres nach Friedensschluß erfolgt sein. Und zwar genügt in beiden Fällen diesmal nicht der einfache Aufenthalt im Auslande, vielmehr muß am 31. Dezember 1919 ein Wohnsitz begründet gewesen, bzw. die Rückkehr innerhalb jenes Jahres mit dem Erfolge der Wohnsitzbegründung oder -wiederherstellung erfolgt sein. Wie lange Zeit vor dem 31. Dezember 1919 der Wohnsitz begründet wurde, ist natürlich gleichgültig.

Der Friedensschluß mit der Mehrzahl der feindlichen Staaten hat am 10. Januar 1920 stattgefunden, so daß die Frist am 10. Januar 1921 abläuft. Mit Rußland und den Vereinigten Staaten hat bis heute ein Friedensschluß noch nicht stattgefunden. Hier ist die Frist also auf vorläufig unbestimmte Zeit hinausgeschoben.

Eine bemerkenswerte, sicherlich ungewollte Ungereimtheit des Gesetzes liegt darin, daß nach dem Wortlaut die Erwerbsabsicht des Auslanddeutschen nach dem 31. Juli 1914 nicht mehr bestanden zu haben braucht, daß sie aber trotzdem für den innerhalb eines Jahres nach Friedensschluß ins Ausland zurückkehrenden Deutschen wiederum gefordert wird.

Soweit also die a—c besprochenen Ausnahmen nicht zutreffen, sind alle deutschen Reichsangehörigen auch dann abgabepflichtig, wenn sie im Deutschen Reiche weder Wohnsitz noch Aufenthalt haben. Den Abgabepflichtigen, der den Ausnahmefall für sich in Anspruch nimmt, trifft daher die Beweislast. Die Veranlagungsbehörde darf insbesondere die Heranziehung und Veranlagung eines Reichsangehörigen nicht etwa deshalb unterlassen, weil seine Aufenthaltsverhältnisse vor und seit dem 31. Juli 1914 noch ungeklärt sind (vgl. auch § 66 EinkStG.).

Bei Ausländern trifft umgekehrt die Steuerbehörde die Beweislast (vgl. Anm. zu Ziff. 2 u. 3 des § 2).

Die Abgabefreiheit ist — hier wie in allen vorangegangenen Reichssteuergesetzen — natürlich nur dann gegeben, wenn der Auslanddeutsche während seines Aufenthalts oder Wohnsitzes im Auslande keinen Wohnsitz in Deutschland gehabt hat — wenigstens nicht vor dem 31. Juli 1914. Daß er ihn nach dem 31. Juli 1914 begründet haben darf, erscheint nach dem Wortlaut zweifellos, ist aber vielleicht ein lapsus legis. — Hat also der Auslanddeutsche seine Familie in Deutschland zurückgelassen oder hat er noch seinen dienstlichen Wohnsitz in Deutschland, so ist er abgabepflichtig.

4. Ununterbrochen ... aufgehalten ...

Vom ununterbrochenen Aufenthalt ist der gewöhnliche oder dauernde Aufenthalt zu unterscheiden. „Einen gewöhnlichen oder dauernden Aufenthalt im Sinne der Steuergesetze hat jemand dort, wo er sich unter Umständen aufhält, die auf die Absicht schließen lassen, an diesem Orte oder in diesem Lande nicht nur vorübergehend zu verweilen." So § 63 RAbgO. Dieser Daueraufenthalt muß, um die Abgabefreiheit zu begründen, ununterbrochen gewährt haben, wobei Abschnitte eines unterbrochenen Aufenthalts im Auslande nicht zusammengerechnet werden. — Immerhin wird durch eine ganz vorübergehende Unterbrechung (etwa durch besuchsweise Rückkehr ins Inland) weder der dauernde Aufenthalt im Auslande unterbrochen noch von neuem begründet (vgl. EOVG. 14, 5).

Zum Begriffe jeden Aufenthaltes gehört dessen Freiwilligkeit.

Mehrfacher dauernder Aufenthalt ist begrifflich und rechtlich unmöglich.

5. Begriff des Wohnsitzes.

Das RNOG. ist das erste, auf welches der durch § 62 RAbgO. geschaffene, die bisherigen Definitionen aus Gesetz und Rechtsprechung zusammenfassende Wohnsitzbegriff Anwendung findet. (Über diese bisherigen Definitionen vgl. Bd. I dieses Werks, S. 187 Anm. 3a zu § 2). § 62 RAbgO. lautet:

„Einen Wohnsitz im Sinne der Steuergesetze hat jemand da, wo er eine Wohnung unter Umständen inne hat, die auf die Absicht der Beibehaltung eines solchen schließen lassen.

Einen dienstlichen Wohnsitz im Sinne der Steuergesetze haben Personen, denen ein öffentliches Amt oder eine öffentliche dienstliche Stelle dauernd verliehen ist; er ist an dem Orte, der ihnen zur Ausübung ihres Berufes angewiesen ist."

Dieser Begriff des Wohnsitzes ist dem DoppstG. vom 22. März 1909 (RGBl. S. 332) entnommen.

Er unterscheidet sich bewußt vom Wohnsitzbegriff des bürgerlichen Rechts (vgl. §§ 7 ff. BGB.).

Im Ausschuß zur Beratung der RAbgO. erklärte der Regierungsvertreter hierzu:

„Während im bürgerlichen Recht der Begriff des Wohnsitzes aufgestellt sei, um damit den örtlichen Mittelpunkt der gesamten Lebensbeziehungen eines Menschen zu bezeichnen, habe das Steuerrecht ein Interesse daran, den örtlichen Schwerpunkt lediglich seiner Vermögensinteressen aufzufinden. Der Wohnsitzbegriff im Steuerrechte müsse deshalb mehr äußerlicher Natur sein und halte sich demgemäß zweckmäßig an das Merkmal der Innehabung einer Wohnung. Die Bedeutsamkeit des Gesagten ergebe sich daraus, daß man eine mehrfache Wohnung ohne Begründung eines Wohnsitzes im Sinne des BGB. haben könne, was einwirke auf die Verteilung der den Gemeinden und Ländern zufließenden Beträge der Steuern, vollends aber bei einem Ausländer, der keinen Wohnsitz im Sinne des BGB. im Inland habe, für die Besteuerung überhaupt entscheidend sei. Die ganze Begriffsbestimmung entspreche der bisherigen Steuerrechtsprechung und dem Begriffe des Wohnsitzes im Gemeinderecht (vgl. auch Wahlgesetze)."

Als Wohnung gelten nur Unterkunftsräume, die dem Steuerpflichtigen und seiner Familie als dauernde standesgemäße Unterkunft dienen sollen (also nicht Hotelzimmer, Pensionsräume, Schlafstellen). Dabei gilt in der Regel als Wohnort nicht derjenige Ort, wo der Steuerpflichtige selbst sich aufhält, sondern der, wo er seine Familie zurückgelassen hat.

Was als Wohnsitz im Sinne des Gesetzes anzusehen ist, richtet sich nach den besonderen Umständen des Falles.

So ist z. B. (um nur einen Anhalt zu geben) in einem Falle, wo eine Besitzerin von zwei großen Schlössern in einer Stadt eine Wohnung von vier Zimmern gemietet hatte, woselbst sie sich nur jährlich etwa bis zu 20 Tagen aufhält, kein Wohnsitz, sondern nur ein Absteigequartier angenommen worden (Entsch. des BayOVK. vom 30. April 1915, Beil. z. FinMinBl. 1915, 229).

Was den Wohnsitz eines Saisonarztes anlangt, so ist angenommen, daß ein Arzt, der in einem Badeort von Mitte Mai bis Ende September die ärztliche Praxis betreibt und zu diesem Zwecke dort eine Wohnung gemietet hatte, über die er das ganze Jahr über das Verfügungsrecht hat, dort, selbst wenn er sich den übrigen Teil des Jahres auswärts aufhält, seinen steuerlichen Wohnsitz hat (EOVG. in ZPVB. 17, 204).

Die Absicht der dauernden Beibehaltung einer Wohnung wird bei Berufsarten, deren Wesen, wie bei dem Berufe der Handlungsreisenden, in stetem Aufenthaltswechsel liegt, schon dann zu bejahen sein, wenn der Pflichtige eine Wohnung inne hat, in der er nicht in Ausübung seines Berufes als Reisender, sondern aus anderen Gründen dauernder Art, namentlich aus Familienrücksichten, in regelmäßigen Zwischenräumen immer wieder zurückkehrt. Daß er die Wohnung nicht selber gemietet hat und keinen Mietzins dafür zahlt, sondern nur mit Verwandten mitbenutzt, schließt den Begriff der Innehaltung nicht aus (SächsOVG. vom 21. Mai 1908; EOVG. 12, 281; RegersE. 29, 269).

Die Ehefrau teilt nach § 10 BGB. den Wohnsitz des Mannes, sofern sie nicht dauernd von ihm getrennt lebt (EOVG. 14, 63). Minderjährige Kinder, die von ihren Eltern noch wirtschaftlich abhängig sind, teilen den Wohnsitz der Eltern (vgl. BGB. § 8). Sofern aber keine wirtschaftliche Abhängigkeit mehr besteht (z. B. weil dem Minderjährigen vom Inhaber der elterlichen Gewalt gestattet ist, ein selbständiges Erwerbsgeschäft zu treiben oder in Dienst- und Arbeitsverhältnis zu treten), kann auch der Minderjährige einen eigenen Wohnsitz begründen.

Innehabung und Absicht der Beibehaltung — beide Voraussetzungen müssen erfüllt sein. Das Erfordernis der Absicht „dauernden" Beibehaltung — im Entwurf vorgesehen — ist fallen gelassen, um auszudrücken, daß auch die vorläufige, etwa probeweise Wahl eines Aufenthaltsortes genüge, wenn eine endgültige Entscheidung über einen anderen Wohnsitz vom Steuerpflichtigen noch nicht getroffen sei. Zum Verlust eines erworbenen Wohnsitzes reicht die Absicht, ihn aufzugeben, allein nicht aus, vielmehr müssen Tatsachen hinzutreten, durch die diese Absicht verwirklicht wird (JW. 99, 28).

„Einer solchen", d. h. irgendeiner Wohnung des betreffenden Ortes, nicht etwa einer bestimmten, zunächst erwählten. Das Kriterium des „Hausrechts" — vom Entwurf zur RAbgO. ebenfalls vorgesehen — ist vom Ausschuß fallen gelassen, weil manche Steuerpflichtige, z. B. Hausangehörige, Chambergarnisten, Schlafburschen, zwar einen steuerrechtlichen Wohnsitz, aber kein Hausrecht hätten. Doch sollte mit dieser Streichung eine Änderung gegenüber der bisherigen Steuerrechtsprechung nicht bezweckt werden.

Der Begriff des dienstlichen Wohnsitzes entspricht dem Bundesratsbeschlusse von 1872 Nr. 90 der Drucksachen und § 390 der Protokolle.

Er ist nicht an die Innehabung einer Wohnung geknüpft, sondern er ist der dem Beamten zur Ausübung seines Berufes zugewiesene Ort, gleichviel, ob er mit dem Ort des tatsächlichen Wohnens im Sinne des Abs. 1 zusammentrifft oder nicht. Er erlischt nur mit der Beendigung des Dienstverhältnisses.

Eine besondere Vorschrift für Deutsche, die das Recht der Exterritorialität besitzen (vgl. § 15 ZPO.), kennt das Gesetz nicht. Hier bewendet es bei den allgemeinen Vorschriften.

6. Begriff des Auslands.

Der Auslandsbegriff ist im Rahmen der Ziff. 1 des § 2 ein doppelter: im ersten Halbsatz, also für die Berechnung des Aufenthalts in der Zeit vom 31. Juli 1912 bis 31. Juli 1914, gilt als Ausland das, was vor Kriegsausbruch bzw. vor Friedensschluß als solches gegolten hat. Im zweiten Halbsatz dagegen, nämlich für die Berechnung des Stichtags vom 31. Dezember 1919 bzw. des Jahres nach Friedensschluß haben als Ausland auch die früher zum Deutschen Reich gehörigen, also durch den Friedensvertrag abgetretenen Gebiete zu gelten. Demnach würde ein Deutscher, der seit dem 31. Juli 1912 sich in Frankreich aufgehalten hat und am 31. Dezember 1919 in Straßburg wohnt oder ein Jahr nach Friedensschluß nach Straßburg seinen Wohnsitz verlegt hat, abgabefrei bleiben (vgl. hierzu Fürnrohr in DStZ. VIII Nr. 7 S. 150). Ob im Sinne des Gesetzes die ehemaligen deutschen Schutzgebiete zum

In- oder Ausland zu rechnen sind, ist für den zweiten Halbsatz zweifelsfrei, für den ersten Halbsatz jedoch nicht. Während die bisherigen bundesstaatlichen Einkommensteuergesetze sowie auch das Reichs-Doppelsteuergesetz die deutschen Schutzgebiete zum Inland zählten, rechneten die Reichssteuergesetze (WG., BStG., sämtliche Kriegssteuer- bzw. -abgabengesetze) die Schutzgebiete zum Ausland. Das wird auch für das vorliegende Gesetz anzunehmen sein.

Was im vorstehenden zum Auslandsbegriff ausgeführt wurde, gilt natürlich in umgekehrter Richtung für den Inlandsbegriff.

7. Nichtreichsangehörige Personen, die auch eine fremde Staatsangehörigkeit nicht besitzen ...

Die sog. staaten- oder heimatlosen Personen sind somit den deutschen Reichsangehörigen unter denselben Voraussetzungen gleichgestellt wie bereits im WG. § 10 Ziff. 2. Es genügt also bei diesen, daß sie am 31. Dezember 1919 sich im Deutschen Reich aufhalten unter Umständen, die auf einen längeren Aufenthalt schließen lassen (RAbgO. § 62), wobei der Aufenthalt innerhalb des Deutschen Reichs gewechselt werden kann, solange nur die Absicht des dauernden Aufenthalts besteht. Ununterbrochener Aufenthalt wird nicht vorausgesetzt. Ob sich die Heimatlosen des Erwerbs oder des Vergnügens wegen in Deutschland aufhalten ist gleichgültig. Die durch den Friedensvertrag abgetretenen Gebiete sind ab 31. Dezember 1919 — trotz noch nicht erfolgter Ratifikation — als nicht mehr zum Deutschen Reich gehörig zu betrachten.

8. Angehörige außerdeutscher Staaten, die ... ihre deutsche Staatsangehörigkeit erst nach dem 31. Juli 1914 verloren haben (Kriegsausländer).

Den staatenlosen Personen sind völlig gleichgestellt diejenigen Ausländer, die, ehemalig reichsangehörig, nur aus selbstsüchtigen Beweggründen ihre Staatsangehörigkeit nach dem 31. Juli 1914 aufgegeben haben. Bei ihnen wird — im Gegensatz zu den reinen Ausländern (vgl. Ziff. 3 in Verb. mit Abs. 2 Ziff. 2) — auch das ausländische Grund- und Betriebsvermögen der Abgabe unterworfen.

Eine ähnliche besondere Berücksichtigung dieser „Kriegsausländer" hatte schon in den Kriegssteuer- bzw. -abgabegesetzen von 1916, 1918, 1919 stattgefunden, wenn auch mit zum Teil abweichender sachlicher Wirkung.

9. Angehörige außerdeutscher Staaten ...

Bezüglich der Abgabepflicht der Ausländer geht das Gesetz nicht so weit wie das BStG., aber weiter wie das WG.

Nach dem BStG. sind steuerpflichtig alle Ausländer, die in Deutschland Wohnsitz oder dauernden Aufenthalt hatten, ohne Rücksicht darauf, ob sie in Deutschland Erwerb betreiben oder nicht. Wehrbeitragspflichtig waren dagegen nur Ausländer, die des Erwerbes wegen, nicht dagegen waren wehrbeitragspflichtig solche, die als Rentner oder zu ihrem Vergnügen in Deutschland lebten. Wie beim WG. so wird auch hier die Freilassung der letzteren von der Abgabe durch die Erwägung gerechtfertigt, daß sonst viele dieser, mit ihrem Aufenthaltslande nur lose verbundener Personen bei der Höhe der Abgabe zur Auswanderung veranlaßt würden.

Feindlichen Ausländern ist nach § 297j des Friedensvertrages die Möglichkeit eröffnet, für die Zeit vom 11. November 1918 bis 3 Monate nach Friedensschluß von Vermögenssteuern, also auch von dieser Abgabe, befreit zu bleiben (vgl. Heilfron, DStZ. Dezember 1919 S. 189).

Über die beschränkte Steuerpflicht der Ausländer vgl. Abs. 2 Ziff. 2; über die absolute (dingliche) Steuerpflicht der nicht unter Ziff. 3 fallenden Ausländer vgl. § 3.

10. Steuerpflichtige Gesellschaften.

Die Beitragspflicht der Aktiengesellschaften und Kommanditaktiengesellschaften, die in der Regel eine hohe wirtschaftliche Leistungsfähigkeit aufweisen, erschien bereits, als es sich um die Aufbringung des Wehrbeitrags handelte, unter einem doppelten Gesichtspunkt gerechtfertigt. An der Erhaltung des Friedens, dem die Verstärkung der Wehrmacht des Reichs dienen soll, sind die großen Erwerbsgesellschaften besonders interessiert. Mittelbar wurde durch die Ausdehnung der Beitragspflicht auch Vermögen zum Wehrbeitrage herangezogen, das sonst in unerwünschter Weise freibleiben würde, weil es sich im Besitz ausländischer Aktionäre oder ausländischer Gesellschaften befindet (Begr. eines Wehrbeitragsgesetzes Entw. III Abs. 4).

Die Ausdehnung des Wehrbeitrags auch auf andere als die oben ausdrücklich benannten wirtschaftlichen Gesellschaften mit juristischer Persönlichkeit wurde bereits bei den Beratungen zum Wehrbeitrag erwogen. Während der Beratung des Gesetzes in der Kommission des Reichstags gestellte Anträge, welche dahinzielten, auch andere Gesellschaften mit juristischer Person, wie z. B. Kolonialgesellschaften, Gesellschaften auf Gegenseitigkeit u. a., der Besteuerung zu unterwerfen, sind damals aber abgelehnt worden. Aber auch von der Heranziehung der Berggewerkschaften, Gesellschaften m. b. H. und Genossenschaften war beim Wehrbeitrag abgesehen worden (§ 11 WG.).

Im Kriegssteuergesetz von 1916 war der Kreis der steuerpflichtigen Personen auf Aktiengesellschaften, Kommanditaktiengesellschaften, Berggewerkschaften und Bergbauvereine, Gesellschaften m. b. H. und Genossenschaften beschränkt; es war dann aber im § 23 gemäß § 10 des SichGes. vom 24. Dez. 1915 dem Bundesrat die Befugnis erteilt worden, die Kriegsabgaben auch noch von anderen als den im Gesetz bezeichneten juristischen Personen zu erheben, sofern sie Erwerbszwecke verfolgen. Da aber das Ergebnis an Steuern bei der Beschränkung auf die Erwerbszwecke verfolgenden Gesellschaften zu geringfügig war, wurde später in den Kriegsabgabengesetzen von 1918 und 1919 (bei der Besteuerung des Mehrgewinnes) von der Ausdehnung des Kreises der nichtphysischen steuerpflichtigen Personen wieder abgesehen.

Beim Reichsnotopfer waren aber andere Erwägungen maßgeblich.

Hier ist die Abgabepflicht nicht nur auf alle im § 13 des KrStG. vom 21. Juni 1916 und den entsprechenden Bestimmungen der Kriegsabgabengesetze von 1918 und 1919 bezeichneten Gesellschaften, sondern darüber hinaus auch auf die Kolonialgesellschaften, die Versicherungsvereine auf Gegenseitigkeit (§§ 15 ff. des Ges. über die privaten Versicherungsunternehmungen vom 12. Mai 1911, RGBl. S. 139) und auf landschaftliche, ritterschaftliche und ähnliche Kreditanstalten erstreckt. Die Begründung sagt hierzu:

„Die Gleichstellung schien geboten, weil es sich darum handelte, den Gesamtbesitz zu erfassen."

Die Gleichstellung bezieht sich auf alle im § 2 Ziff. 4 bezeichneten Gesellschaften. Die amtliche Begründung führt hierzu aus:

„Eine andere Behandlung der Berggewerkschaften und anderen bergbautreibenden Vereinigungen sowie der Gesellschaft m. b. H. erschien nicht mehr gerechtfertigt, weil ein haltbarer Grund, diese Gesellschaften anders zu behandeln als die Aktiengesellschaften, nicht vorliegt und die Heranziehung dieser Gesellschaften zur Abgabe wegen der in ihren Rücklagen aufgespeicherten, zum Teil sehr hohen Vermögen unter allen Umständen erfolgen muß."

Natürlich besteht bei den Gesellschaften mit juristischer Person wegen der Gefahr der Doppelbesteuerung die Abgabepflicht nur in beschränktem Umfange: Bei den Aktiengesellschaften und den ihnen gleichgestellten Erwerbsgesellschaften und Genossenschaften ist das Reinvermögen nur nach Abzug des Grund- oder Stammkapitals abgabepflichtig. Um keine ungleichmäßige Behandlung eintreten zu lassen, ist auch das bei den Versicherungsvereinen auf Gegenseitigkeit und bei den landschaftlichen, ritterschaftlichen und ähnlichen Kreditanstalten vorhandene Grundkapital abzugsfähig. Das Nähere vgl. zu § 17 in Verb. mit § 2 Abs. 2 Ziff. 3 des Ges.

Der § 1 bezieht sich nur auf inländische Gesellschaften. Ausländische Gesellschaften sind nur nach Maßgabe des § 3 abgabepflichtig. Die Heranziehung der Gesellschaften, die im Ausland (z. B. solcher in der Schweiz oder Holland) ihren Sitz haben, steht nicht im Widerspruche mit Art. 1 des Vertrages zwischen dem Deutschen Reiche und der Schweizerischen Eidgenossenschaft, betr. Regelung von Rechtsverhältnissen der beiderseitigen Staatsangehörigen im Gebiete des anderen vertragschließenden Staatsangehörigen, vom 31. Okt. 1910 (RGBl. 1911, 892). Entsch. d. BadVG. vom 16. Dez. 1914 (Amtl. Mitt. 1915 S. 15).

Dafür, ob eine inländische oder ausländische Gesellschaft vorliegt, entscheidet ausschließlich deren Sitz. Letzterer richtet sich nach den hierüber bestehenden Vorschriften des bürgerlichen Rechts (Handelsrechts). Ob ein Sitz im Deutschen Reich begründet ist, ergibt sich aus dem Inhalt des Gesellschaftsvertrages oder der Statuten (§§ 182 Abs. 2 Nr. 1, 320 Abs. 3 HGB., § 6 Nr. 1 des Ges., betr. die Gesellschaften m. b. H.), bei Berggewerkschaften aus der Belegenheit des Bergwerks (Art. 26 Nr. 1 Abs. 2 d. A. der preuß. AusfAnw. z. EinkStG.).

Maßgeblich für die Frage, ob ausländische oder inländische Gesellschaft, ist der Stichtag vom 31. Dez. 1919, nicht der Bilanztag. Ob § 22 Abs. 3 auch für juristische Personen Anwendung findet, ist zweifelhaft.

11. Inländische Aktiengesellschaften.

Eine Aktiengesellschaft ist eine Gesellschaft, bei der sich die sämtlichen Gesellschafter nur mit Einlagen auf das in Aktien zerlegte Grundkapital der Gesellschaft beteiligen, ohne persönlich für die Verbindlichkeiten der Gesellschaft zu haften (§ 178 des HGB. vom 10. Mai 1897, RGBl. S. 219).

Die Aktiengesellschaft hat eigene juristische Persönlichkeit. Sie hat eine gerichtlich oder notariell beurkundete Satzung (Statut), eine Anzahl von Beteiligten (Aktienbesitzer), deren Rechte in der Generalversammlung wahrgenommen werden, sowie einen Vorstand und einen Aufsichtsrat. Die Einlagen der Aktionäre können in Bareinlagen oder Sacheinlagen bestehen.

Aktiengesellschaften können Geschäfte aller Art treiben, ob und daß sie Geschäfte treiben, ist aber weder Voraussetzung ihrer Steuerpflicht noch ihrer Eigenschaft als Aktiengesellschaft. Damit die Aktiengesellschaft abgabepflichtig wird, braucht sie weder ein Gewerbe noch irgendeine sonstige wirtschaftliche Tätigkeit zu treiben. Lediglich die äußere Form ihrer Eintragung im Handelsregister als Aktiengesellschaft entscheidet (EOVG. 11, 196; 9, 245; 12, 263; 5, 77).

Die Veranlagung einer Aktiengesellschaft vor ihrer Eintragung in das Handelsregister ist unzulässig (vgl. EOVG. 11, 196), denn die Aktiengesellschaft entsteht erst mit der Eintragung in das Handelsregister. Für die Beitragspflicht einer Aktiengesellschaft ist der Umstand, daß sie sich in Liquidation befindet, zwar von Bedeutung auf die Berechnung des Geschäftsgewinns (vgl. EOVG. 3, 117; 9, 245; 12, 263), aber nicht für die Frage der Notopferpflicht; hier ist entscheidend die Löschung im Handelsregister. „Zum Begriff einer Aktiengesellschaft gehört es keineswegs, daß sie ein Geschäft betreibt" (vgl. EOVG. 5, 17; 12, 263), vielmehr ist, wie bereits oben ausgeführt, ausschließlich die äußere Form ausschlaggebend.

12. **Kommanditgesellschaften auf Aktien.**

Eine Gesellschaft, deren Zweck auf den Betrieb eines Handelsgewerbes unter einer gemeinschaftlichen Firma gerichtet ist, ist eine Kommanditgesellschaft auf Aktien, wenn bei einem oder bei einigen von den Gesellschaftern die Haftung gegenüber den Gesellschaftsgläubigern auf den Betrag einer bestimmten Vermögenseinlage beschränkt ist (Kommanditisten), während bei dem anderen Teile der Gesellschafter eine Beschränkung der Haftung nicht stattfindet (persönlich haftende Gesellschafter). Bei der Kommanditgesellschaft auf Aktien haftet den Gesellschaftsgläubigern mindestens ein Gesellschafter unbeschränkt, während die übrigen sich nur mit Einlagen auf das in Aktien zerlegte Grundkapital der Gesellschaft beteiligen (RGBl. S. 219).

13. **Berggewerkschaften.**

Dies sind Gesellschaftsformen, die ausschließlich dem Bergrecht eigentümlich sind. Nach dem preußischen Allgemeinen Berggesetz vom 24. Juni 1865 (§§ 94—132) bilden mehrere an einem Bergwerk Beteiligte eine Berggewerkschaft. Die Berggewerkschaften des Allgemeinen Berggesetzes haben die Rechte juristischer Personen. Die Beteiligten (Gewerken), welche mit Anteilscheinen (Kuxen) am Bergwerk beteiligt sind, werden in der Gewerkenversammlung vertreten, im übrigen ist Vertreter der Gewerkschaft der Grubenvorstand (Repräsentant).

Ob eine Gesellschaft als Berggewerkschaft anzusehen ist, bestimmt sich nach Landesrecht (Art. 67 EGBGB.).

Voraussetzung für das Bestehen einer Berggewerkschaft ist, daß sie Bergbau im rechtlichen Sinne, d. h. Bergbau auf Grund eines vorhandenen Bergwerkseigentums, betreibt. Die Ausbeutung der Solquellen im vormaligen Königreich Hannover ist kein Bergbau, und Gesellschaften zum Betriebe von Salinen ebendaselbst fallen nicht unter Ziff. 4, sondern unter 5 oder 6. Sogenannte Hüttengesellschaften sind Personenvereinigungen zum Gebrauche einer gemeinschaftlichen Hüttenanlage für die Verhüttung der Erze jedes Anteileigners (EOVG. 10, 139). Die Gesellschaften dieser Art können ebenfalls unter Ziff. 5 oder 6 fallen (vgl. Rosendorff a. a. O. S. 9).

14. Gesellschaften mit beschränkter Haftung.

Solche können nach Maßgabe des Reichsgesetzes vom 20. Mai 1898 (RGBl. S. 810) zu jedem gesetzlich zulässigen Zwecke gegründet werden. Sie nehmen eine Mittelstellung ein zwischen den Aktiengesellschaften, welche reine Kapitalvereinigungen sind und den offenen Handelsgesellschaften, welche reine Personenvereinigungen sind. Gesellschaften m. b. H. haben die Rechte juristischer Personen, jedoch erlangen sie diese erst durch die Eintragung im Handelsregister, vorher bestehen sie als solche nicht. Auch hier entscheidet über die Steuerpflicht lediglich die Tatsache, daß die Gesellschaft die Form als G. m. b. H. angenommen hat, ob sie Geschäfte macht oder nicht, ist gleichgültig.

„Streitig ist lediglich die subjektive Steuerpflicht der Gesellschaft. Zutreffend hat die Berufungskommission geltend gemacht, daß diese Steuerpflicht so lange bestehe, bis die Gesellschaft im Handelsregister gelöscht sei oder wenigstens die Liquidation beendigt, d. h. das Gesellschaftsvermögen vollständig ausgekehrt und die dazu erforderlichen Geschäfte abgewickelt seien. Irrig ist dagegen, daß letzteres nicht schon vor dem Ablaufe des Sperrjahres geschehen könnte (EOVG. 14, 311). Inhalts der Akten ist nun von der Gesellschaft nicht nachgewiesen, und es ist auch nicht feststellbar gewesen, daß die angegebenen Voraussetzungen für das Erlöschen der subjektiven Steuerpflicht bis zum Beginne des Steuerjahres eingetreten waren. Daher hat die Berufungskommission das Fortbestehen der subjektiven Steuerpflicht zu jenem Zeitpunkte mit Recht angenommen" (Entsch. des OVG. vom 13. März 1915).

15. Versicherungsvereine auf Gegenseitigkeit.

Diese Vereine beruhen auf dem Ges. vom 12. Mai 1911.

16. Eingetragene Genossenschaften.

Solche sind nach dem Gesetz, betr. die Erwerbs- und Wirtschaftsgenossenschaften, vom 20. Mai 1898 (RGBl. S. 810) Gesellschaften mit eigener Firma von nicht geschlossener Mitgliederzahl, welche die Förderung des Erwerbes oder der Wirtschaft ihrer Mitglieder mittels gemeinschaftlichen Geschäftsbetriebs bezwecken und im Genossenschaftsregister als Genossenschaft eingetragen sind. Vorstand, Aufsichtsrat und Generalversammlung sind ihre Organe. Die Genossenschaft hat eigene Rechtspersönlichkeit (§§ 1, 17 Abs. 1 des Ges.). Sie ist entweder eine Gesellschaft mit unbeschränkter Haftpflicht, so daß die einzelnen Genossen für die Verbindlichkeiten der Genossenschaft den Gläubigern derselben mit ihrem ganzen Vermögen haften; mit unbeschränkter Nachschußpflicht, derart, daß die Genossen zwar mit ihrem ganzen Vermögen, aber nicht unmittelbar den Gläubigern der Genossenschaft haften, vielmehr nur verpflichtet sind, der letzteren die zur Befriedigung der Gläubiger erforderlichen Nachschüsse zu leisten; oder solche mit beschränkter Haftpflicht, so daß die Haftpflicht der Genossen für die Verbindlichkeiten der Genossenschaft sowohl dieser wie unmittelbar den Gläubigern gegenüber im voraus auf eine bestimmte Summe beschränkt ist (§ 2).

Die eingetragenen Genossenschaften können sein:

a) Vorschuß- und Kreditvereine, das sind solche, die ihren Mitgliedern für Haushalt und Gewerbebetrieb Kredit gewähren;

b) Rohstoffvereine, das sind solche, die den Gewerbebetrieb ihrer Mitglieder durch Lieferung von Rohmaterialien fördern;

c) Absatzgenossenschaften, Magazinvereine, das sind solche, die den gemeinschaftlichen Verkauf landwirtschaftlicher oder gewerblicher Erzeugnisse besorgen;

d) Produktivgenossenschaften, das sind solche, die die Herstellung von Gegenständen und deren Verkauf für gemeinschaftliche Rechnung bezwecken;

e) Konsumvereine, das sind solche, die den gemeinschaftlichen Einkauf von Lebens- und Wirtschaftsbedürfnissen im großen und Abgabe im kleinen betreiben;

f) Vereine zur Beschaffung von Gegenständen des landwirtschaftlichen oder gewerblichen Betriebes und zur Benutzung derselben für gemeinschaftliche Rechnung;

g) Vereine zur Herstellung von Wohnungen.

Daß die Genossenschaften über den Kreis ihrer Mitglieder hinausgehen, ist im Gegensatz zum § 1 Abs. 5 preuß. EinkStG. zur Begründung der Abgabepflicht nicht erforderlich, vielmehr sind alle Genossenschaften steuerpflichtig, mit Ausnahme der ganz kleinen Genossenschaften (d. h. mit Höchstanteilen der Genossen bis zu 50 ℳ). Wegen der besonderen Vergünstigung des Abzugs des doppelten Geschäftsguthabens bei Genossenschaften vgl. § 17 Abs. 2.

17. Landschaftliche, ritterschaftliche und ähnliche Kreditanstalten.

Dieselben stehen zwar den öffentlich-rechtlichen gemeinnützigen Kreditanstalten des § 5 Nr. 6 sehr nahe, sind aber mit Absicht vom Gesetz mit als abgabepflichtig aufgeführt worden (vgl. 2. Lesung S. 3975). Zu den ähnlichen Kreditanstalten gehören auch die Stadtschaften (Ber. 6).

18. Die sonstigen juristischen Personen des bürgerlichen und öffentlichen Rechts.

Zweck und Anlaß der Vermögensabgabe erfordern es, das Volksvermögen in so weitem Umfange, wie es steuertechnisch erfaßbar ist, zu ergreifen, gleichviel, in welchen Händen es sich befindet. Wenn sogar kleine Vermögen von einigen tausend Mark in der Hand wenig leistungsfähiger Einzelpersonen der Abgabe unterworfen werden sollen, so ging es nicht an, größere Vermögensmassen, nur um der Persönlichkeit ihres Eigentümers oder um ihrer Zweckbestimmung willen allgemein zu verschonen. Grundsätzlich hat daher das Gesetz die Abgabepflicht aller juristischen Personen des privaten und des öffentlichen Rechts angenommen, soweit sie nicht schon unter Nr. 4 fallen oder durch § 5 ausdrücklich befreit sind. Es kommen u. a. in Frage: die rechtsfähigen Vereine des BGB., die Stiftungen, die rechtsfähigen Zweck- und Sammelvermögen, die Realgemeinden und ähnliche Verbände, deren Mitglieder an land- und forstwirtschaftlichen Grundstücken, an Mühlen, Brauhäusern und ähnlichen Anlagen berechtigt sind, die alten bayrischen Vereine (bayr. Ges. vom 29. April 1869), die alten sächsischen Personenvereine (sächs. Ges. vom 15. Juli 1869), die alten hamburgischen Testamente (ungeteilte, bestimmten Personen zum Zinsgenuß dienende Erbschaftsmassen, die juristische Persönlichkeit besitzen, wenn der Erblasser vor dem 1. Januar 1900 gestorben ist und seinen letzten Wohnsitz in Hamburg gehabt hat), die geschlossenen, zur Zeit des Inkrafttretens des BGB. bestehenden juristischen Personen des Privatrechts (Schützengilden, Freimaurerorden u. a.), ferner Innungen, Zwangsinnungen, Innungsverbände, Deich-, Wasser-, Fischerei- und Waldgenossenschaften u. a. (vgl. Begr. z. Entw. S. 22).

Alle diese juristischen Personen unterliegen somit der Abgabe, unabhängig davon, ob sie Erwerbszwecke verfolgen oder nicht.

19. **Inländische Vermögensmassen.**

Hierbei ist im Unterschied zu Ziff. 5 an Zweckvermögen gedacht, die keine eigene Rechtspersönlichkeit haben. In Betracht kommen die nicht rechtsfähigen Vereine und Stiftungen. Stehen derartige Vermögensmassen im Eigentum einer nach § 5 des Ges. von der Abgabepflicht befreiten juristischen Person oder Anstalt, so sind sie selbstverständlich abgabefrei.

Wegen der Kartelle und Syndikate vgl. Rosendorff a. a. O. S. 67 B u. a.

20. B. **Nicht steuerpflichtige Gesellschaften.**

Nicht unter das Gesetz fallen folgende Gesellschaften:

1. stille Gesellschaften (§§ 335 ff. HGB.);
2. einfache Kommanditgesellschaften (§§ 161 ff. HGB.), welche nicht zu verwechseln sind mit den Kommanditgesellschaften auf Aktien (§§ 320 ff. HGB.);
3. offene Handelsgesellschaften (§§ 105 ff. HGB.);
4. Reedereien (§§ 489 ff. HGB.);
5. die Reichsbank (für die Reichsbank war s. Z. hinsichtlich ihrer Kriegsabgabepflicht ein besonderes Gesetz erlassen — Begr. z. SichGes. S. 7), und zwar das Ges. vom 24. Dez. 1915 (RGBl. S. 840), jetzt ist ihre Befreiung vom Reichsnotopfer ausdrücklich im § 5 Ziff. 5 ausgesprochen.

21. **Abgabepflichtig mit dem gesamten Vermögen, auch dem ausländischen** sind

a) die Reichsangehörigen (Abs. 1 Nr. 1),

b) die Staatenlosen mit Wohnsitz oder Aufenthalt in Deutschland (Abs. 1 Nr. 2),

c) die ehemaligen Reichsdeutschen mit Wohnsitz und Aufenthalt im Inland (Abs. 1 Nr. 2),

d) inländische juristische Personen des bürgerlichen und öffentlichen Rechts (Abs. 1 Nr. 5) und

e) Vermögensmassen, nicht rechtsfähige Vereine sowie Stiftungen ohne uristische Persönlichkeit (Abs. 1 Nr. 6).

Vgl. jedoch die Sonderbehandlung der Auslandsdeutschen gemäß § 2 Nr. 1 und des ausländischen Grund- und Betriebsvermögens gemäß § 4.

22. **Abgabepflicht mit dem gesamten Vermögen, mit Ausnahme des ausländischen Grund- und Betriebsvermögens,** liegt für die nach Abs. 1 Nr. 3 pflichtigen Ausländer vor. Die Gebiete, die Deutschland infolge des Friedensvertrages am 31. Dezember 1919 endgültig verloren hat, gelten als Ausland.

23. **Mit dem Reinvermögen** nach Abzug des Grund- oder Stammkapitals sind nur die eigentlichen Erwerbsgesellschaften mit juristischer Person, die im Abs. 1 Nr. 4 ausdrücklich genannt sind, abgabepflichtig.

Bei den Aktiengesellschaften und bei den ihnen gleichgestellten Erwerbsgesellschaften und Genossenschaften ist das Reinvermögen nur nach Abzug des Grund- oder Stammkapitals abgabepflichtig, weil die Besteuerung des Grundkapitals, das in Form von Aktien oder Anteilen sich in den Händen anderer Abgabepflichtigen befindet und dort versteuert wird, zu einer unzulässigen Doppelbesteuerung geführt hätte. Um eine gleichmäßige Behandlung eintreten zu lassen, ist auch das bei den Versicherungsvereinen auf Gegenseitigkeit und bei den landschaftlichen, ritterlichen und ähnlichen Kreditanstalten vorhandene Grundkapital abzugsfähig (Begr. 18).

§ 3. Ohne Rücksicht auf Staatsangehörigkeit, Wohnsitz, Aufenthalt, Sitz oder Ort der Leitung sind alle natürlichen und juristischen Personen sowie Vermögensmassen mit ihrem gesamten inländischen Grund- und Betriebsvermögen und mit den im Artikel 297i des Friedensvertrags vorgesehenen Entschädigungen abgabepflichtig, soweit § 2 Abs. 2 nicht etwas anderes vorschreibt.

Während § 2 im Abs. 1 den Kreis der persönlich Abgabepflichtigen (der Steuersubjekte), im Abs. 2 den Umfang der Abgabepflicht dieser Steuersubjekte (also ihre objektive, sachliche Abgabepflicht) feststellt, regelt § 3 analog dem § 10 II WG., § 11 II BStG. und den darauf aufgebauten Kriegssteuer- und -abgabegesetzen die beschränkte, vom Steuersubjekt isolierte, gewissermaßen dingliche, im engeren Sinne objektive Steuerpflicht. Danach sind mit ihrem gesamten inländischen Grund- und Betriebsvermögen alle natürlichen und juristischen Personen, also auch die ausländischen Erwerbsgesellschaften, sowie die inländischen Zweckvermögen ohne juristische Persönlichkeit abgabepflichtig, und zwar ohne Rücksicht auf Staatsangehörigkeit, Wohnsitz, Aufenthalt, Sitz oder Ort der Leitung.

Die Höhe der Abgabe für die nur gemäß § 3 abgabepflichtigen juristischen Personen beträgt 10 v. H. (§ 25).

Inländisches Grundvermögen sind die im Inland gelegenen Grundstücke, ausländisches Grundvermögen alle im Ausland gelegenen Grundstücke nebst allem ihrem Zubehör. Inländisches Betriebsvermögen sind diejenigen Wertgegenstände, die einem im Deutschen Reiche betriebenen Gewerbe oder Bergbau (einerlei ob stehendes oder Wandergewerbe) oder einem im Deutschen Reich betriebenen land- oder forstwirtschaftlichen Betriebe dienen. Ausländisches Betriebsvermögen sind diese Werte, wenn sie einem im Ausland betriebenen Gewerbe oder einer im Auslande betriebenen Land- oder Forstwirtschaft dienen, kurzum, wenn sie Betrieben dienen, dessen Betriebsstätte (Niederlassung, Sitz) im Auslande liegt. Nun können Grundstücke Teile eines Betriebsvermögens sein (z. B. Grundstücke eines bilanzmäßigen Vermögens). Es entsteht die Frage, wie es zu halten ist einerseits mit im Deutschen Reiche belegenen Grundstücken, die Teile eines im Auslande befindlichen Betriebsvermögens (ausländischen riebes) sind und umgekehrt mit im Ausland befindlichen Grundstücken, die Teile eines in Deutschland befindlichen Betriebsvermögens (inländischen Betriebes) sind. Nach dem ganzen Sinn dieses Gesetzes sowie der §§ 11 u. 5 BStG.

können diese Paragraphen wohl nur dahin ausgelegt werden, daß auch in solchen Fällen die im Auslande belegenen Grundstücke als steuerfrei auszuscheiden sind, obwohl sie zum inländischen Betriebsvermögen (Bilanzvermögen) gehören, und andererseits die im Inland befindlichen Grundstücke als steuerpflichtig heranzuziehen sind, obwohl sie zum ausländischen Betriebsvermögen (Bilanzvermögen) gehören.

Wichtig ist übrigens die Unerheblichkeit von „Sitz oder Ort der Leitung", insbesondere bei ausländischen Gesellschaften, deren — beschränkte — Abgabepflicht somit nicht davon abhängig gemacht ist, daß sie einen „Geschäftsbetrieb" im Inland unterhalten, sondern, wie nach § 11 WG., schon davon, daß sie überhaupt im Inlande Grund- oder Betriebsvermögen besitzen.

Eine weitere Ausdehnung der beschränkten Steuerpflicht, etwa auch auf das auf inländischem Grundbesitz haftende und in dem Betriebskapital inländischer gewerblicher Unternehmungen enthaltene ausländische Kapital, ist vom Gesetz nicht vorgenommen (vgl. Strutz in DStZ. VIII Nr. 1 S. 2 und sein Hinweis auf Art. 3 HessErgStG. und Art. 2 BayEinkStG.).

Die im Art. 297i des Friedensvertrags vorgesehenen Entschädigungen beziehen sich auf Liquidation oder Zurückhaltung von Eigentum, Rechten oder Interessen von Reichsangehörigen im früher feindlichen Auslande. Über Art und Höhe der Entschädigungen ist ein Gesetzentwurf in Vorbereitung. Bis zu dessen Verabschiedung ist in der Steuererklärung die Auslandsforderung als solche ohne endgültige Bewertung anzugeben.

§ 4. Wird ein abgabepflichtiges ausländisches Grund- oder Betriebsvermögen durch den ausländischen Staat zu einer gleichartigen Abgabe herangezogen, so ist diese Abgabe bei der Vermögensabgabe abzusetzen oder, insoweit die Vermögensabgabe schon erhoben ist, zu erstatten.

Die Absetzung oder Erstattung erfolgt nur bis zu der Höhe der auf das ausländische Grund- und Betriebsvermögen verhältnismäßig entfallenden Vermögensabgabe.

Die Vorschrift bestimmt eine Ausnahme von dem in § 2 Abs. 2 aufgestellten Grundsatze, wonach die Abgabepflichtigen, soweit es sich nicht um gewisse Ausländer handelt, auch das ausländische Grund- und Betriebsvermögen bereitzustellen haben. Insoweit nämlich, als dieses Vermögen durch einen ausländischen Staat zu einer gleichartigen Abgabe herangezogen wird, ist, um Doppelbesteuerung zu vermeiden, durch § 4 vorgeschrieben, daß der Betrag dieser Abgabe bei der Vermögensabgabe abzusetzen oder, insoweit diese schon erhoben ist, zu erstatten ist. Die Anrechnung darf aber selbstverständlich nur bis zu der Höhe der auf das ausländische Grund- und Betriebsvermögen entfallenden Vermögensabgabe erfolgen, ist also unter Umständen durch Proportionalberechnung festzustellen.

Unter einer „gleichartigen" Steuer sind jedoch nicht etwa die im Ausland erhobenen fortlaufenden Vermögenssteuern zu verstehen (vgl. amtl. Begr.).

§ 5.[1]) Abgabefrei sind:

1. die Länder[2]);
2. die Gemeinden und Gemeindeverbände aller Art[2]);
3. die Kirchen sowie die kirchlichen und religiösen Gemeinschaften[3]);
4.[4]) Universitäten, Hochschulen und ähnliche Anstalten und Gesellschaften, ferner solche Anstalten, die im Falle der Unzulänglichkeit der eigenen Mittel vom Reiche, von einem Lande oder von einer sonstigen öffentlichrechtlichen Körperschaft dauernd ganz oder teilweise unterhalten werden, sowie Stiftungen, deren Zwecke im Falle der Unzulänglichkeit der eigenen Mittel vom Reiche, von einem Lande oder von einer sonstigen öffentlichrechtlichen Körperschaft ganz oder teilweise erfüllt werden;
5. die Reichsbank, die Reichsdarlehnskassen und die Staatsbanken[5]);
6.[6]) die öffentlichen oder dem öffentlichen Verkehre dienenden Sparkassen, sofern sie sich auf die Pflege des eigentlichen Sparverkehrs beschränken, sowie die von Körperschaften des öffentlichen Rechtes gegründeten und geleiteten gemeinnützigen Kreditanstalten;
7. Handelskammern, Gewerbekammern, Handwerkskammern, Landwirtschaftskammern und ähnliche öffentlichrechtliche Berufsvertretungen sowie wirtschaftliche Verbände ohne öffentlichrechtlichen Charakter, deren Zweck nicht auf einen wirtschaftlichen Geschäftsbetrieb gerichtet ist[7]);
8. die Anstalten der reichsgesetzlichen Unfall-, Invaliden-, Krankenversicherung und Versicherung für Angestellte[8]);
9. die Pensions-, Witwen-, Waisen-, Sterbe-, Kranken-, Unterstützungskassen und Kassen ähnlicher Art[9]);
10. Stiftungen, Anstalten, Kassen oder Personenvereinigungen, soweit sie ohne Beschränkung auf einen bestimmten engeren Personenkreis mildtätigen oder gemeinnützigen Zwecken dienen[10]);
11. politische Parteien und Vereine[11]).

Die Befreiung nach Abs. 1 gilt nur für inländische[12]) Abgabepflichtige.

1. Allgemeines.

Die Amtl. Begr. (S. 14) sagt hierzu:

„Nachdem grundsätzlich der Kreis der Abgabepflichtigen soweit wie irgend möglich gezogen war, erschien es notwendig, eine größere Reihe von Freistellungen vorzuschreiben, um zu vermeiden, daß auch das im sozialen und allgemeinen Interesse verwandte Kapital zwecklos oder in einer für unsere Volkswirtschaft oder Kultur schädlichen Weise beschränkt wird.

Die Freistellung der in Nr. 1, 2 und 4 aufgeführten juristischen Personen ist erfolgt, weil bei einer Besteuerung dieser Personen das ihnen dadurch entzogene Einkommen wieder durch Erhöhung von öffentlichen Abgaben oder Steuern ersetzt werden müßte.

Bei den unter Nr. 6, 7, 8, 9 und 10 genannten Anstalten, Kassen, Stiftungen und Vereinen ist die Abgabefreiheit ausgesprochen worden, weil hier das Vermögen wichtigen sozialen, gemeinwirtschaftlichen oder kulturellen Zwecken dient." Wegen der Kirchen (Nr. 2) siehe Anm. 3.

Nach Abs. 2 bezieht sich jedoch die Abgabefreiheit nur auf inländische Abgabepflichtige.

2. Länder, Gemeinden und Gemeindeverbände aller Art.

Länder = Bundesstaaten. Grund der Abgabefreiheit: Anm. 1. Das Gesetz ist also den von Strutz in DStZ. VIII Nr. 1 S. 3 geltend gemachten Erwägungen zugunsten einer Besteuerung jener Körperschaften, durch die der Vorteil eines „automatischen Lastenausgleichs" gegeben sei, nicht gefolgt. Bei all diesen Körperschaften bleibt deren Vermögen auch dann abgabefrei, wenn es ausgesprochenen Erwerbszwecken dient, wie Fabriken, Sparkassen, Schlachthöfe, Leihhäuser, oder aber zur Bilanzierung des Etats dient, wie Bahnen, Brauereien, Forsten, Banken usw.

3. Kirchen, kirchliche und religiöse Gemeinschaften.

Die Freistellung der Kirchen sowie der kirchlichen und religiösen Gemeinschaften ist in der Erwägung vorgenommen worden, daß ihre wirtschaftliche Lage in den einzelnen Gliedstaaten zu verschieden ist, um sie durch das Reich einer gleichmäßigen Abgabepflicht unterwerfen zu können. Es erschien, besonders mit Rücksicht auf die in den einzelnen Gliedstaaten schwebenden Auseinandersetzungsverhandlungen, zweckmäßig, die Abgabepflicht der Vermögensmassen der Kirchen und der genannten Gemeinschaften entweder einem späteren Reichsgesetze oder auch den einzelnen Gliedstaaten zu überlassen (amtl. Begr. S. 14).

Hiernach sollen die großen Vermögen der Kirchen keineswegs überhaupt geschont werden; vielmehr soll ihre Erfassung einem besonderen Gesetz, betr. Besteuerung der „Toten Hand", vorbehalten bleiben, da die finanziellen Verhältnisse in den einzelnen Ländern des Reichs zu verschieden sind, um durch eine einzige Bestimmung geregelt werden zu können. Übrigens sind die meisten Kirchengemeinden so leistungsschwach, daß sie, um ihre notwendigsten Aufgaben zu erfüllen, noch unterstützt werden, ganz abgesehen davon, daß der größte Teil des freien Vermögens der kirchlichen Anstalten zu wohltätigen und sonstigen gemeinnützigen Zwecken verwandt wird und daher nach Ziff. 10 ohnehin abgabefrei bleiben würde (vgl. Bericht X. Aussch. S. 7).

Nicht nur die evangelische und römisch-katholische Kirche selbst sind befreit, sondern auch die Kirchengemeinden, Bistümer, Domkapitel, Kollegialkapitel, Kassen der Kreis- und Provinzialsynode, die sog. „aufgenommenen" Religionsgemeinschaften usw. (amtl. Begr. S. 23). Hierher gehören also u. a.: altkatholische Kirche, Synagogengemeinden, Mennoniten, Heilsarmee usw.

4. Universitäten und öffentlich subventionierte Anstalten.

Aus den gleichen Gründen wie die Länder und Kommunen sind auch diejenigen Anstalten freigestellt, die im Falle der Unzulänglichkeit der eigenen Mittel vom Reiche, einem Lande oder einer sonstigen öffentlich-rechtlichen Körperschaft ganz oder teilweise unterhalten werden, sowie Stiftungen, deren Zwecke im Falle der Unzulänglichkeit der eigenen Mittel von einer dieser Instanzen ganz oder teilweise erfüllt werden. Ihre Besteuerung wäre zweckwidrig und unsozial.

Hierher gehören daher u. a. auch die staatlich oder städtisch subventionierten Theater, z. B. die Landestheater, Museen usw. Übrigens würde bei vielen dieser Anstalten auch schon auf Grund der Nr. 10 (wohltätiger oder gemeinnütziger Zweck) Abgabefreiheit bestehen.

Zu den vorstehend gekennzeichneten Stiftungen sind nach der amtl. Begr. insbesondere die sog. Pfründner- oder Meßnerstiftungen zu rechnen, soweit ihre Erträgnisse für den angemessenen Unterhalt von Geistlichen oder anderen Dienern der Kirche bestimmt sind.

5. Reichs- und Staatsbanken.

In den Ausschußberatungen wurde die Streichung der Reichsbank verlangt, weil durch die Abgabefreiheit dieser Bank auch deren Anteilseigner einen nicht gerechtfertigten Vorteil haben würden. Dem wurde regierungsseitig entgegengehalten, daß bei der bestehenden Gewinnregelung eine derartige Befürchtung unbegründet sei, und daß durch die Abgabepflicht der Reichsbank sich das Reich nur selbst besteuern würde (Ausschußbericht S. 7).

6. Sparkassen, Kreditanstalten.

Bei der Vorberatung versuchte man, die Abgabefreiheit dieser Gruppe aufzuheben oder einzuengen; die modernen Sparkassen und Kreditanstalten seien als Banken mit vollen bankmäßigem Verkehr anzusprechen und daher wie Erwerbsgesellschaften zu besteuern. Regierungsseitig wurde jedoch darauf hingewiesen, daß die weitaus meisten Sparkassen und Kreditvereine sich in den Händen der Gemeinden und Gemeindeverbände befänden und nicht anders zu behandeln seien als die sonstigen Gemeindeanstalten mit und ohne Erwerbsabsichten, deren Sonderbesteuerung schon technisch undurchführbar sei. Da diese Sparkassen und Kreditanstalten bereits gemäß § 5 Nr. 2 abgabefrei seien, wäre es unbillig, die wenigen sonstigen derartigen Institute, deren etwaige Erträgnisse auch nur zu gemeinnützigen Zwecken verwandt würden, abgabepflichtig zu machen. Ferner sei, wenn auch zugegeben werden müsse, daß sich der Geschäftsverkehr der Sparkassen in letzter Zeit bankmäßiger gestaltet habe, ihr Geschäftsbetrieb noch bei weitem nicht dem Bankbetriebe gleichzustellen; ein großer Teil der Sparkassen beschränke sich sogar der Hauptsache nach auf die Pflege des alten Sparverkehrs.

Außerdem seien die Sparkassen sämtlich infolge des Rückganges der Kriegsanleihen so stark belastet, daß sich ohnehin bei ihnen ein abgabepflichtiges Vermögen kaum ergeben werde (Ausschußbericht S. 6). In der zweiten Ausschußsitzung wurde jedoch die einschränkende Bedingung aufgenommen, daß die Kasse „sich auf die Pflege des eigentlichen Sparverkehrs beschränken" müsse. Auch das bezieht sich aber nicht auf staatliche und städtische Institute, die nach Nr. 1 u. 2 alsdann frei sein würden, sondern nur auf private Institute, die neben dem Sparverkehr sich z. B. noch befassen mit dem Ankauf und Verkauf von Wertpapieren, ferner dem Depotverkehr, der aus Anlaß des „Depotzwanges" auch von den Sparkassen jetzt mehr gepflegt wird (vgl. DStZ. Nov. 1919 S. 170). Dient die Kasse nicht dem öffentlichen Verkehr, sondern z. B. nur dem Verkehr der Mitglieder, ohne daß jedermann ohne weiteres Mitglied der Kasse werden könnte, oder wird sie in letzterem Falle nicht von einer Körperschaft des öffentlichen Rechts, sondern z. B. von einer privaten Kreditgenossenschaft gegründet und geleitet, so fällt die Abgabefreiheit weg, so z. B. bei den im § 2 Nr. 4 genannten „Kreditanstalten". Im Zweifel geht § 5 dem § 2 vor (Ausschußbericht S. 5).

Im Entwurf waren noch die von öffentlichen Körperschaften gegründeten und geleiteten Versicherungsanstalten genannt, diese sind im Ausschuß gestrichen worden.

7. Handelskammern usw., Fachverbände.

Ähnliche öffentlich-rechtliche Berufsvertretungen sind z. B. die in Berlin („Ältesten der Kaufmannschaft"), Stettin, Königsberg, Tilsit, Elbing noch bestehenden kaufmännischen Korporationen. Im Ausschuß wurde dann unter Zustimmung der Regierung die Abgabefreiheit auf wirtschaftliche Berufsvereinigungen ohne öffentlich-rechtlichen Charakter ausgedehnt, deren Zweck nicht auf einen wirtschaftlichen Geschäftsbetrieb gerichtet ist, weil diese Berufsvereinigungen, wenn sie auch keinen gemeinnützigen Charakter trügen, doch im öffentlichen Interesse tätig seien. Es herrschte Übereinstimmung, daß das Wesen einer „Berufsvereinigung" im Sinne des Zusatzes nicht erfordere, daß die Mitglieder der Vereinigung der gleichen Berufsgruppe angehören; es sei auch z. B. der Asiatische Handelsverein als Berufsvereinigung anzusehen (Ausschußbericht S. 8). Welcher Rechtsform sich im übrigen der Fachverband bedient, ist belanglos (siehe auch zu Nr. 10): nicht nur der nicht rechtsfähige oder rechtsfähige Verein, auch der in Form der G. m. b. H. errichtete Verband bleibt steuerfrei, wenn er ein sog. „ideeller Verein" ist, d. h. sein Zweck nicht auf einen wirtschaftlichen Geschäftsbetrieb gerichtet ist. Diese Bedingung ist dem § 21 BGB. entnommen. Der Hauptzweck des Vereins darf danach nicht darauf gerichtet sein, Vermögensvorteile für seine Mitglieder zu erlangen. Neben den Fachvereinen, z. B. den Arbeitgeberverbänden und den Gewerkschaften, sind auch noch frei die gemeinnützigen Vereine (Nr. 10): und die politischen Vereine (Nr. 11). Die Kriegsgesellschaften sind dagegen, nach einer Regierungserklärung (2. Lesung S. 3087), steuerpflichtig. Erwähnt wurden u. a. die „Vereinigten Getreidehändler", die „Kommunalverbände", die „Viehhandelsverbände". Sie fallen nicht unter die wirtschaftlichen Verbände ohne öffentlich-rechtlichen Charakter, deren Zweck nicht auf einen wirtschaftlichen Geschäftsbetrieb gerichtet ist. Diese Einschaltung ist lediglich eine Ergänzung zu den im Gesetz aufgeführten berufsständischen Vertretungen: Handelskammern usw. Soweit aber Gemeinnützigkeit vorliegt, tritt Abgabefreiheit nach § 10 ein.

8. Sozialversicherung.

Die Anstalten der öffentlichen Kranken-, Unfall-, Invaliden- und Angestelltenversicherung bleiben aus sozialen Gründen ebenfalls frei, und zwar auch, soweit sie über die gesetzliche Zwangsversicherung hinaus freiwillige Zusatzversicherungen gewähren oder sonstige Nebengeschäfte betreiben. Private Kranken-, Unfall- usw. Versicherungen sind nicht frei.

9. Pensions-, Witwen-, Waisen-, Sterbe-, Kranken-, Unterstützungskassen und Kassen ähnlicher Art.

Pensions-, Witwen-, Waisenkassen u. dgl., einerlei ob öffentlich oder privat, ob gemeinnützig oder in Erwerbsabsicht betrieben, bleiben abgabefrei. Unter einer „Kasse" wird man eine selbständige Einrichtung zu verstehen haben, bloße „Wohlfahrtsfonds" oder „Rücklagen für Wohlfahrtszwecke" genügen — mindestens bei den physischen Personen — nicht. Hier muß aus den betr. Bezügen z. B. eine Stiftung errichtet oder sie einer anderen juristischen Person, z. B. einer Bank als Treuhänderin oder einer Gemeinde, überwiesen werden, damit Abgabefreiheit eintritt (Ausschußbericht S. 10 f.). Dagegen sind bei Gesellschaften die Rücklagen für ausschließlich gemeinnützige oder Wohlfahrtszwecke dann abzugsfähig (also nicht als solche steuerfrei), wenn ihr Verwendungszweck als gesichert anzusehen ist (§ 17 Nr. 2; Näheres dort). Das ist für die „Kassen" und „Fonds" der großen Industrieunternehmen und Banken von besonderer Bedeutung.

10. Mildtätige oder gemeinnützige Unternehmen.

Die hier genannten Stiftungen, Anstalten und Vereine dürfen nicht den Zwecken einzelner Familien oder bestimmter Personen dienen, sondern müssen der Allgemeinheit zugute kommen. Eine Veranstaltung oder Einrichtung dient der Allgemeinheit, wenn sie jedermann oder wenigstens einem größeren nicht geschlossenen Personenkreise zugänglich ist, wie z. B. den Einwohnern einer Stadt, den Angehörigen eines Berufs, einer Religionsgemeinschaft oder eines Vereins mit nicht geschlossenem Mitgliederbestande. Die Worte „auf einen bestimmten engeren Personenkreis" sind nach der Regierungserklärung (2. Lesung S. 8987) eng auszulegen, so daß z. B. zwar darunter zu verstehen ist ein Personenkreis, der durch Familienbeziehungen oder ähnliche Bande verbunden ist; dagegen schließt die Beschränkung auf die Arbeiter (Angestellten) einer Fabrik die Befreiung nicht aus. Arbeiterunterstützungskassen bleiben also steuerfrei. „Gemeinnützig" im Sinne der Vorschrift sind z. B. auch Stiftungen usw., die wissenschaftlichen Zwecken dienen, wie Institute zu Forschungszwecken oder Stipendien zur Fortbildung Unbemittelter oder zur Erreichung bestimmter wissenschaftlicher Ziele.

Der Ausschuß war der Meinung, daß durch Erwerbsabsichten die „Gemeinnützigkeit" von vornherein wegfiele. Es bestand darüber aber Einigkeit, daß die Verzinsung mit 4 v. H. und in bestimmten Fällen auch mit 5 v. H. nicht als eine Erwerbsabsicht anzusehen sei.

Nach der Erklärung des Unterstaatssekretärs würden die Stiftungen, Anstalten und Vereine, die ihre Mittel nicht in erster Linie zu gemeinnützigen Zwecken, sondern zur Besoldung oder Bereicherung ihrer Vorstandsmitglieder verwendeten, nicht als gemeinnützig im Sinne des Gesetzes angesehen werden können; gegen derartige gemeinschädliche Unternehmungen müsse durch eine besondere Gesetzgebung vorgegangen werden. Das Wort „Verein" wurde durch „Personenvereinigungen" ersetzt, um klarzustellen, daß Siedlungsunternehmen oder gemeinnützige Unternehmungen irgendwelcher Art ohne Rücksicht auf ihre Gesellschaftsform durch Nr. 10 gedeckt seien. Außerdem wies man regierungsseitig darauf hin, daß bei den „Stiftungen" auch solche ohne juristische Persönlichkeit genannt seien (Ausschußbericht S. 8). Endlich gab der Reichsfinanzminister auf Anfrage im Ausschuß die Erklärung ab, daß unter diese Ziffer auch Turn-, Gesang-, Ruder- und alle ähnlichen anderen Vereine fallen und somit von der Steuerabgabe frei seien (Ausschußbericht S. 23). Auch die Geselligkeits-, Sport-, Sammler- und Kriegervereine zählen demnach hierher. Kriegsgesellschaften sind dagegen in der Regel abgabepflichtig (s. oben Nr. 7).

11. Politische Parteien und Vereine.

Die Abgabefreiheit dieser Gruppe wurde im Ausschuß beschlossen, weil „den Finanzbehörden nicht das Recht zugestanden werden könne, in die Finanzgebarung der politischen Vereine und Parteien Einsicht zu nehmen" (Ausschußbericht S. 8).

12. Die Befreiung nach Abs. 1 gilt nur für inländische Abgabepflichtige.

Nach Abs. 2 des § 5 gilt die in Abs. 1 normierte Abgabefreiheit nicht für ausländische Abgabepflichtige der dort aufgezählten Arten. Hier finden die grundsätzlichen Vorschriften der §§ 2—4 Anwendung.

Bei einer Konkurrenz zwischen § 5 und § 2 geht die Spezialvorschrift des § 5 vor, so insbesondere bezüglich der in Abs. 1 Nr. 4 und im § 5 Nr. 6 genannten Kreditanstalten (Ausschußbericht S. 5).

Vorbemerkung zu §§ 6—12.

Die §§ 6—12 entsprechen im wesentlichen den §§ 2—7 WG. bzw. den gleichlautenden §§ 2—8 BStG. Es handelt sich um den Begriff und Umfang des steuerbaren Vermögens, insbesondere um seine Einteilung in Grund-, Betriebs- und Kapitalvermögen. Die Vorschriften des WG. haben sich durchaus bewährt und umfassen im allgemeinen das Vermögen so vollständig, daß eine Erweiterung kaum notwendig erschien.

Neu ist nur die Vorschrift des § 8 Abs. 2 in Verb. mit § 11, daß dem Betriebsvermögen auch die beim Unternehmer vorhandenen Vorräte gleichstehen sollen, auch wenn sie nicht mehr eigentlich dem Betrieb dienen. Hierdurch wird erreicht, daß solche Vorräte, die namentlich während des Krieges in einer der Volkswirtschaft schädlichen Weise angehäuft worden sind, der Abgabe unterworfen werden (vgl. amtl. Begr. S. 23). Neu ist ferner die Heranziehung von Perlen, Edelsteinen, Kostbarkeiten usw. zur Abgabe unter bestimmten Voraussetzungen.

§ 6. Als Vermögen[1]) im Sinne des Gesetzes (steuerbares Vermögen) gilt, soweit nichts anderes vorgeschrieben ist[6]), das gesamte bewegliche und unbewegliche Vermögen[2]) nach Abzug der Schulden[7]). Es umfaßt:

1. Grundstücke einschließlich des Zubehörs (Grundvermögen)[3]);

2. das dem Betriebe der Land- oder Forstwirtschaft, des Bergbaues oder eines Gewerbes dienende Vermögen (Betriebsvermögen)[4];

3. das gesamte sonstige Vermögen[5]), das nicht Grund- oder Betriebsvermögen ist (Kapitalvermögen)[6]).

1. Allgemeines.

Vermögen im Sinne des § 6 ist ein Sammelbegriff; er bezeichnet den Inbegriff aller Sachgüter (Sachen und Rechte), die einer Person in einem bestimmten Zeitpunkt (Stichtag) gehören.

Voraussetzung der Anrechnung beim Steuerpflichtigen ist, daß dem Steuerpflichtigen das Vermögen wie einem Eigenbesitzer (§ 872 BGB.) gehört.

In letzterer Beziehung entscheidet nicht das formale Eigentumsrecht (ebensowenig bei Grundstücken die grundbuchliche Eintragung), sondern die Tatsache, daß jemand eine Sache in unbestrittenem Eigenbesitz als ihm gehörend besitzt. Solange dies der Fall ist, muß das betreffende Vermögen dem Steuerpflichtigen angerechnet werden (EOVG. 5 S. 222, 224). Ebenso entscheidet die Rechtsprechung der anderen Bundesstaaten, daß nicht die formalrechtliche, sondern die wirtschaftliche Zugehörigkeit zum Vermögen maßgebend ist (BraunschwVG. vom 21. April 1915, Amtl. Mitt. 1915, 167 in Steuerarchiv 1915, 299 u. a.).

Vermögensteile, die im Eigentum mehrerer (Gemeinschaft) stehen, werden den einzelnen Eigentümern nach Maßgabe ihres Anteils am gemeinschaftlichen Vermögen angerechnet (so auch §§ 6 u. 4 BadBStG.).

Voraussetzung der Anrechnung als Vermögen des Steuerpflichtigen ist aber stets, daß er die Sache wie ein Eigentümer besitzt. Der Nießbraucher ist nicht Eigentümer. Unterliegt das abgabepflichtige Vermögen dem Nießbrauch, so hat die Abgabe der Eigentümer, nicht der Nießbraucher zu tragen, denn die Vermögensabgabe ist auf die Substanz des Vermögens gelegt und aus der Substanz zu bestreiten. Und zwar ist Schuldner der Abgabe der Eigentümer, nicht nur gegenüber dem Reichsfiskus, sondern auch im Verhältnis zwischen Eigentümer und Nießbraucher.

Der Eigentümer kann vom Werte des mit dem Nießbrauch belasteten Vermögens den Kapitalwert des Nießbrauchsrechts abziehen, und letzterer ist vom Nießbraucher als Kapitalvermögen zu versteuern (vgl. §§ 9 Ziff. 5, 15 Ziff. 2); so auch Rheinstrom, WG. zu § 14 S. 55 zu 1 c und § 31 Ziff. 5 der dort angegebenen sächsischen Regierungsinstruktion.

Die persönliche Behinderung des Eigentümers, das Objekt zu verkaufen, einerlei, ob sie auf tatsächlichen oder auf Rechtsgründen beruht, ändert nichts an der Zugehörigkeit des Objekts zum beitragspflichtigen Vermögen (vgl. OVG. 7, 243). Das trifft auch zu, wenn die Behinderung des Verkaufs auf testamentarischen oder gesetzlichen Verkaufsverboten beruht (Fuisting, Komm. z. ErgStG., 7. Aufl. II, Anm. 5 zu § 4 ErgStG.).

Auch der Umstand, daß über das dem Erben angefallene Vermögen eine Testamentsvollstreckung oder eine Nachlaßpflegschaft eingeleitet ist, entbindet den Eigentümer des mit diesen Beschränkungen belasteten Vermögens nicht von der Vermögensabgabe (EOVG. 11, 361).

Der Vorerbe ist bis zum Eintritt des Falles der Nacherbfolge als Eigentümer des Nachlasses anzusehen und dementsprechend als Eigenbesitzer des Nachlasses zu behandeln. Er würde als bloßer Nießbraucher nur angesehen werden dürfen, wenn das bürgerliche Recht solche Vorschriften enthielte. Dies ist aber nicht der Fall. Vielmehr muß nach §§ 2100 ff. BGB. der Vorerbe als wahrer Erbe der den Gegenstand der Erbschaft bildenden Gegenstände, also als deren Eigentümer, angesehen werden, dessen Recht nur ein auflösend bedingtes bzw. durch einen Endtermin zeitlich begrenztes ist (vgl. Entsch. des OVG. vom 25. Okt. 1912 im Steuerarchiv 16, 149, EOVG. 5, 332; 6, 335). Auch die gesetzlichen oder durch den Erblasser angeordneten Verfügungsbeschränkungen stehen nicht im Wege, daß der Nachlaß dem Vorerben angerechnet wird (EOVG. 11, 361; 14, 380; 15, 383). Sind in einem Testament die Kinder als Erben, der überlebende Ehegatte aber als Nießbraucher mit uneingeschränkter Verwaltung und Verfügung eingesetzt, so daß die Kinder beschränkt sind auf id quod super est, so ist der überlebende Ehegatte ebenfalls als Vorerbe, nicht als Nießbraucher anzusehen. Vielfach kommt es vor, daß dem Nacherben, (z. B. Kindern hinter der Ehefrau des Testators) ein Vorausvermächtnis (§ 2150 BGB.) vermacht wird. Ein solches, dem Nacherben vermachtes Vorausvermächtnis kann der Vorerbe auch dann von seinem abgabepflichtigen Vermögen kürzen, wenn ihm die Bestimmung des Anzahlungstermins des Vermächtnisses überlassen ist (Urt. des Hans. OLG. vom 31. Mai in Steuerarchiv 1915, 283).

Im übrigen bestimmt § 54 des Ges. in formeller Hinsicht, daß der Vorerbe berechtigt ist, den auf die Vorerbschaft entfallenden Teil der Abgabe aus dem Vermögen der Vorerbschaft nach dem auf sein Gesamtvermögen entfallenden Abgabesatz zu entnehmen (Näheres siehe dort).

Vermögen, die mehreren Miterben gehören (ungeteilte Nachlaßmassen) sind dem Miterben nach Verhältnis ihrer Erbanteile anzurechnen (vgl. § 5 PrErgStG 5, 228; 9, 315; 12, 360; § 2033 BGB.). Ein ungeteilter Nachlaß steht, wie auch für die Wehrbeitragsveranlagung und damit auch für die Besitzsteuerveranlagung bereits einwandfrei entschieden ist, den Erben zur gesamten Hand zu, und es bildet für jeden Erben sein Anteil am Gesamtvermögen einen Bestandteil seines ihm nach § 2 WG. anzurechnenden beitragspflichtigen Vermögens (Urt. V. WB. 76/15 vom 7. April 1915, DJZ. 20, 1167 ff.).

Bezüglich der Behandlung der Vermögen, an denen einen fortgesetzte Gütergemeinschaft besteht (§§ 1488 ff. BGB.), waren mit Rücksicht auf die Verschiedenartigkeit ihrer Behandlung in den bundesstaatlichen Einkommen- und Vermögenssteuergesetzen (vgl. § 15 II SächsErgStG.) beim Wehrbeitragsgesetz Zweifel entstanden. Mit Recht bestimmte jedoch eine Verf. des preuß. Finanzministeriums vom 12. Febr. 1914, II 2014: Im Einverständnisse mit dem Herrn Reichskanzler (Reichsschatzamt) muß davon ausgegangen werden, daß nach dem Wehrbeitragsgesetze wie nach dem Besitzsteuergesetz in der Regel das Gesamtgut den einzelnen an einer fortgesetzten Gütergemeinschaft Beteiligten nach dem Verhältnis ihrer Anteile anzurechnen ist. Diese Auffassung entspricht auch der Rechtsprechung des Oberverwaltungsgerichts (vgl. Entsch. vom 25. Sept. 1907, EOVG. 13, 18).

An dieser Entscheidung muß auch für dieses Gesetz festgehalten werden, und zwar ohne Rücksicht auf etwaige andersgeartete Behandlung in den Vermögenssteuergesetzen der einzelnen deutschen Bundesstaaten.

Die Anteile der Kinder an einer fortgesetzten Gütergemeinschaft (nach westfälischem Güterrechte) sind, worüber z. B. auch Urteile aus außerpreußischen Verwaltungsgerichten vorliegen, nicht dem abgabepflichtigen Vermögen des überlebenden nutzungsberechtigten Ehegatten zuzurechnen, sondern gehören zum abgabepflichtigen Vermögen der Kinder (BraunschwVG. vom 21. April 1915, Amtl. Mitt. 1915, 145).

In formeller Hinsicht bestimmt jedoch § 53 des Ges., daß der an einer fortgesetzten Gütergemeinschaft beteiligte Abkömmling von dem überlebenden Ehegatten verlangen kann, daß der auf seinen Anteil entfallende Abgabebetrag aus seinem Anteil am Gesamtgut gezahlt oder ihm ersetzt wird, wobei der überlebende Ehegatte neben dem Abkömmling für dessen Abgabe als Gesamtschuldner haftet.

Abfindungen, die auf Grund von Schichtverträgen den Kindern erster Ehe nach eingetretener Großjährigkeit, Verheiratung, Abzug vom Hofe oder sonstiger Selbständigmachung, zu zahlen sind, bleiben, da diese Rechte erst mit dem Eintritt eines künftigen ungewissen Ereignisses existent werden, also der Erwerb von einer noch nicht eingetretenen aufschiebenden Bedingung abhängt, bei der Vermögensfeststellung des Berechtigten wie des Verpflichteten unberücksichtigt (FinMinErl. vom 26. Febr. 1914, II 2691). Bereits angefallene Vermächtnisse vermindern dagegen schon vor ihrer Fälligkeit das Vermögen des mit dem Vermächtnisse Beschwerten und sind deshalb von seinem Vermögen abzuziehen (Urt. VI. WB. 36/14 vom 12. Mai 1915, DJZ. 20, 1167; § 9 WG., § 15 Ziff. 1 dieses Ges.).

Der Vermächtnisnehmer ist nach Übereignung der ihm vermachten Sache als deren Eigentümer, vorher nur als Berechtigter nach § 9 Ziff. 1 des Ges. beitragspflichtig (EOVG. 14, 380 ff.), so daß ihm nur der Wert seines Anspruchs auf Herausgabe des Vermächtnisses bis dahin angerechnet werden kann; in solchen Fällen wird es sich aber empfehlen, die Veranlagung der zur Herausgabe verpflichteten Erben und des Vermächtnisnehmers auszusetzen, bis Übereignung der Sachen stattgefunden hat (vgl. aber oben OVG. vom 12. Mai 1915, DJZ. 20, 1167).

Nicht als Eigentümer, sondern als Nutznießer anzusehen ist der Nießbraucher (§§ 1030 ff., 1058, 1068 ff., 1083 ff. BGB.). Diesem ist, wie schon oben dargelegt, der Kapitalwert seines Nießbrauchsrechts anzurechnen. Im übrigen siehe Artikel „Nießbrauch" im Handwörterbuch der Einkommen- und Vermögenssteuer (Berlin 1914, Haude & Spener).

Der Nießbrauch kann auf Gesetz, Vertrag oder letztwilliger Verfügung bestehen.

Außer dem Nießbrauchsrecht kennt das BGB. noch die Nutznießung, welche den Eltern (als Inhabern der elterlichen Gewalt) am Vermögen ihrer minderjährigen unverheirateten Kinder zusteht.

Die Bestimmung im § 5 Nr. 4 ErgStG., nach der dem Haushaltungsvorstand dasjenige Vermögen des Haushaltungsangehörigen zuzurechnen ist, an welchem ihm die Nutznießung zusteht, findet sich in diesem Gesetz, ebenso wie im Wehrbeitragsgesetz, nicht. Daher sind Vermögen, die minderjährigen Kindern gehören, nicht bei dem Vater oder der Mutter, denen die Nutznießung zusteht, sondern bei den Kindern beitragspflichtig (PrAusfAnw. z. WG. Art. 2 Ziff. 7).

Eine solche, nicht auf einem besonderen Rechtstitel, sondern auf gesetzlichen Vorschriften des Familienrechts (Verwandtschaft) beruhende Nutznießung ist auch kein selbständiges Recht im Sinne des § 9 Ziff. 1, so daß der Kapitalwert der familienrechtlichen Nutznießung weder dem Berechtigten anzurechnen, noch beim Verpflichteten abzurechnen ist.

2. Das bewegliche und unbewegliche Vermögen (Ziff. 1—3).

Die Beurteilung, was als beweglich und unbeweglich anzusehen ist, richtet sich nach bürgerlichem Recht.

Die in den Ziff. 1—3 getroffene Unterscheidung ist von besonderer Bedeutung bei der Besteuerung der Ausländer. Halten sich diese im Inland des Erwerbs wegen auf, so bleibt gleichwohl ihr ausländisches Grund- und Betriebsvermögen steuerfrei (§ 2 Abs. 2 Nr. 2), während bei Wegfall der Erwerbsabsicht überhaupt nur ihr inländisches Grund- und Betriebsvermögen abgabepflichtig ist (§ 3). Vgl. ferner die Bevorzugung des Betriebsvermögens in § 19 (80 v. H.) sowie des Grund- und Betriebsvermögens in § 20 (Wertberechnung).

3. Grundstücke, einschließlich des Zubehörs (Grundvermögen).

Zum Grundvermögen (Ziff. 1) gehören Grundstücke, einschließlich ihrer Bestandteile, welche in Sachen und Rechten bestehen können (§§ 93—96 BGB.), wozu z. B. Grunddienstbarkeiten (§ 1018 BGB.) und Reallasten (§ 1105 BGB.) zu rechnen sind. Zubehör des Grundstücks sind dagegen nur beweglichen Sachen, die den wirtschaftlichen Zwecken der Hauptsache zu dienen bestimmt sind (§§ 97 u. 98 BGB.), daher etwas anderes wie „Bestandteile".

Den Grundstücken stehen gleich die selbständigen Rechte und Gerechtigkeiten, d. h. Berechtigungen, auf welche die Vorschriften des bürgerlichen Rechts über Grundstücke Anwendung finden (§ 7 des Ges.).

4. Das dem Betriebe der Land- oder Forstwirtschaft, des Bergbaues oder eines Gewerbes dienende Vermögen (Betriebsvermögen).

Zum Betriebsvermögen gehören alle einem inländischen land- und forstwirtschaftlichen, bergbaulichen, gewerblichen Unternehmen gewidmeten Gegenstände, und zwar bewegliche wie unbewegliche Gegenstände. Der Betrieb der Gärtnerei gilt, je nachdem die Bodenbewirtschaftung überwiegt oder nicht, als landwirtschaftlicher oder als gewerblicher Betrieb.

Das Betriebsvermögen umfaßt das gesamte in einem Betrieb werbende Vermögen, also sowohl das stehende Kapital (Anlagekapital) als das umlaufende Kapital (Betriebskapital), und zwar auch das nur vorübergehend in das Geschäft gesteckte Kapital — dauernde Widmung ist nicht erforderlich.

Das Betriebsvermögen ist steuerpflichtig ohne Unterschied, ob der Betrieb auf eigenen oder fremden (gepachteten) Grundstücken stattfindet, und ohne Unterschied, ob das Gewerbe als stehendes Gewerbe oder als Gewerbe im Umherziehen betrieben wird. Zum Betriebsvermögen gehört, in kurzen Worten zusammengefaßt, alles, was bei gewerblichen und Handelsunternehmungen ein ordentlicher Kaufmann in seine Bilanz aufnimmt, die Aktiven, nach Abzug der Passiven, wie es im Kapitalkonto der Bilanz zum Ausdruck kommt.

Zum Betriebsvermögen gehören insbesondere: 1. die dem Betriebe dienenden Grundstücke, Gebäude, baulichen Anlagen, Wasserkräfte, Maschinen, Gerätschaften, Werkzeuge, Tiere und Futtervorräte, die Vorräte an Erzeugnissen des Betriebes, fertigen Waren, Roh- und Hilfsstoffen, einschließlich der in der Bearbeitung, auf dem Transport, auf Niederlagen oder auswärtigen Lagern befindlichen Waren und Stoffe, ferner die Vorräte an Geld, Gold und Silber, Papiergeld, Banknoten, Wechseln, Schuldscheinen und sonstigen Wertpapieren, die aus dem Betriebe herrührenden Außenstände, einschließlich der laufenden Guthaben.

2. Auch alle Aktien und sonstigen Wertpapiere gehören, wenn sie einem inländischen landwirtschaftlichen oder gewerblichen Unternehmen gewidmet sind, zum inländischen Betriebsvermögen, auch dann, wenn der Sitz der betreffenden Aktiengesellschaften sich im Auslande befindet oder der Steuerpflichtige im Auslande wohnt. Denn dadurch, daß die betreffenden Aktien dem inländischen Betrieb gewidmet werden, werden sie ein Teil des inländischen bilanzmäßigen Betriebsvermögens.

Bei der Ermittlung des Betriebsvermögens kommt nur der Wert der materiellen Betriebsmittel in Betracht. Dagegen gehört z. B. der von alters her begründete Ruf der Firma, ihre gute Kundschaft, nicht zum Betriebsvermögen, und zwar auch dann nicht, wenn dadurch die Rentabilität des Geschäfts und der Verkaufswert desselben wesentlich beeinflußt wird (vgl. auch Art. 12 PrAusfAnw. z. ErgStG.). Wenn diese Dinge als Aktiva in die Bilanz eingestellt sind, so sind sie abzusetzen, es sei denn, daß für deren Erwerb tatsächlich Aufwendungen an Geld oder Geldeswert gemacht sind (vgl. Artikel „Firma" im Handwörterbuch der preuß. Einkommen- und Vermögenssteuer, Verlag Haude & Spener, Berlin 1914, und die dort angezogene Rechtsprechung des Oberverwaltungsrichts), in solchem Falle gehören sie in Höhe der zum Erwerb gemachten Aufwendungen zum steuerpflichtigen Betriebsvermögen (vgl. auch RG. vom 9. Juli 1901, JW. S. 653 und EOVG. 16, 300; dagegen wieder RG. vom 14. März 1911, JW. S 495). Die Entsch. JW. 01, 653 lautet an einschlägiger Stelle:

> „Wie sich nicht in Abrede stellen läßt, daß die Firma ... als wirkliches Vermögensobjekt schätzbar und ihre Aufnahme in die Eröffnungsbilanz als Aktivum folgeweise zulässig ist, insofern sie auf derivativem Weg erworben war, so kann ebensowenig verkannt werden, daß Beklagte ihre eigene Bewertung der von ihr gegen Entgelt erworbenen Firma ... als zutreffend bis zum Beweise des Gegenteils gegen sich gelten lassen muß. Daß aber willkürliche Abschreibungen am Werte der Firma unzulässig sind, wenn es sich um Feststellung des Reingewinns Dritten gegenüber, die nicht als Inhaber an der Firma beteiligt sind, handelt, kann einem Zweifel nicht unterzogen werden."

Das dem Betrieb der Land- und Forstwirtschaft dienende Vermögen (Anlage- und Betriebskapital) gehört zum beitragspflichtigen Vermögen, gleichfalls ohne Unterschied, ob der Betrieb auf eigenen oder fremden (gepachteten) Grundstücken stattfindet, und zwar sind steuerpflichtig auch hier sowohl die Anlagewerte wie die Betriebsmittel, einerlei ob die Gegenstände dem Betriebe dauernd oder nur vorübergehend gewidmet sind (also einschließlich der Geldmittel aus Kontokorrenten und Depositen).

Zum landwirtschaftlichen Betriebsvermögen gehören insbesondere:

1. die dem Betriebe dienenden Grundstücke, Gebäude (nicht aber die dazu (gemieteten oder gepachteten fremden), baulichen Anlagen, Wasserkräfte,

(Maschinen, Gerätschaften, Werkzeuge, Tiere und Futtervorräte, Vorräte an Erzeugnissen des Betriebes, fertigen Waren, Roh- und Hilfsstoffen, einschließlich der in der Bearbeitung, auf dem Transport, auf Niederlagen oder auswärtigen Lagern befindlichen;

2. die Vorräte an Geld, Gold und Silber, Papiergeld, Banknoten, Wechseln, Schuldscheinen und sonstigen Wertpapieren, die aus dem Betriebe herrührenden Außenstände, einschließlich der laufenden Guthaben.

Unter den Begriff Betriebsvermögen fallen nur Gegenstände, die einem landwirtschaftlichen oder forstwirtschaftlichen Betriebe oder einem Gewerbebetriebe dienen. Die Auffassung, daß bei der Veranlagung zum Wehrbeitrag und ebenso zur Besitzsteuer Instrumente, Sprech- und Wartezimmereinrichtungen von Ärzten und die Bureaueinrichtungen der Rechtsanwälte steuerbares Betriebsvermögen bilden, ist unzutreffend. Die Ausübung der ärztlichen und Rechtsanwaltspraxis ist auch schon hinsichtlich des Wehrbeitrags und der Besitzsteuer nicht als Gewerbebetrieb angesehen worden. Demnach haben die den bezeichneten Berufstätigkeiten gewidmeten beweglichen Sachen bei der Vermögensfeststellung außer Ansatz zu bleiben (vgl. auch Art. 4 III Aus Anw. z. ErgStG.; Verf. des preuß. Finanzministeriums vom 26. Febr. 1914, II 2665).

Voraussetzung der Anrechnung als Betriebsvermögen ist, daß für den Betrieb eine Betriebsstätte vorhanden ist. Eine Betriebsstätte ist beispielsweise nicht vorhanden, wenn an der betreffenden Stelle nur Materialien, Waren oder Rohstoffe lagern, ohne daß damit irgendwie eine geschäftliche Tätigkeit verbunden wird.

5. Das gesamte sonstige Vermögen (Kapitalvermögen).

Das Nähere über den Begriff Kapitalvermögen ergibt sich aus § 9, siehe daher die Anmerkungen zu diesem Paragraphen.

6. Soweit nichts anderes vorgeschrieben ist.

Derartige Vorschriften enthalten z. B. die §§ 10 (Ansprüche aus Witwen-, Waisen- und Pensionskassen, sowie Krankenkassen u. dgl. und Renten, die wegen eines früheren Arbeitsverhältnisses ausgesetzt sind), 11 (Möbel, Hausrat) sowie § 2 Abs. 2 Ziff. 2 u. 3 (beschränkte Steuerpflicht).

7. Nach Abzug der Schulden.

Auch die Vermögensabgabe besteuert ebenso wie das Wehrbeitragsgesetz und die Vermögenssteuergesetze der meisten deutschen Bundesstaaten nicht das Bruttovermögen, sondern das Nettovermögen. Wo vereinzelt (z. B. bei der Vermögenssteuer in Baden) der Abzug von Kapitalschulden nur teilweise statthaft ist, hat für die Zwecke der Vermögensabgabe eine anderweite Berechnung zu erfolgen:

Als Schulden des Beitragspflichtigen gelten auch die Schulden seiner gemäß § 16 mit ihm zusammen veranlagten Ehefrau; dabei ist zu beachten, daß die Schulden beider Ehegatten auch dann von ihrem Gesamtvermögen abzuziehen sind, wenn einer von ihnen überhaupt nur Schulden hat.

Werden vom Pflichtigen Schulden geltend gemacht, so muß die Steuerbehörde, wenn sie jener Angabe nicht ohne weiteres folgen will, gemäß Art. 24 Nr. 1 und 71 Nr. 4 der Anweisung des Finanzministers vom 25. Juli 1906 zur Ausführung des Einkommensteuergesetzes, welches hier sinngemäß anzuwenden ist, auf die genaue Angabe der Schulden und der Beweismittel dafür halten; sie darf nicht, wenn sie das zu Unrecht unterlassen hat, das Verlangen des Schuldenabzuges damit zurückweisen, daß der Nachweis der Schulden nicht erbracht sei (Urt. VI. WB. 3/14 vom 10. März 1915, DJZ. 1916, 560).

Wenn von dem Vermögen abzuziehen sind die dinglichen und persönlichen Schulden des Beitragspflichtigen, so ist für das Vorhandensein von Schulden deren rechtlicher Bestand entscheidend. Daß der Schuldner niemals imstande sein wird, seine Schulden zu bezahlen, hindert deren Abzugsfähigkeit nicht. Der Abzug muß auch stattfinden, wenn das Aktivvermögen lediglich in einem entsprechend § 22 WG. durch Kapitalisierung eines lebenslänglichen Unterhaltsrechts errechneten Vermögen besteht (Urt. VI. WB. 3/14 vom 10. März 1915).

Renten, welche nach § 9 Ziff. 5 (vgl. auch § 5 Nr. 5 WG; § 6 Nr. 5 BStG.) zur Anrechnung als Kapitalvermögen ungeeignet sind, z. B. die auf eine kürzere Zeit als zehn Jahre beschränkten, dürfen umgekehrt nach § 15 Ziff. 2 (vgl. § 9 Abs. 1 WG.; § 10 Abs. 1 BStG.) auch nicht vom Vermögen des Verpflichteten abgezogen werden (Urt. VI. WB. 20/14 vom 24. März 1915, DJZ. 1916, 560).

§ 7. Den Grundstücken (§ 6 Nr. 1) stehen gleich Berechtigungen, auf welche die Vorschriften des bürgerlichen Rechtes über Grundstücke Anwendung finden.

Beispiele aus dem Reichsrecht für derartige grundstücksgleiche Berechtigungen nach § 7 des Ges. sind das Erbbaurecht (§§ 1012 ff. BGB.), das Erbpachtrecht mit Einschluß des Büdner- und Häuslerrechts, wo ein solches noch besteht (Art. 63 EGBGB.).

Landesrechtliche Beispiele sind das Bergwerkseigentum (Art. 67 EGBGB.; § 50 PrAllgBergG.; Art. 44 ff. BayBergG.), die sächsischen Kohlenabbaugerechtigkeiten (Art. 68 EGBGB.), die hannoveranischen Salzabbaugerechtigkeiten (PrGes. vom 4. Aug. 1904, GS. S. 307), die Schiffsmühlengerechtigkeiten und Flößereigerechtigkeiten (Art. 65 EGBGB.; Art. 40 PrAGBGB.), die Fischereigerechtigkeiten (Art. 69 EGBGB.; Art. 40 PrAGBGB.), Fährgerechtigkeiten (Art. 65 EGBGB.; Art. 40 PrAGBGB.), die sog. Realgewerbeberechtigungen, wenn sie im Grundbuch eingetragen sind (Art. 17 f. BayAGGBO.).

Nach Art. 40 PrAGBGB. ist nicht erforderlich, daß für die betreffende Berechtigung ein besonderes Grundbuchblatt angelegt ist. Es genügt vielmehr, wenn die Berechtigung mit dem Grundstück zusammen ein gemeinschaftliches Grundbuchblatt erhalten hat (Güthe, Grundbuchordnung Anm. 4 zu § 5).

Bei Apotheken ist zu unterscheiden, ob es sich um Privilegien (Realkonzessionen) handelt, wie solche früher in weitem Umfang sich entwickelt haben, oder um persönliche Konzessionen (Personalkonzessionen). Erstere sind als selbständige Rechte und Gerechtigkeiten im Sinne der §§ 7, 6 Ziff. 1 anzusehen, letztere dagegen nicht (vgl. auch Zimmermann, BadVStG. zu § 52 S. 159, A 36 und § 22 DAnw. vom 1. Dez. 1906 a. a. O. S. 164). Dasselbe gilt für Preußen. Für Bayern ist eine Entsch. der BayOBK. bemerkenswert, die folgendes ausführt: „Für Apotheken ohne Realrecht kommen die Bestimmungen im § 11 Abs. 2 und § 14 Abs. 2 der Kgl. VO. vom 27. Juli 1918 über das

Apothekenwesen (GVBl. S. 348 ff.) in Betracht. Nach § 11 Abs. 2 dieser Verordnung ist die Bewilligung zum Betrieb einer bestehenden Apotheke in der Regel an die Bedingung zu knüpfen, daß der Empfänger binnen einer bestimmten Frist dem Vorgänger, der Witwe oder den Erben des Vorgängers oder den Erben der Witwe das Apothekenanwesen, die Einrichtung und die Vorräte ablöst und sie für etwaige Leistungen im Sinne des § 14 Abs. 2 abfindet. Nach § 14 Abs. 2 ist bei Festsetzung des Abfindungsbetrages einerseits zu berücksichtigen, was der Vorgänger für die Übernahme oder die Errichtung des Geschäftes aufwenden mußte und für dessen Hebung selbst leistete, andererseits ist zu beachten, daß dem Empfänger aus dem jährlichen Reinertrage des Geschäftes nach einer Rücklage von $2^1/_2$ v. H. des Abfindungsbetrages noch eine angemessene Entlohnung seiner Arbeitskraft verbleiben soll. Die Kgl. Verordnung kennt hiernach neben dem Werte des Apothekenanwesens, der Einrichtung und der Vorräte, den Geschäftswert, für den von dem Empfänger der Bewilligung eine besondere Abfindung zu gewähren ist. Dieser Geschäftswert bildet hiernach einen Bestandteil des Vermögens, und zwar der Natur nach des Betriebsvermögens des Apothekeninhabers. Es scheint somit gerechtfertigt, daß er nach §§ 2 u. 4 WG. in sein wehrbeitragspflichtiges Vermögen eingerechnet wird" (Entsch. des BayOVG. vom 11. Juni 1915 und der Amtl. Mitt. des Reichsschatzamts 5, 213 Nr. 9).

§ 8. Zum Betriebsvermögen[1]) (§ 6 Nr. 2) gehören alle dem Unternehmen gewidmeten Gegenstände.

Als Betriebsvermögen gelten auch[2]) aus dem Betriebe herrührende und andere Vorräte, die zur Weiterveräußerung bestimmt sind.

1. **Wegen des Begriffs „Betriebsvermögen"** vgl. § 6 und die Anmerkungen dazu. Der § 8 schließt sich der Auffassung der Vermögens- und Einkommensteuergesetze der meisten Bundesstaaten an. Das Betriebsvermögen ist dem Unternehmer, d. h. demjenigen, auf dessen Rechnung der Betrieb erfolgt, anzusetzen. Kommissionäre gelten in Ansehung der Kommissionsgeschäfte als Unternehmer.

Voraussetzung der Anrechnungsfähigkeit als „Betriebsvermögen" ist stets, daß eine Betriebsstätte eines solchen Unternehmers besteht. Der Begriff der Betriebsstätte ist in der Begründung zum Doppelsteuergesetz vom 22. März 1909 ungefähr folgendermaßen bestimmt. Zum Begriff der Betriebsstätten gehören zwei Merkmale, nämlich einmal das Vorhandensein eines festen örtlichen Mittelpunktes des Betriebes und ferner eine gewisse Dauer des Betriebes. Aufkauf oder Absatz von Waren, Ausführung gewerblicher Arbeiten usw. sind lediglich Ausfluß des stehenden Gewerbebetriebes am Orte der Niederlassung, d. h. am Orte des festen ordentlichen Mittelpunktes des Betriebes. Die Voraussetzung einer gewissen Dauer des Betriebes ist noch nicht gegeben, wenn Montagen industrieller oder sonstiger Werke irgendwo eine zeitweilige Arbeit in Anspruch nehmen, vielmehr muß der Betrieb stets für eine längere Zeit im voraus geplant sein, wenn er auch nicht auf längere Zeit sichergestellt zu sein braucht. Nicht erforderlich zum Begriffe der Betriebsstätte ist das Vorhandensein eines besonderen, von der Wohnung des Steuerpflichtigen getrennten und ausschließlich der Ausübung des Gewerbes dienenden Raumes, vielmehr kann ein gewerblicher Betrieb auch in der Wohnung selbst vor sich gehen, so daß also auch die Wohnung des Steuerpflichtigen auch Betriebsstätte sein kann.

§ 4 WG. enthielt (ebenso wie § 4 BStG.) noch einen Abs. 2, welcher lautete:

„Das Betriebsvermögen einer offenen Handelsgesellschaft oder einer andern Erwerbsgesellschaft, bei welcher der Gesellschafter als Unternehmer (Mitunternehmer) des Betriebes anzusehen ist, wird den einzelnen Teilhabern nach dem Verhältnis ihres Anteils zugerechnet."

Diese Vorschrift gilt natürlich auch für dieses Gesetz und ist nur als selbstverständlich weggelassen worden, zumal mit Rücksicht auf die einschlägigen Bestimmungen der Abgabenordnung. Immerhin ist sie inhaltlich bedeutsam und soll daher auch hier erörtert werden.

Es kommen hiernach in Betracht:

a) Offene Handelsgesellschaften. Das sind Gesellschaften, bei denen jeder Gesellschafter nach außen hin mit seinem ganzen Vermögen haftet (§§ 105 ff. HGB.).

Diese Gesellschaftsart hat das Gesetz ebenso wie das Besitzsteuergesetz ausdrücklich erwähnt. Ob und wieweit noch andere Gesellschaften unter § 9 fallen, richtet sich danach, ob bei ihnen nach den maßgeblichen Bestimmungen des bürgerlichen Rechts (HGB.) der Gesellschafter als Unternehmer (Mitunternehmer) des Betriebes anzusehen ist oder nicht.

b) Stille Gesellschaften. Hier ist zu unterscheiden zwischen dem Vermögen des eigentlichen Geschäftsinhabers und des stillen Gesellschafters.

Über Begriff und Wesen der stillen Gesellschaften bestimmen §§ 335 ff. HGB.: Wer sich als stiller Gesellschafter an dem Handelsgewerbe, das ein anderer betreibt, mit einer Vermögenseinlage beteiligt, hat die Einlage so zu leisten, daß sie in das Vermögen des Inhabers des Handelsgeschäfts übergeht. Der Inhaber wird aus den in dem Betriebe geschlossenen Geschäften allein berechtigt und verpflichtet (§ 335 HGB.).

Ist der Anteil des stillen Gesellschafters am Gewinn und Verluste nicht bestimmt, so gilt ein den Umständen nach angemessener Anteil als bedungen. Im Gesellschaftsvertrage kann bestimmt werden, daß der stille Gesellschafter nicht am Verluste beteiligt sein soll; seine Beteiligung am Gewinne kann nicht ausgeschlossen werden (§ 336 HGB.).

Am Schlusse jedes Geschäftsjahrs wird der Gewinn und Verlust berechnet und der auf den stillen Gesellschafter fallende Gewinn ihm ausbezahlt. Der stille Gesellschafter nimmt an dem Verluste nur bis zum Betrage seiner eingezahlten oder rückständigen Einlage teil. Er ist nicht verpflichtet, den bezogenen Gewinn wegen späterer Verluste zurückzuzahlen; jedoch wird, solange seine Einlage durch Verlust vermindert ist, der jährliche Gewinn zur Deckung des Verlustes verwendet. Der Gewinn, welcher von dem stillen Gesellschafter nicht erhoben wird, vermehrt dessen Einlage nicht, sofern nicht ein anderes vereinbart ist (§ 337 HGB.).

Die Einlage desjenigen Gesellschafters der stillen Gesellschaft, der den Gläubigern der Gesellschaft unmittelbar haftet, gilt als gewerbliches Vermögen (Betriebsvermögen) des betreffenden Gesellschafters, anders dagegen die Einlage des stillen Gesellschafters (§ 335 HGB.), der nach außen hin nicht in Erscheinung tritt, sondern nur mit der Einlage haftet.

Auch außerhalb des Gebiets des Handelsrechts können Gesellschaften mit denselben Pflichten und Rechten der Gesellschafter wie bei der stillen Gesellschaft gebildet werden, die sich als eine besondere Art von Gesellschaften des bürgerlichen Rechtes (§§ 705 ff. BGB.) darstellen (vgl. RGZ. 77, 226). Die Vermögenseinlage des stillen Gesellschafters gehört wie bei der stillen Gesellschaft des Handelsrechts zu den „anderen Geschäftseinlagen", welche nach § 9 Ziff. 3 dieses Ges. (vgl. § 5 Nr. 3 WG. vom 3. Juli 1913) zum beitragspflichtigen Kapitalvermögen gehören (Urt. VI. WB. 20/14 vom 24. März 1915, DJZ. 1915, 560).

Die Einlage des stillen Gesellschafters ist gewissermaßen als Darlehn an den Betriebsinhaber (Unternehmer) anzusehen, nur daß die Vergütung nicht in einer festen Verzinsung des Kapitals, sondern in einer Beteiligung an Gewinn und Verlust besteht. Der Wert der Einlage des stillen Gesellschafters ist nach ihrem gemeinen Werte beim letzten Geschäftsabschluß vor Beginn des maßgeblichen Veranlagungsstichtages (31. Dezember 1919) zu veranschlagen (EOVG. 6, 148 ff.), ebenso Fuisting, ErgStG. Anm. 6 B. Vgl. aber EOVG. 4 S. 107 u. 171; 5, 60; 8, 233.

c) Einfache Kommanditgesellschaften. Eine Gesellschaft, deren Zweck auf den Betrieb eines Handelsgewerbes unter einer gemeinschaftlichen Firma gerichtet ist, ist eine Kommanditgesellschaft, wenn bei einem oder bei einigen von den Gesellschaftern die Haftung gegenüber den Gesellschaftsgläubigern auf den Betrag einer bestimmten Vermögenseinlage beschränkt ist (Kommanditisten), während bei dem anderen Teile der Gesellschafter eine Beschränkung der Haftung nicht stattfindet (persönlich haftende Gesellschafter) (§ 161 HGB.).

Für das Verhältnis der Gesellschafter untereinander gelten in Ermangelung abweichender Bestimmungen des Gesellschaftsvertrags die besonderen Vorschriften der §§ 164—169 (§ 163 HGB.). Die Kommanditisten sind von der Führung der Geschäfte der Gesellschaft ausgeschlossen; sie können einer Handlung der persönlich haftenden Gesellschafter nicht widersprechen, es sei denn, daß die Handlung über den gewöhnlichen Betrieb des Handelsgewerbes der Gesellschaft hinausgeht. Die Vorschriften des § 116 Abs. 3 bleiben unberührt (§ 164 HGB.). Die Vorschrift.n des § 120 über die Berechnung des Gewinns oder Verlustes gelten auch für den Kommanditisten.

Jedoch wird der einem Kommanditisten zukommende Gewinn nur so lange zugeschrieben, als dieser den Betrag der bedungenen Einlage nicht erreicht.

An dem Verluste nimmt der Kommanditist nur bis zum Betrage seines Kapitalanteils und seiner noch rückständigen Einlage teil (§ 167 HGB.). Die Anteile der Gesellschafter am Gewinne bestimmen sich, soweit der Gewinn den Betrag von vier vom Hundert der Kapitalanteile nicht übersteigt, nach den Vorschriften des § 121 Abs. 1, 2. In Ansehung des Gewinns, welcher diesen Betrag übersteigt, sowie in Ansehung des Verlustes gilt, soweit nicht ein anderes vereinbart ist, ein den Umständen nach angemessenes Verhältnis der Anteile als bedungen (§ 168 HGB.). Der § 122 findet auf den Kommanditisten keine Anwendung. Dieser hat nur Anspruch auf Auszahlung des ihm zukommenden Gewinns; er kann auch die Auszahlung des Gewinns nicht fordern, solange sein Kapitalanteil durch Verlust unter den auf die bedungene Einlage geleisteten Betrag herabgemindert ist oder durch die Auszahlung unter diesen Betrag herabgemindert werden würde. Der Kommanditist ist nicht verpflichtet, den bezogenen

Gewinn wegen späterer Verluste zurückzuzahlen (§ 169 HGB.). Der Kommanditist ist zur Vertretung der Gesellschaft nicht ermächtigt (§ 170 HGB.). Der Kommanditist haftet den Gläubigern der Gesellschaft bis zur Höhe seiner Einlage unmittelbar; die Haftung ist ausgeschlossen, soweit die Einlage geleistet ist (§ 171 Abs. 1 HGB.).

Ob ein Inhaber als Kommanditist anzusehen ist, hängt allein vom Gesellschaftsvertrage ab, nicht von der Eintragung im Handelsregister, letztere hat nur die Beschränkung der Haftung gegenüber den Gläubigern zur Folge (EOVG. 5, 4). Das in einer einfachen Kommanditgesellschaft angelegte Vermögen ist gewerbliches Betriebsvermögen, nicht Kapitalvermögen (EOVG. 3, 107; 4, 56; Fernow, Komm. z. ErgStG. zu § 5 S. 62 Anm. 4), soweit es dem persönlich haftenden Gesellschafter gehört: dagegen Kapitalvermögen, soweit es dem Kommanditisten gehört (vgl. dagegen Fernow, Komm. z. WG. zu § 5 S. 26 Anm. 3a). Überläßt ein Kommanditist über seine Einlage hinaus dem Gesellschafter festverzinsliches Geld, so ist dieser Betrag jedenfalls nicht als gewerbliches Betriebsvermögen, sondern als Kapitalvermögen anzusehen (EOVG. 4, 172; 12, 372).

d) Reedereien. Unter § 6 Ziff. 2 fallen auch die Reedereien. Das Recht der Reedereien ist im HGB. geregelt.

Wird von mehreren Personen ein ihnen gemeinschaftlich zustehendes Schiff zum Erwerbe durch die Seefahrt für gemeinschaftliche Rechnung verwendet, so besteht eine Reederei (§ 489 HGB.). Selbstverständlich kann die Schiffahrt auch durch andere Gesellschaften betrieben werden. Der Fall, wenn das Schiff einer Handelsgesellschaft gehört, wird durch die Reederei nicht berührt (§ 489 Abs. 1 HGB.). Das Rechtsverhältnis der einzelnen Mitreeder untereinander bestimmt sich zunächst nach dem zwischen ihnen geschlossenen Vertrage. Soweit eine Vereinbarung nicht getroffen ist, finden die Vorschriften der §§ 491 ff. HGB. Anwendung (§ 490 HGB.).

Das Gesetz kennt zwei Arten beteiligter Reeder, den Korrespondentreeder und die Mitreeder. Der Korrespondentreeder hat über seine, die Reederei betreffende Geschäftsführung abgesondert Buch zu führen und die dazugehörigen Belege aufzubewahren. Er hat auch jedem Mitreeder auf dessen Verlangen Kenntnis von allen Verhältnissen zu geben, die sich auf die Reederei, insbesondere auf das Schiff, die Reise und Ausrüstung, beziehen; er hat ihm jederzeit die Einsicht der die Reederei betreffenden Bücher, Briefe und Papiere zu gestatten (§ 498 HGB.). Der Korrespondentreeder ist ferner verpflichtet, jederzeit auf Beschluß der Reederei dieser Rechnung zu legen. Die Genehmigung der Rechnung sowie die Billigung der Verwaltung des Korrespondentreeders durch die Mehrheit hindert die Minderheit nicht, ihr Recht geltend zu machen (§ 499 HGB.). Die Verteilung des Gewinns und Verlustes geschieht nach der Größe der Schiffsparten (Schiffsanteile). Die Berechnung des Gewinns und Verlustes und die Auszahlung des etwaigen Gewinns erfolgt jedesmal, nachdem das Schiff in den Heimatshafen zurückgekehrt ist oder nachdem es in einem anderen Hafen seine Reise beendigt hat und die Schiffsmannschaft entlassen ist (§ 502 HGB.).

Alle Reeder, der Korrespondentreeder wie seine Mitreeder, sind nach obigem als Unternehmer des Betriebes im Sinne des § 6 Ziff. 2 anzusehen.

2. Aus dem Betriebe herrührende und andere Vorräte, die zur Weiterveräußerung bestimmt sind.

Die Vorschrift ist neu. Erfaßt sollen werden die beim Unternehmer vorhandenen, aus dem Betriebe herrührenden und anderen Vorräte, auch wenn sie nicht mehr eigentlich dem Betriebe dienen, ausgenommen diejenigen Vorräte, die dem eigenen Gebrauch oder Verbrauch des Unternehmers dienen. Hierdurch soll nach der amtlichen Begründung erreicht werden, daß solche Vorräte, die namentlich während des Krieges in einer volkswirtschaftlich schädlichen Weise angehäuft worden sind, die aber mangels einer Sonderbestimmung (nach § 11 des Ges.) freibleiben würden, der Abgabe unterworfen werden.

§ 9.[1]) Als Kapitalvermögen[2]) (§ 6 Nr. 3) kommen insbesondere[2]), soweit die einzelnen Vermögensgegenstände nicht unter § 6 Nr. 1, § 7 oder § 6 Nr. 2, § 8 fallen, in Betracht:

1. selbständige Rechte und Gerechtigkeiten[3]);
2. verzinsliche und unverzinsliche Kapitalforderungen jeder Art[4]);
3.[5]) Aktien oder Anteilscheine, Kuxe, Geschäftsguthaben bei Genossenschaften, Geschäftsanteile und andere Gesellschaftseinlagen[6]);
4. bares Geld deutscher Währung, fremde Geldsorten, Banknoten und Kassenscheine sowie Gold und Silber in Barren[7]);
5.[8]) der Kapitalwert der Rechte auf Renten und andere wiederkehrende Nutzungen und Leistungen, die dem Berechtigten auf seine Lebenszeit oder auf die Lebenszeit eines anderen, auf unbestimmte Zeit oder auf die Dauer von mindestens zehn Jahren entweder vertragsmäßig als Gegenleistung für die Hingabe von Vermögenswerten oder aus letztwilligen Verfügungen, Schenkungen oder Familienstiftungen oder vermöge hausgesetzlicher Bestimmungen zustehen;
6.[9]) noch nicht fällige Ansprüche aus Lebens- und Kapitalversicherungen oder Rentenversicherungen, aus denen der Berechtigte noch nicht in den Rentenbezug eingetreten ist.

1. Allgemeines.

Der § 9 entspricht in allen Teilen dem § 5 WG. sowie dem § 6 BStG und ist mit einigen nicht stark ins Gewicht fallenden Abweichungen den §§ 7 u. 4 PrErgStG. nachgebildet.

2. Als Kapitalvermögen — insbesondere.

Die Aufzählung ist, wie aus dem Zusatz „insbesondere" hervorgeht, nicht erschöpfend. Soweit Gegenstände und Rechte, welche einen in Geld oder

Geldeswert schätzbaren Vermögenswert haben, nicht Grundvermögen (§ 6 Nr. 1), selbständige Rechte und Gerechtigkeiten (§ 7) oder Betriebsvermögen (§ 8) sind, gelten sie als Kapitalvermögen. Dabei kann es im einzelnen zweifelhaft sein, ob einzelne Gegenstände (z. B. Wertpapiere) zum Betriebsvermögen oder Kapitalvermögen gehören; die Entscheidung hierüber ist nach den gesamten Umständen des einzelnen Falles zu treffen. So z. B. beweist die Aufführung eines Grundstücks, eines Wertpapiers in der Bilanz ,im Zweifel, daß es zum Betriebsvermögen gehört und nicht als selbständiges Grundvermögen bzw. Kapitalvermögen anzusehen ist.

3. Selbständige Rechte und Gerechtigkeiten.

Als selbständige Rechte und Gerechtigkeiten gelten Urheberrechte, Patentrechte und Verlagsrechte. Derartige Rechte haben für sich einen in Geld schätzbaren Wert als Objekte des Tausch- und Kaufverkehrs. Ihr gesetzlicher Schutz und ihre Verwertbarkeit beruht auf den RG. vom 19. Juni 1901 (RGBl. S. 227), 9. Jan. 1907 (RGBl. S. 7), 7. April 1891 (RGBl. S. 79), daher haben sie einen selbständigen Verkaufswert. Das ist für die preußische Praxis unbestritten (vgl. auch Strutz, Komm. z. preuß. ErgStG. zu § 4 A 7 S. 12 und dessen Ausführungen S. 15 zu EOVG. 6, 101 ff.) und auch für das Besitzsteuergesetz anzunehmen (so auch Hoffmann, Komm. z. BG. zu § 5 BG. A 4 zu b S. 8 und Rheinstrom, Komm. z. BG. zu § 5 A 5 S. 18 unter Bezugnahme auf EOVG. 8, 330 ff.; 6, 9).

Bezüglich der Ermittlung des Wertes des Urheberrechts führt eine Entsch. des OVG. vom 29. Jan. 1916 (Strutz, Komm. z. KrStG. zu § 1 S. 94 [E VII b 11]) folgendes aus: „Die Wertermittlung hat auch bei solchen Rechten nach den in der Rechtsprechung des Oberverwaltungsgerichts für Ermittlung des gemeinen Wertes anerkannten Grundsätzen zu erfolgen, also, falls andere Hilfsmittel versagen, im Wege freier Schätzung nach Anhörung von Sachverständigen unter Berücksichtigung aller Umstände, durch welche nach ihrer Erfahrung der gemeine Wert derartiger Rechte bestimmt oder beeinflußt wird. Dazu gehören jedenfalls die Schätzung des Schriftstellers und seiner Werke im Publikum, die pekuniären Erfolge derselben bis in die neueste Zeit, die Dauer des Rechtes und vor allem der Umfang, in welchem das einzelne Urheberrecht den Steuerpflichtigen beim Beginne der Steuerperiode noch zustand. Von Bedeutung für die Bewertung des Urheberrechts ist ferner die Dauer seines gesetzlichen Schutzes (vgl. § 29 des Ges. betr. Urheberrechts), die für jedes einzelne Schriftwerk besonders zu berechnen ist. Handelt es sich (was bei dem Steuerpflichtigen in den weitaus meisten Fällen zutreffen wird) um das Urheberrecht an Bühnenwerken, für welche als Mittel der Verwertung die Übertragung des Rechtes der öffentlichen Aufführung in Betracht kommt, so ist für die Ermittlung des Wertes wesentlich, in welcher Weise der Verfasser einzelnen oder mehreren Bühnen in beschränkter oder unbeschränkter Weise das Aufführungsrecht übertragen hat; die Art und Höhe der Tantiemen, die in solchen Fällen die Gegenleistung für die Gestattung der Aufführung des Werkes zu bilden pflegen, geben hier die Grundlage für die Wertermittlung. Gemäß dem Inhalte der geschlossenen Verträge bleibt dann zu prüfen, ob und in welcher Höhe dem Steuerpflichtigen für die von ihm hingegebenen Vermögenswerte periodische Geldwerthebungen zustehen. Ihr Kapitalwert gehört, wenn die sonstigen gesetzlichen Voraussetzungen vorliegen, zum steuerbaren Vermögen im Sinne des § 7c ErgStG., dessen Wert gemäß § 13 Nr. 1 u. 5 daselbst mit dem $12^1/_2$fachen des einjährigen, im letzten Leistungsjahre bezogenen Betrags und bei bestimmter zeitlichen Begrenzung auf Grund des § 13 Nr. 4 zu berechnen ist." Vgl. im übrigen wegen der Bewertung § 144 RAbgO.

Bloße Wirtschaftskonzessionen (Schankkonzessionen) sind kein steuerbares Vermögen (EOVG. 5, 371 ff.).

Das preußische Ergänzungssteuergesetz nennt im § 4 ErgStG. als Gegenstände des steuerbaren Vermögens neben den Grundstücken und anderen selbständigen Rechten und Gerechtigkeiten, welche einen in Geld schätzbaren Wert haben, ausdrücklich den Nießbrauch, während dieses Gesetz sowie das Wehrbeitragsgesetz und das Besitzsteuergesetz ihn nicht nennt. Trotzdem wird man annehmen müssen, daß der Nießbrauch auch nach diesem Gesetz zum steuerbaren Kapitalvermögen des Nießbrauchsberechtigten zu rechnen und ihm mit dem Kapitalwert desselben anzurechnen, beim Eigentümer aber mit dem gleichen Werte abzurechnen ist (vgl. EOVG. 6, 109; 5, 141). Vgl. jedoch hierzu die Ausführungen von Hoffmann, Komm. z. WG. zu § 10 A 7b S. 23 und Fernow, Komm. z. WG. A I c zu § 24 bei 5.

Unter Nießbrauch, als selbständigen Rechten und Gerechtigkeiten bzw. Rechten auf wiederkehrende Nutzungen (Berechtigungen) im Sinne des § 9 Ziff. 1 u. 5, ist nur der Nießbrauch im eigentlichen Sinne (§§ 1030 ff., 1068, 1085 ff. BGB.) zu verstehen, nicht aber die Nutznießung (§§ 1649 ff. BGB.), welche den Eltern als Inhabern der elterlichen Gewalt am Vermögen der minderjährigen unverheirateten Kinder zusteht. Eine Kapitalisierung dieses elterlichen Nutznießungsrechtes beim Steuerpflichtigen (Vater, Mutter) und entsprechender Abzug des Kapitalwertes bei den Kindern findet nicht statt. Das Vermögen ist vielmehr ohne Rücksicht auf die daran bestehende Nutznießung der Eltern ausschließlich bei den Kindern (und zwar mit seinem vollen Werte) steuerpflichtig.

Wenn der Nießbrauch schlechthin als Kapitalvermögen anzusehen ist (selbständige Rechte und Gerechtigkeiten), so ist damit zugleich zum Ausdruck gebracht, daß auch ein Nießbrauch an einem Gesamtvermögen, das Kapital und Grundstücke umfaßt, oder der Nießbrauch an einem Grundstück Kapitalvermögen ist. Danach wäre also z. B. auch der Nießbrauch an ausländischem Grundbesitz und ausländischem Gewerbebetrieb abgabepflichtig, auch soweit dieser an sich abgabefrei ist. Vgl. im übrigen auch die Anm. 2 bezüglich der Bedeutung der Frage, ob ein Gegenstand oder Recht Kapitalvermögen oder Grund- und Betriebsvermögen ist.

4. Verzinsliche und unverzinsliche Kapitalforderungen aller Art.

Gleichgültig ist, ob die Forderung verbrieft ist oder nicht; also gehören z. B. auch die in Namens-, Order-, Inhaber- oder Legitimationspapieren verkörperten Kapitalforderungen hierher. Gleichgültig ist auch, ob sie verzinslich oder unverzinslich sind. Auf Staatsangehörigkeit, Wohnsitz oder Aufenthalt des Schuldners kommt es hierbei ebensowenig an wie auf die Belegenheit der etwa für die Forderung verpfändeten Vermögensstücke (PrAnw. z. ErgStG. Anm. 8 zu Art. 18).

Bewertung: §§ 141—143 RAbgO.

5. Aktien, Anteilscheine usw. (Wertpapiere der Ziff. 3 des § 9).

Aktien sind Anteilscheine der Beteiligten einer Aktiengesellschaft oder Kommanditgesellschaft auf Aktien (§§ 178, 320 HGB.). Auch sog. Interimsscheine sind den Aktien gleichzustellen, dagegen nicht Genußscheine. Letztere fallen aber unter Ziff. 2 oder 5 des § 9, jedenfalls gehören auch die Genußscheine zum steuerbaren Kapitalvermögen.

Kuxe sind Anteilscheine an einer Berggewerkschaft, einerlei ob es sich um Kuxe des älteren oder neueren Rechts handelt.

Wegen der Geschäftsguthaben bei Genossenschaften vgl. §§ 7 Ziff. 2, 19 ff. GenG. Ihr Wert ist mit demjenigen Wertbetrage anzusetzen, den sie nach der letzten Geschäftsbilanz der Genossenschaft wirklich haben (EOVG. 7, 358). Das Geschäftsguthaben des Genossen besteht in den von ihm auf seinen Geschäftsanteil geleisteten Einzahlungen zuzüglich seiner zugeschriebenen Anteile an dem Gewinn und abzüglich seiner abgeschriebenen Anteile an dem Verlust der Genossenschaft in den einzelnen Geschäftsjahren (§ 19 GenG.).

Die Bewertung der Geschäftsguthaben erfolgt regelmäßig mit demjenigen Werte, den sie nach dem letzten Geschäftsabschlusse der Genossenschaft haben (PrOVG. 7, 358 f.).

Die Geschäftsanteile im Sinne des § 9 sind auch die Anteile der Gesellschafter an einer Gesellschaft mit beschränkter Haftung (§§ 14 ff. GmbHG.; vgl. hierzu Artikel Gesellschaften mit beschränkter Haftung im Handwörterbuch der Einkommen- und Vermögensbesteuerung, herausgegeben vom Verbande der mittleren Steuerbeamten. Verlag Haude & Spener, Berlin 1914).

Der Besitz von Aktien, Kommanditanteilen, Genossenschafts- und G. m. b. H.-Anteilen usw. gilt in jedem Falle als Kapitalvermögen. Der Wert derselben ist daher dem steuerbaren Vermögen hinzuzurechnen, auch wenn das betreffende Aktienunternehmen außerhalb Deutschlands seinen Sitz hat (vgl. Art. 13 AusfAnw. z. preuß. ErgStG.).

6. Andere Gesellschaftseinlagen.

Andere Gesellschaftseinlagen. Zu diesen gehören nicht die als Betriebsvermögen steuerbaren Einlagen bei offenen Handelsgesellschaften, einfachen Kommanditgesellschaften, stillen Gesellschaften und Reedereien (s. Anm. zu § 8).

Die Bewertung geschieht nach dem gemeinen Werte (für Grundstücke vgl. die Ausnahmen des § 18); soweit Steuerkurse festgesetzt werden, sind diese maßgebend (§ 141 RAbgO.).

7. Bares Geld, Banknoten, Guthaben, Silber und Gold.

Nach § 7b ErgStG. umfaßt das steuerbare Kapitalvermögen bares Geld deutscher Währung, fremde Geldsorten, Banknoten und Kassenscheine mit Ausnahme der aus den laufenden Jahreseinkünften vorhandenen Bestände. Bezüglich der aus den laufenden Jahreseinkünften vorhandenen Bestände machte der § 5 Nr. 4 WG. und ebenso § 6 Nr. 4 BStG. eine Einschränkung, indem von der Besteuerung ausgenommen sind: „die aus den laufenden Jahreseinkünften vorhandenen Bestände und Bank- und sonstige Guthaben, soweit sie zur Bestreitung der laufenden Ausgaben für drei Monate dienen". Diese Fassung wich also von der des § 7 preuß. ErgStG. ab (Verf. des FinMin. vom 13. Aug. 1913, II 11/200).

Das Gesetz enthält dieselbe Einschränkung; es faßt jene Beträge zwar — zutreffend — als Kapitalvermögen auf, gestattet aber in § 15 Ziff. 7 ihren Abzug vom Vermögen.

8. **Kapitalwert der Rechte auf Renten und andere wiederkehrende Leistungen ...**

Hierher gehören vor allem Leibrenten (§ 759 BGB.), Rentenschulden (§ 1199 BGB.), Altenteilsrechte usw., auch der dingliche Nießbrauch (§ 1030 ff. BGB.); nicht dagegen die Nutznießung des Ehemannes oder Vaters.

Der Kapitalwert der Rechte auf Renten und andere wiederkehrende Leistungen, welche dem Berechtigten auf seine Lebenszeit, auf die Lebenszeit eines anderen, auf unbestimmte Zeit oder auf die Dauer von mindestens zehn Jahren zustehen, ist dem Empfänger auch dann anzurechnen und bei dem Geber in Abzug zu bringen, wenn die Leistungen auf Grund einer Schenkung erfolgen. Der Kapitalwert einer auf einem Schenkungsversprechen beruhenden Rente ist also wie schon für den Wehrbeitrag und die Besitzsteuer so auch nach dem Vermögensabgabegesetz dem Beschenkten anzurechnen, während bei dem Schenker nach § 15 des Ges. ein entsprechender Abzug stattfindet. Die Regelung ist also anders wie im § 7 PrErgStG. (Verf. des FinMin. vom 13. Dez. 1913, II 17/336). Die Aufnahme solcher Bezüge als Vermögen ist schon vom Wehrbeitragsgesetz und Besitzsteuergesetz wie auch jetzt wieder vom Vermögensabgabegesetz mit Recht erfolgt, weil anderenfalls ein auf entgeltlichem, die Leistungsfähigkeit des Empfängers durch Hingabe von Vermögen *beeinträchtigendem* Vertrag beruhendes Bezugsrecht *steuerbar*, die unentgeltlich erhaltene, die Leistungsfähigkeit des Beziehers also *verstärkende* Rente *steuerfrei* wäre. Es muß sich aber, wenn § 9 Anwendung finden soll, immer um Rechte auf Renten oder wiederkehrende Leistungen handeln.

Wenn zum beitragspflichtigen Kapitalvermögen nach § 9 (vgl. auch § 6 Nr. 5 BStG.) unter bestimmten Voraussetzungen auch der Kapitalwert von Renten gehört, so kommt der Umstand, ob die Rente dem Berechtigten zu seiner *Unterstützung* bestellt worden ist, für ihre Anrechnung *nicht* in Betracht (Urt. VI. WB. 3/14 vom 10. März 1915, DJZ. 1915, 560). „Die Annahme der Berufungskommission in ihrer durch Beschwerde angefochtenen Entscheidung, die Zuwendung des Zuschusses von 10000 ℳ sei ‚eine Schenkung (Ausstattung) gemäß § 1624 BGB., sie gehe über die Vermögensverhältnisse nicht hinaus', ist jedoch rechtsirrtümlich. Die Zuwendung gilt gerade aus den angeführten Gründen, weil sie eine Ausstattung darstellt und nach der nicht bestrittenen Annahme der Berufungskommission das den Vermögensverhältnissen des Beitragspflichtigen entsprechende Maß nicht übersteigt, nicht als Schenkung (§ 1624 a. a. O.). Wäre sie Schenkung und rechtsgültig vorgenommen, so wäre der Kapitalwert der Rente nach obigen Ausführungen hier abzugsfähig. Die Versagung ihres Abzuges ist hiernach im Ergebnisse zutreffend" (OVG., VI. Sen., 8. Nov. 1915, Rep. VI WB. 122/15 in Steuerarchiv 1916, 132).

Wegen der *steuerfreien Renten aus Witwen-, Waisen- und Pensionskassen sowie der Ansprüche aus der gesetzlichen Arbeiter- und Angestelltenversicherung* s. § 10 des Ges.

Inwieweit die Bezüge aus *Apanagen* gemäß § 9 abgabepflichtig sind, läßt sich nur nach den besonderen Verhältnissen, auf denen sie beruhen, beurteilen. Bei den Mitgliedern des königlichen preußischen Hauses kamen, wie sich bei einer Prüfung dieser Frage ergeben hat, als wehrbeitragspflichtig nur dieenigen Apanagen in Betracht, die auf hausgesetzlicher Bestimmung beruhen (Verf. des FinMin. vom 13. Dez. 1913, II 17/330).

Die Rentenkapitalisierung ist in §§ 144—146 RAbgO. normiert. Sie erfolgt durch die Steuerbehörde; der Pflichtige hat die Rente lediglich anzumelden.

9. Ansprüche aus Lebensversicherungen, Kapitalversicherungen oder Rentenversicherungen.

Zu den Lebensversicherungen im Sinne des § 9 Ziff. 6 gehören nicht nur die einfachen Versicherungen auf den Todesfall, sondern auch die Versicherungen „auf den Überlebensfall", „auf den Erlebensfall", die sog. „abgekürzte" sowie die „kurze" Versicherung. Nur die „noch nicht fälligen Ansprüche" aus derartigen Versicherungen fallen unter Ziff. 6, die bereits fälligen Beträge sind mit dem vollen Werte des ausgezahlten Kapitals nach Ziff. 2 bzw. 5 des § 9 anzusetzen.

Der Wert der noch nicht fälligen Lebens-, Kapital- oder Rentenversicherungen, die nach dem 31. Juli 1914 eingegangen sind, bestimmt sich nach der Sondervorschrift des § 21 d. Ges. Im übrigen ist jedoch § 143 RAbgO. maßgebend.

Über den Begriff „Kapitalversicherung" vgl. § 21 Abs. 3.

§ 10.[1]) Die Vorschrift im § 9 Nr. 5 gilt nicht:

1. für Ansprüche an Witwen-, Waisen- und Pensionskassen[2]);
2. für Ansprüche aus einer Kranken- oder Unfallversicherung, der Reichsversicherung oder der gesetzlichen Versicherung der Angestellten[3]);
3. für Renten und ähnliche Bezüge, die mit Rücksicht auf ein früheres Arbeits- oder Dienstverhältnis gewährt werden[4]).

1. Allgemeines.

Der § 10 deckt sich mit § 6 WG. und mit § 7 BStG.

2. Ansprüche aus Witwen-, Waisen- und Pensionskassen.

Ob die betreffende Witwen-, Waisen- oder Pensionskasse eine öffentliche oder private ist, ist gleichgültig. Also werden z. B. zum Vermögen auch nicht gerechnet die Pensionsansprüche an Werkskassen, große Privatgesellschaften (Aktiengesellschaften, Banken usw.). Es muß sich aber immer um „Pensionsansprüche" handeln, d. h. um Rechtsansprüche auf Unterhaltsbeträge, die im Hinblick auf langjährige Dienste im Geschäft, Unternehmen oder Hause des zur Zahlung dieser Beträge Verpflichteten versprochen und geleistet werden.

Unter Ziff. 1 fallen nur die dort genannten Ansprüche, nicht aber andere Ansprüche an die betreffenden Kassen (aus Rechtsgeschäften, Vorschüssen Darlehnen) in Betracht.

3. Ansprüche aus einer Kranken-, Unfall- und Reichsversicherung.

Ziff. 2 ist im Wortlaute abweichend von der entsprechenden Stelle des § 6 WG. (Das rührt daher, daß die im § 10 (wie im § 7 BStG.) angeführte Angestelltenversicherung (vom 20. Nov. 1911, RGBl. S. 989) infolge § 48 genannten Gesetzes für die Wehrbeitragsveranlagung noch nicht in Betracht kam.

Wie aus der allgemeinen Fassung „aus einer" hervorgeht, ist es gleichgültig, ob die Versicherung eine öffentliche oder eine private ist, gleichgültig ist es auch, ob die Ansprüche zu 2 aus einer gesetzlich vorgeschriebenen Versicherung (Zwangsversicherung) oder aus einer freiwilligen Kranken- oder Unfallversicherung entstammen. (Daher sind auch Ansprüche aus freiwilligen Zusatzversicherungen zu der gesetzlichen Versicherung steuerfrei gemäß Ziff. 2 des § 10.

4. Rentenbezüge aus einem früheren Dienst- oder Arbeitsverhältnis.

Ziff. 3 entspricht wiederum dem Abs. c des § 6 WG. Die Fassung ist etwas weiter als die des § 7 Schlußsatz des PrErgStG. (Verf. des FinMin. vom 18. Aug. 1913 II, 11, 220).

Hier wie nach dem Wortlaut der Vorschrift im § 6 zu c WG. und dementsprechend § 7c BStG. ist es auch kein Erfordernis für die Anwendung der Ziff. 3, daß die Renten und Bezüge denjenigen Personen, welche im Dienst- oder Arbeitsverhältnisse gestanden haben, gewährt werden; es genügt, wenn sie mit Rücksicht auf ein früheres Dienst- oder Arbeitsverhältnis gewährt werden. In einem zur Entscheidung stehenden Falle bezogen vier Witwen von Angestellten die Pensionen ihrer verstorbenen Ehemänner weiter. Es kann daher keinem Bedenken unterliegen, daß diese Bezüge mit Rücksicht auf das frühere Dienstverhältnis der Ehemänner bzw. der Bezugsberechtigten selbst gewährt werden (EOVG. vom 9. Juli 1915 in Amtl. Mitt. des Reichsschatzamtes 5, 237 Nr. 10). In dieser Beziehung bestand nicht die Absicht des Gesetzes, Pensionsansprüche von Witwen von Privatangestellten schlechter zu stellen wie solche von öffentlichen Beamten, bei denen die Pensions- und Hinterbliebenenansprüche gleichfalls nicht als kapitalisierbares Vermögen gelten. Das Gesetz hat die Befreiung auch nicht von einer Mindestdauer des Dienst- oder Arbeitsverhältnisses abhängig gemacht, wenn aber z. B. eine testamentarische Anordnung ein als Rente ausgesetztes Legat oder Erbteil als Gegenleistung für geleistete Dienste bezeichnet, während es sich tatsächlich um eine reine liberale Zuwendung handelt (was mit Rücksicht nicht nur auf Art und Dauer des geleisteten Dienstes, sondern auch mit Rücksicht auf die gesamten sonstigen Verhältnisse des einzelnen Falles zu beurteilen ist), so findet Ziff. 3 keine Anwendung (vgl. auch oben Anm. 2). Nicht erforderlich ist ferner, daß etwa die betreffenden Bezüge den betreffenden Berechtigten (Empfänger) schon vorher versprochen oder mit ihm vereinbart sind, vielmehr genügt die Tatsache, daß sie „mit Rücksicht auf ein früheres Dienstverhältnis" gewährt werden; dabei muß aber ein gewisses Arbeits- oder Dienstverhältnis bestanden haben (z. B. Aufnahme in die häusliche Gemeinschaft, langjährige Arbeit), reine Gelegenheitsdienste genügen nicht.

§ 11.[1]) Als steuerbares Vermögen gelten nicht:

1. Hausrat und andere nicht unter § 9 fallende[2]) bewegliche körperliche Gegenstände, sofern sie nicht[2]) als Zubehör eines Grundstücks (§ 6 Nr. 1, § 7) oder als Bestandteil eines Betriebsvermögens (§ 6 Nr. 2, § 8) anzusehen sind;

2.[3]) nicht zur Veräußerung bestimmte bewegliche körperliche

Gegenstände aus edlem Metalle (§ 12 Nr. 2), die geschichtlichen oder künstlerischen oder wissenschaftlichen Wert haben[4]) und die sich bereits vor dem 31. Juli 1914 im Besitze des Eigentümers oder seiner Familie befunden haben.[5]) Dieselben müssen nach näherer behördlicher Anweisung den Zwecken der Forschung und Volksbildung nutzbar gemacht werden.

[6]) Werden solche Gegenstände innerhalb dreißig Jahren nach dem 31. Dezember 1919 veräußert, so tritt die Abgabebefreiung außer Kraft.

1. Allgemeines.

Der § 11 entspricht dem Sinne nach dem § 7 WG., § 8 BStG. Er wird jedoch wesentlich in seiner Tragweite eingeschränkt durch die neue Vorschrift des § 12, durch welche eine Reihe hochwertiger körperlicher Gegenstände, falls im Kriege erworben, der Angabe unterworfen werden.

Die Nichthereinbeziehung der im § 11 genannten, gewöhnlichen Mobilien beruht im wesentlichen auf veranlagungstechnischen, aber auch auf Billigkeitsgründen.

Die amtliche Begründung sagt hierzu:

„Es lag kein genügender Grund vor, ganz allgemein Möbel, Hausrat und ähnliche Gegenstände dem Vermögen zuzuzählen. Die ausnahmslose Besteuerung dieser Sachen, die von den meisten Personen nicht angeschafft worden sind, um Vermögenswerte der Besteuerung zu entziehen, würde eine große und in vielen Fällen nichterträgliche Härte für die Abgabepflichtigen enthalten haben. Möbel und Hausrat gehören zu den Gebrauchs- und Verbrauchsgegenständen, die weder Einkommen noch Rente abwerfen, und deren Abgabe deshalb aus den Einkünften des anderen Vermögens oder, soweit dieses nicht ausreicht, aus dem Arbeitseinkommen hätte bezahlt werden müssen. Besonders bedenklich erschien es, Gegenstände von künstlerischem Werte oder kunstgewerblichem Werte der Abgabe allgemein zu unterwerfen. Man hätte dadurch den Abgabepflichtigen in zahlreichen Fällen gezwungen, einen Teil seines Besitzes auf den Markt zu werfen. Infolgedessen wäre der Preis für diese Gegenstände auf dem Inlandsmarkte stark gedrückt worden, und es wären zum Schaden des deutschen Kunstbesitzes und zum Schaden der deutschen Kultur Kunst- und kunstgewerbliche Gegenstände in das Ausland abgewandert. Soweit derartige Gegenstände sich zur Besteuerung eignen, wird sich zudem aller Wahrscheinlichkeit nach durch ein anderes Gesetz ein Weg finden lassen, sie einer besonderen Steuer zu unterwerfen."

2. Es sei denn, daß sie als **Kapitalvermögen** (§ 9), **Zubehör** eines **Grundstückes** (§ 6 Nr. 1, § 7) oder als **Bestandteil** eines **Betriebsvermögens** (§ 6 Nr. 2, § 8) anzusehen sind.

Voraussetzung ist also, daß die Gegenstände zum persönlichen Gebrauch bestimmt sind (Pferde, Wagen, Automobil, Gemälde usw.). Gemälde eines Kunsthändlers, Juwelen eines Juweliers würden somit Teile eines Betriebsvermögens darstellen. Hierzu gehören auch nach der neuen Vorschrift des Abs. 2 des § 8 die aus dem Betriebe herrührenden und anderen Vorräte, die weder dem eigenen Gebrauch noch dem Betriebe dienen, sondern zur Weiterveräußerung bestimmt sind.

Andererseits sind wiederum nicht als steuerbares Vermögen anzusehen Gegenstände, die nicht zu einem gewerblichen Betriebe, sondern zur Ausübung eines freien Berufes („gewinnbringende Beschäftigung") gehören: also z. B. Instrumente, Kliniken der Ärzte, Bücher und Mobilar des Rechtsanwalts, Bildwerke ausübender Künstler (soweit es sich nicht um Handwerker oder Architekten handelt) usw.

Abgabepflichtig aber z. B. sind: Möbel und Bücher eines Rechtskonsulenten (?), sowie nach der ausdrücklichen Erwähnung der amtlichen Begründung Möbel und Hausrat, die z. B. einer Zimmervermieterin gehören.

3. **Ausnahme bestimmter beweglicher körperlicher Gegenstände aus Edelmetall.**

Ohne diese Vorschrift der Ziff. 2, die erst in dritter Lesung Aufnahme gefunden hat, hätten die darin aufgeführten hochwertigen Gegenstände gemäß § 12 Ziff. 2 zur Besteuerung herangezogen werden müssen. Die Vorschrift bedarf keiner besonderen Begründung.

4. Für die Behauptung, daß der künstlerische usw. Wert gegeben sei, ist im Zweifelsfall der Abgabepflichtige beweispflichtig.

5. Damit sind die Erwerbungen der Kriegs- und Revolutionsgewinner, namentlich insoweit sie Kapitalanlage zum Zwecke hatten, von der Befreiung ausgenommen.

6. Insoweit derartige Veräußerungen innerhalb dreißig Jahren aus Not geschehen, enthält Abs. 2 der Ziff. 2 eine Härte. Vgl. auch Abs. 2 zu § 12 Ziff. 2.

§ 12.[1]) Zum steuerbaren Vermögen gehören jedoch:

1. die nach dem 31. Juli 1914 entgeltlich erworbenen[2]) Gegenstände aus edlem Metall, Edelsteine, Perlen, Kunst-, Schmuck- und Luxusgegenstände[3]) und Sammlungen aller Art,[4]) sofern[5]) der Anschaffungspreis für den einzelnen Gegenstand fünfhundert Mark und darüber oder für mehrere gleichartige oder zusammengehörige Gegenstände eintausend Mark und darüber betragen hat;
2. [6])Edelsteine, Perlen oder bewegliche körperliche Gegenstände aus edlem Metall, soweit sie nicht unter Nr. 1 fallen und soweit ihr Gesamtwert den Betrag von zwanzigtausend Mark übersteigt. Diese Gegenstände werden mit zehn vom Hundert ihres Wertes zur Steuer herangezogen.

Werden sie innerhalb dreißig Jahren nach dem 31. Dezember 1919 veräußert, so wird die ganze Steuer fällig, und zwar in der Höhe, welche sich unter Hinzurechnung des für die Entrichtung des Reichsnotopfers zugrunde gelegten Vermögens des Abgabepflichtigen ergibt.

1. Allgemeines.

Diese Ausnahmebestimmung zu § 11 des Ges. ist der Bestimmung in § 5 des KrStG. vom 21. Juni 1916 und in § 8 Nr. 3 des Gesetzes über eine Abgabe vom Vermögenszuwachs von 1919 nachgebildet. Würde diese besondere Bestimmung nicht aufgenommen worden sein, so würden die bedeutenden Anschaffungen der Kriegs- und Revolutionsgewinner und die in § 12 Nr. 1 genannten Gegenstände, die oft einen erheblichen Teil ihres Vermögens ausmachen, abgabefrei bleiben und andere Abgabepflichtige die Abgabefreiheit benutzen können, um durch Umwandlung von steuerbarem Vermögen in derartige Gegenstände einen Teil ihres Vermögens der Abgabe zu entziehen.

Gegen eine allgemeine Besteuerung der Edelsteine und Perlen oder der Gegenstände aus edlem Metall, Edelsteinen oder Perlen walteten Bedenken nicht ob. Diese Gegenstände haben während des Krieges eine geldähnliche Funktion erhalten und sind in ihrem Werte außerordentlich gestiegen. Ihre etwaige Abwanderung ins Ausland ist mit einem nennenswerten Schaden für die Gesamtheit nicht verknüpft. Um aber nicht auch den geringen Besitz an Silberwaren und Schmuckgegenständen durchaus bürgerlicher Haushaltungen, die auch heute für viele Familien einen bedeutsamen Affektionswert haben, ebenfalls zur Veräußerung zu bringen, war es bei der heutigen starken Preissteigerung geboten, diese Gegenstände nur mit 10 v. H. und auch erst dann der Besteuerung zu unterwerfen, wenn sie den für heutige Zeiten mäßigen Wert von insgesamt 20000 ℳ übersteigen (§ 12 Nr. 2; vgl. Amtl. Begr. S. 15).

2. Die nach dem 31. Juli 1914 entgeltlich erworbenen Gegenstände . . .

Voraussetzung ist somit:

a) nach dem 31. Juli 1914 erworben;

b) entgeltlich erworben.

Soweit sie vor dem Kriege, oder zwar nach dem Kriege, aber unentgeltlich erworben sind, unterliegen sie der Abgabe nicht, es sei denn, daß sie gleichzeitig zu den unter Ziff. 2 genannten hochwertigen Gegenständen gehören und insgesamt mehr wie 20000 ℳ wert sind.

3. Kunst-, Schmuck- und Luxusgegenstände . . .

Kunstgewerbliche Gegenstände sind also nicht einbezogen. Der Begriff „Luxusgegenstand" ist sehr flüssig und wird in den Ausführungsbestimmungen voraussichtlich näher präzisiert werden (vgl. auch die Anmerkungen zu § 8 Nr. 3 im Band I dieses Kommentars und die allerdings sehr viel weitergehenden Bestimmungen des Umsatzsteuergesetzes). Es wird meist auf das Motiv der Anschaffung ankommen und auf die Rolle, die der Gegenstand im einzelnen Falle im Rahmen des Hausstandes des Käufers spielt. In manchen Fällen wird sich das Motiv der Abgabehinterziehung unschwer nachweisen lassen.

In Zweifelsfällen ist dem Umstand Bedeutung beizumessen, daß der Gegenstand wieder ohne erhebliche Verluste veräußert werden kann (vgl. § 15 Ziff. 3 der AusfAnw. z. KrStG. vom 21. Juni 1916).

4. Sammlungen aller Art.

Dieser Zusatz wurde damals dem KrStG. hinzugefügt, weil nicht immer einzelne Teile von Sammlungen, z. B. Briefmarken, als Luxusgegenstände anzusprechen seien, und soweit dies dennoch zutreffe, die 1000 M-Grenze von den einzelnen Teilen häufig nicht erreicht werde.

5. Sofern Anschaffungspreis 500 Mark bzw. 1000 Mark und darüber...

Im Regierungsentwurf zu § 5 des KrStG. vom 21. Juni 1916 lautete die betreffende Stelle: „sofern der Anschaffungspreis für den einzelnen Gegenstand oder für mehrere gleichartige oder zusammengehörige Gegenstände eintausend Mark und darüber beträgt". Dazu führte ein Abgeordneter aus, daß nach dieser Fassung folgender Fall denkbar sei: Kaufe jemand bei verschiedenen Juwelenhändlern hundert einzelne Perlen zu je 900 M, so könne er nach den jetzigen Bestimmungen des Entwurfs eine Perlenkette zum Anschaffungswert von 90000 M hinterher zusammenstellen, nämlich aus nicht zueinander gehörigen Perlen, und damit dies Geld der Besteuerung hinterziehen. Es sei daher nötig, den § 5 entsprechend zu ergänzen.

Die hier ausgesprochene Befürchtung würde angesichts der Ziff. 2 des § 12 für das vorliegende Gesetz kaum noch in die Wagschale fallen. Die 500 M-Grenze für Einzelgegenstände ist daher anscheinend nur aus fiskalischen Gründen übernommen worden.

Was als zusammengehörig anzusehen ist, kann im Einzelfall zweifelhaft sein. Durch die Hinzufügung „oder gleichartige" wird aber wohl der überwiegenden Mehrzahl aller möglichen Fälle Rechnung getragen.

Soweit jene Voraussetzungen: Anschaffungspreis — Gleichartigkeit — Zusammengehörigkeit — nicht vorliegen, ist zu prüfen, ob die betreffenden Gegenstände als hochwertige nicht unter Nr. 2 des § 12 fallen und daher auch ohne diese Voraussetzungen, falls insgesamt mehr wie 20000 M wert, der Abgabepflicht von 10 v. H. unterliegen.

6. Edelsteine, Perlen oder bewegliche körperliche Gegenstände aus edlem Metall, soweit sie nicht schon unter Nr. 1 fallen, und soweit ihr Gesamtwert den Betrag von 20000 Mark übersteigt (vgl. die grundsätzliche Erläuterung in Anm. 1.

In Betracht kommen obige Gegenstände, also insbesondere auch, wenn sie vor dem Krieg entgeltlich oder unentgeltlich oder nach dem Kriege unentgeltlich erworben sind, wenn der Anschaffungspreis für den einzelnen Gegenstand weniger wie 500 M, oder für mehrere gleichartige oder zusammengehörige weniger wie 1000 M beträgt, und endlich auch, wenn die einzelnen Gegenstände weder gleichartig sind noch zusammengehören.

7. Der Zusatz, daß, wenn diese Gegenstände innerhalb dreißig Jahren nach dem 31. Dezember 1919 veräußert werden, die Steuer ganz fällig wird, ist erst in den Ausschußverhandlungen in das Gesetz gekommen. Er bedeutet eine große Härte für diejenigen nach dem 31. Dezember 1919 verarmten Familien, die zur Veräußerung gezwungen waren und schon durch den Rückgang (Verlust) ihres Vermögens nach dem maßgeblichen Stichtag (31. Dezember 1919) an sich schwer betroffen sind (vgl. auch Anm. 6 zu § 11; Abs. 2 Ziff. 2 des § 11).

Die Nachtragssteuer wird nach der ausdrücklichen Vorschrift des Abs. 2 nicht selbständig unter Zugrundelegung des erzielten Kauferlöses berechnet, sondern es wird dieser Kauferlös zum seinerzeit abgabepflichtigen Vermögen hinzugerechnet, alsdann die Abgabe für den so gefundenen Gesamtvermögensbetrag errechnet und die Differenz zwischen dieser und der seinerzeit tatsächlich gezahlten Abgabe als Nachtragsabgabe in voller Höhe erhoben. Durch diese Art der Berechnung wird der in den höheren Abgabestufen erheblich verschärfte Tarif zur Anwendung gebracht.

§ 13.[1]) Dem Vermögen des Abgabepflichtigen sind Schenkungen[2]) hinzuzurechnen, die er oder seine Ehefrau nach dem 31. Dezember 1916 an Verwandte in gerader[4]) Linie gemacht hat, jedoch nur insoweit,[3]) als der Bedachte aus der Schenkung am Stichtag noch bereichert ist. Den Schenkungen stehen gleich freigebige Zuwendungen[5]) unter Lebenden,[5]) soweit der Bedachte durch sie auf Kosten[6]) des Zuwendenden mit dessen Willen[7]) bereichert[8]) wird. Die Übernahme von Gegenleistungen steht der Annahme einer Bereicherung insoweit nicht entgegen, als es sich dabei um nicht geldwerte Leistungen handelt.[5])

Dem Vermögen des Abgabepflichtigen sind ferner die Beträge hinzuzurechnen, mit denen er oder seine Ehefrau nach dem 31. Dezember 1916 eine Stiftung[9]) errichtet oder bedacht hat, insoweit deren Erträgnisse dem Abgabepflichtigen, seiner Ehefrau oder seinen Abkömmlingen ganz oder teilweise gebühren sollen.

Schuldner der auf diese Beträge verhältnismäßig entfallenden Abgabe ist der Bedachte.[10])

1. Allgemeines.

Die Vorschrift ist dem § 4 KrStG. 1916 und dem daran sich anschließenden § 8 Ziff. 1 VermZuwG. 1919 nachgebildet, jedoch in der Fassung verändert. In sachlicher Hinsicht geht sie einerseits nicht so weit, wie ihre Vorbilder, durch die Zuwendungen, Schenkungen usw. schlechthin getroffen werden, während hier nur solche an Verwandte in gerader Linie, also vor allem an Eltern und Kindern und deren Abkömmlingen, in Betracht kommen. Andererseits liegt in der Hinzurechnung von Stiftungen des Abgabepflichtigen oder seiner Ehefrau zum Vermögen des Abgabepflichtigen eine Erweiterung gegenüber den erwähnten früheren Gesetzen.

Derartige Vermögensverschiebungen sind, und zwar schon frühzeitig im Kriege, in großem Maßstab vorgenommen, um die Beträge entweder der Besteuerung ganz zu entziehen oder doch durch Zerschlagung des Vermögens in kleinere Teile den auf das Gesamtvermögen in seiner ursprünglichen Höhe entfallenden Abgabebetrag zu ermäßigen. Als Stichtag wurde nach der Regierungsvorlage der 31. Juli 1914, durch den 10. Ausschuß und das Gesetz dagegen der 31. Dezember 1916 als angemessen angenommen (vgl. den übereinstimmenden § 72 Abs. 2 ErbschStG. sowie DStZ. 1919, 173 ff.).

Die Heranziehung jener Beträge erschien um so mehr geboten, als das Gesetz den Familien mit mehreren Kindern durch das Privileg des § 26 ein besonderes Entgegenkommen erweist.

Der Hinzurechnung der Beträge beim Geber entspricht die Abrechnung beim Empfänger (§ 15 Ziff. 3; vgl. auch § 6 Ziff. 4 VermZuwG. 1919).

Ausnahmen von der Hinzurechnung stellt § 14 auf. Besonders wichtig ist hierbei die durch Ziff. 5 erfolgte Einschränkung, durch die eine große Reihe von Zuwendungen gegebenenfalls aus § 13 ausgeschieden werden. Das Nähere siehe dort.

Die Bewertung der zugewendeten Vermögensgegenstände hat nach denselben Grundsätzen zu erfolgen, wie wenn die Hingabe nicht stattgefunden hätte (vgl. § 14 AusfAnw. zu § 4 KrStG. 1916).

2. Schenkungen.

Über den Begriff der Schenkung vgl. Bd. I Anm. 10 zu § 6 VermZuwG. 1919, wo insbesondere die §§ 516 ff. BGB. abgedruckt sind.

Im Gegensatz zu den Schenkungen betrifft Satz 2 des Abs. 1 „freigebige Zuwendungen unter Lebenden". Das Nähere siehe Anm. 4.

Nicht erforderlich ist, daß die Schenkungen in der Absicht der Steuerersparung, geschweige denn der Steuerhinterziehung gemacht sind, über die Berücksichtigung solcher Fälle vgl. z. B. § 14 Ziff. 4 u. 5), vielmehr findet die Zurechnung ganz ohne Rücksicht auf die mit der Schenkung verfolgten Zwecke statt. Ist die Schenkung in Form einer Rente gemacht, so ist der volle Kapitalwert der Rente anzusetzen, berechnet vom Tage der Schenkung.

Die Zuwendung von Gegenständen, die nicht zum steuerbaren Vermögen im Sinne der §§ 6 ff. gehören, fallen nicht unter § 13. So namentlich nicht: Hausrat (§ 11 Ziff. 1), Perlen oder Edelsteine, die vor dem 31. Juli 1914 erworben und nicht mehr wie 20000 ℳ wert sind (vgl. § 12 Ziff. 1 u. 2). Inwieweit nicht steuerbare Gegenstände, die nach dem 31. Dezember 1916 gegen Hingaben steuerbaren Vermögens erworben worden sind, als unter § 13 fallend anzusehen sind, erscheint mangels besonderer Bestimmung fraglich.

Ist der Schenker nach dem 31. Dezember 1916 gestorben, so sind die Zuwendungen dem Vermögen der Erben hinzuzurechnen (vgl. § 14 AusfAnw. zum KrStG. 1916). (Zweifelhaft.)

3. Insoweit am Stichtag der Bedachte bereichert ist.

Die Hinzurechnung hat nur in Höhe der Bereicherung des Bedachten am Stichtage zu erfolgen. Denn da auch das Vermögen, das der Abgabepflichtige bis zum Stichtag verloren hat, nicht mehr zur Abgabe herangezogen werden kann, so wäre es nicht verständlich gewesen, diejenigen Schenkungsbeträge der Abgabe zu unterwerfen, die auch dem Bedachten inzwischen verlorengegangen sind.

Bei Schenkungen unter einer Auflage berechnet sich die Bereicherung nach Abzug des Wertes der Auflage. Das kann angesichts des Gesetzeswortlauts zu folgendem Ergebnis führen: Besteht die Schenkung in einer Hingabe von 100000 ℳ, die Auflage in einer Rentenzahlung an X von jährlich 10000 ℳ, so ist unter Umständen am Stichtag die Bereicherung nur gering. Stirbt nun der Auflageberechtigte nach dem Stichtag, so wächst die Bereicherung in dem Maße, als die Rentenbeträge noch nicht gezahlt sind. Trotzdem also dann eine Bereicherung nachträglich eingetreten ist, findet eine Hinzurechnung nicht statt.

Ob eine Bereicherung im Einzelfalle nach vorhanden ist, wird auch sonst häufig zweifelhaft sein. Ist der Bedachte bestohlen worden oder hat er den geschenkten Betrag sonstwie verloren, so ist eine Bereicherung zweifellos nicht mehr gegeben. Umgekehrt, wenn er etwa für die geschenkten Gelder sich Anschaffungen gemacht hat. Wie aber, wenn er für die geschenkten 50000 ℳ notwendige Unterhaltskosten bestritten oder Schulden bezahlt hat? In allen diesen Zweifelsfällen dürfte die Auslegung des Reichsgerichts zu § 818 Abs. 3 BGB. zugrunde zu legen sein.

Nach § 81 RAbgO. (Entstehung der Steuerschuld) sind Schenkungen an Kinder und Abkömmlinge im Augenblick ihrer Vornahme mit der Schenkungssteuer (§ 72 Abs. 2 ErbschStG.) belastet. Die Bereicherung vermindert sich somit um den Betrag dieser Steuer.

4. Verwandte in gerader Linie.

Vgl. die Gegenüberstellung mit den früheren Reichssteuergesetzen in Anm. 1. In Betracht kommen somit nur Schenkungen usw. an Eltern, Großeltern, Kinder und deren Abkömmlinge. Wer also die Hälfte seines Vermögens an seine Geschwister, Neffen usw. verschenkt hat, braucht die Abgabe nur von dem ihm verbliebenen Vermögen zu entrichten. An Kindes Statt angenommene Personen dürften im Hinblick auf § 1757 Abs. 1 BGB. den ehelichen Kindern gleichzustellen sein. Ebenso uneheliche Kinder im Hinblick auf Schenkungen des Vaters oder der Mutter (§ 1705 BGB.). So auch Erler in DStZ. 8, 103 Nr. 5.

5. Gleichgestellt: Freigebige Zuwendungen unter Lebenden, soweit ...

In der Regierungsvorlage hieß es ursprünglich im Anschluß an § 4 KrStG. von 1916 und § 6 Ziff. 4 VermZuwStG. 1919: „oder sonstige ohne entsprechende Gegenleistungen gemachte Zuwendungen ... in Höhe der Bereicherung". Diese Fassung war gleichbedeutend mit der Hinzurechnung „sonstiger Vermögensübergaben" im Sinne des § 4 KrStG. 1916. Gemeint waren im Gegensatz zu den „unentgeltlichen" Schenkungen solche Zuwendungen, bei denen zwar eine Gegenleistung, aber keine „entsprechende" Gegenleistung in Betracht kommt.

Das Gesetz hat die gleichen Fälle im Auge, wenn es von „freigebigen Zuwendungen", also von solchen Zuwendungen spricht, die aus dem Motiv der Freigebigkeit, wenn auch nicht „unentgeltlich", erfolgt sind, deren Wert also den Wert etwaiger Gegenleistungen unverhältnismäßig übersteigt. Um den Wert dieser etwaigen Gegenleistungen mindert sich der nach § 13 hinzuzurechnende bzw. nach § 15 Ziff. 3 abzurechnende Betrag der Zuwendung, so daß also nur derjenige Betrag in Ansatz kommt, um den der Empfänger reicher und der Geber ärmer geworden ist. Hier kommen vor allem die Gutsüberlassungsverträge zwischen Eltern und Kindern in Betracht. Aber auch Abfindungen für Erbverzicht, Zuwendungen, die auf den Pflichtteil angerechnet werden sollen, und vor allem: Ausstattungen.

Diese letzteren gelten, auch wenn eine Verpflichtung nicht besteht, gemäß § 1624 Abs. 1 Satz 2 BGB. nur insoweit als Schenkung, als die Ausstattung das den Umständen, insbesondere den Vermögensverhältnissen des Vaters oder der Mutter entsprechende Maß übersteigt. Soweit also der für die Ausstattung aufgewandte Betrag mit den Vermögensverhältnissen in Einklang steht, liegt eine Schenkung nicht vor. Sie gehört aber zu den „freigebigen Zuwendungen unter Lebenden" (vgl. auch RGZ. 80, 217) und muß infolgedessen dem Vermögen der Eltern wieder hinzugerechnet werden. In diesem Sinne hat auch der badische Verwaltungsgerichtshof (Steuerarchiv 1918, 74 ff.) entschieden.

Auch bei Gutsüberlassungen zwischen Vater und Tochter kann es sich um „Ausstattungen" handeln. Man wird auch hier zu prüfen haben, ob die Ausstattung die Verhältnisse des Vaters und das in bäuerlichen Kreisen übliche Einkommen übersteigt.

Im übrigen entscheidet das freie Ermessen über die Grenze zwischen Ausstattung und Schenkung, sowie darüber, inwieweit eine Bereicherung vorliegt.

Eine „authentische Interpretation" trifft das Gesetz nur in Satz 3 des Abs. 1 insofern, als es ausdrücklich feststellt, daß eine Übernahme nicht geldwerter Leistungen die Annahme einer Bereicherung nicht ausschließt. Demnach würde also eine Bereicherung in voller Höhe gegeben sein, wenn die erwachsene Tochter, die dem Vater den Haushalt führt, eine einmalige oder fortlaufende Zuwendung erhält. Damit erledigt sich auch die Streitfrage, ob bei einem Mitgiftversprechen an den Schwiegersohn die Vollziehung der Heirat als „entsprechende" Gegenleistung für die Übereignung der Mitgift an die Tochter anzusehen ist (vgl. hierüber die Ausführungen Erlers in DStZ. 7, S. 174/75 und die dort zitierte Literatur und Rechtsprechung).

Im übrigen ist die Mitgift der Ausstattung gleich zu behandeln (vgl. auch RG. 3). Soweit sie also die Vermögensverhältnisse des Vaters übersteigt, ist sie als Schenkung, anderenfalls als freigebige Zuwendung zu betrachten, da ein gesetzlicher Anspruch auf Mitgift nicht besteht, die Ausnahme des § 14 Ziff. 2 also nicht zutrifft. Ist die Mitgift der Tochter auf Grund eines rechtlich bindenden Mitgiftversprechens an den Schwiegersohn gegeben worden, so hat ebenfalls die Hinzurechnung gemäß § 13 Abs. 1 Satz 3 zu erfolgen. Denn selbst bei der Annahme, daß auch der Tochter auf Grund des § 328 BGB. (Vertrag zugunsten Dritter) auf Grund des Versprechens ein Rechtsanspruch zustände, so wäre ein solcher Rechtsanspruch dennoch kein gesetzlicher Anspruch im Sinne des § 14 Ziff. 2 d. Ges. Anderenfalls wäre für viele Abgabepflichtige die Möglichkeit gegeben, durch Erteilung übermäßig hoher Mitgiftversprechen und deren Erfüllung erhebliche Beträge der Abgabe bei sich selbst zu entziehen und sie zu geringerem Tarifsatz bei den Töchtern bereitzustellen, somit den Zweck des § 13 zu vereiteln.

Bezüglich der Aussteuer können Zweifel nicht bestehen, da hier ja nach § 1620 Abs. 1 ein gesetzlicher Anspruch der Tochter besteht, soweit sie nicht selbst ein zur Beschaffung der Aussteuer hinreichendes Vermögen hat. Soweit dies der Fall ist, hat allerdings die Hinzurechnung zu erfolgen. Anderenfalls wäre gerade hier ein gangbarer Weg für Vermögensverschiebungen gegeben gewesen, allerdings nur, soweit diese sich auf steuerbares Vermögen erstreckten. Denn wie überhaupt, so ist insbesondere bei der Aussteuer und Ausstattung zu beachten, daß Zuwendungen, die nicht zum steuerbaren Vermögen im Sinne der §§ 6 ff. gehören (also insbesondere Hausrat!), nicht unter § 13 fallen. Inwieweit dagegen nicht steuerbare Gegenstände, die nach dem 31. Dezember 1916 gegen Hingabe steuerbaren Vermögens erworben worden sind, als unter § 13 fallend anzusehen sind, erscheint mangels besonderer Bestimmung fraglich.

Vgl. hierzu auch Marcuse in JW. 1920, 99: „Ausstattung, Aussteuer, Mitgift".

6. Auf Kosten des Zuwendenden...

Damit sind die Fälle ausgenommen, bei denen der Verwandte als Zuwendender zwar äußerlich in die Erscheinung tritt, während auf Grund eines Abrechnungs- oder sonstigen Verhältnisses die Zuwendung in Wahrheit auf Kosten eines Dritten geht. — Wie aber, wenn z. B. der Zuwendende dem Bedachten den Betrag einer nach § 15 Ziff. 4 vom Vermögen abziehbaren Kapitalabfindung zuwendet? Obwohl hier die Zuwendung auf Kosten des Zuwendenden erfolgt, erscheint gleichwohl eine Hinzurechnung nicht angängig.

7. „Mit dessen Willen" bereichert...

Die Fassung gibt vielfachen Zweifeln Raum.

1. Beispiel: Der Vater wendet der Tochter einen erheblichen Geldbetrag zu in der ausgesprochenen Absicht, diesen Betrag seinem lungenkranken Enkelkinde für einen Kuraufenthalt zukommen zu lassen. Die Tochter behält das Geld und unterläßt die Kur. Sie ist dadurch gegen den Willen des Gebers bereichert.

2. Beispiel: Der Vater zahlt seinem Sohne, der Landwirt ist, eine Summe unter der Bedingung, daß dieser als Gegenleistung seine Schwester monatlich mit Nahrungsmitteln unterstützt. Die Schwester stirbt nach einem Jahre. Dann ist der Sohn gegen den Willen des Vaters bereichert. Der Fall deckt sich hier mit dem der ungerechtfertigten Bereicherung des § 812 Abs. 1 Satz 2 BGB. (causa data causa non secuta).

8. Bereichert wird.

Ob der Bedachte am Stichtag noch bereichert ist (vgl. Abs. 1 Satz 1), ist hier also nicht von Belang. Die Bereicherung kann daher 1. vor dem Stichtag weggefallen sein oder 2. nachher wegfallen oder 3. erst nachher eintreten; in allen Fällen ist Hinzurechnung geboten, wenn nur eine Bereicherung zu irgendeinem Zeitpunkt nach dem 31. Dezember 1916 vorgelegen hat (Fall 1 u. 2) oder beabsichtigt ist (Fall 3).

9. Stiftungen.

In Frage kommen hauptsächlich die rechtsfähigen Stiftungen im Sinne der §§ 80 ff. BGB., und unter ihnen in erster Linie die Familienstiftungen (vgl. Art. 1—3 AG.BGB.), aber auch sog. „unselbständige" oder „fiduziarische" Stiftungen, bei welcher nicht eine besondere juristische Person geschaffen, sondern eine bereits bestehende Persönlichkeit in rechtsgültiger Weise mit einer Stiftung belastet wird. Begriff der rechtsfähigen Stiftung: eine rechtsfähige Verbandsperson, deren Daseinszweck die Durchführung des Willens ihres Gründers durch Verwendung eines hierzu gewidmeten Vermögens (vgl. Staudinger Vorb. zu §§ 80 ff. BGB.) ist.

10. Alleinhaftung des Bedachten für die verhältnismäßig entfallende Abgabe.

Nach der Regierungsvorlage war im Anschluß an § 4 Abs. 2 KrStG. von 1916, § 14 Satz 2 BStG. einerseits eine Haftung des Gebers für die ganze Abgabesumme und daneben die gesamtschuldnerische Haftung des Empfängers, und zwar im Höchstfalle in Höhe des anteilmäßigen Betrages vorgesehen, der sich ergeben hätte, wenn der Betrag der Zuwendung als Vermögen des

Bedachten veranlagt worden wäre. Dieser Standpunkt wurde jedoch bei den Beratungen im X. Ausschuß erstmalig verlassen und die Abgabe von den geschenkten oder zugewendeten Beträgen dem Bedachten allein auferlegt. Und zwar wird diejenige Abgabe geschuldet, die verhältnismäßig auf die geschenkten Beträge im Fall ihrer Hinzurechnung zum Vermögen des Gebers entfällt. Der Berechnung zugrunde zu legen ist also nicht, wie nach der Regierungsvorlage, das Vermögen des Bedachten, sondern dasjenige des Gebers.

Beispiel: A mit einem Vermögen von 400000 ℳ schenkt seinem Enkel 100000 ℳ. Er hat ohne Hinzurechnung dieser 100000 ℳ, also von 300000 ℳ, 46000 ℳ, und hätte mit Hinzurechnung, also von 400000 ℳ, 66000 ℳ abzugeben. Für die Differenz von 20000 ℳ haftet sein Enkel. Die Abgabe von 100000 ℳ bei isolierter Veranlagung würde dagegen nur 11000 ℳ betragen haben.

Über die Haftung der Ehegatten vgl. § 16, über diejenige bei fortgesetzter Gütergemeinschaft vgl. § 53, bei Vorerbschaft vgl. § 54 d. Ges.

§ 14.[1]) Von der Hinzurechnung nach § 13 sind ausgenommen:

1. fortlaufende Zuwendungen[2]) zum Zwecke des angemessenen Unterhalts oder der Ausbildung des Bedachten;[3])
2. Zuwendungen, die auf Grund eines gesetzlichen Anspruchs[4]) des Bedachten gemacht worden sind;
3. übliche Gelegenheitsgeschenke;
4. Zuwendungen im Werte von weniger als eintausend Mark,[5]) sofern nicht die Absicht der Hinterziehung von Steuern anzunehmen ist;
5. Zuwendungen, von denen die Beteiligten glaubhaft machen, daß sie nicht in der Absicht der Hinterziehung von Steuern erfolgt sind.[6])

1. Allgemeines.

Da der Grundgedanke der Vorschrift des § 13 in der Heranziehung der zur Steuerhinterziehung an die Kinder und Abkömmlinge übertragenen Vermögensteile liegt, so werden im § 14 von der Hinzurechnung solche Beträge ausgenommen, die aus allgemein anerkannten, üblichen wirtschaftlichen Gründen den Kindern zugewendet werden (Ziff. 1 u. 2) oder so gering sind, daß die Absicht der Steuerhinterziehung gar keine Rolle spielen kann (Ziff. 3 u. 4), oder bei denen glaubhaft gemacht wird, daß Steuerhinterziehungsabsicht nicht vorliegt. (Ziff. 5).

Der § 4 Satz 2 KrStG. vom 21. Juni 1916 und § 8 Ziff. 1 des KrAbgG. von 1919 enthielt außer den hier aufgeführten Vermögensteilen noch: „Pensionen und ähnliche Zuwendungen, die ohne rechtliche Verpflichtung früheren Angestellten und Bediensteten gewährt werden, sowie Zuwendungen zu kirchlichen, mildtätigen oder gemeinnützigen Zwecken." Die Weglassung verstand sich für dieses Gesetz von selbst, da ja nach § 13 nur Zuwendungen von Verwandten in gerader Linie hinzurechnungspflichtig sind.

2. Fortlaufende Zuwendungen.

Die amtl. Begr. zum § 4 KrStG. vom 21. Juni 1916 führte hierzu aus:

„Der Ausdruck ‚fortlaufende Zuwendungen' soll keinen Gegensatz zu ‚einmaligen' Zuwendungen bedeuten, so daß nicht etwa nachzuprüfen ist, ob solche Zuwendungen in der Vergangenheit regelmäßig gewährt worden sind, oder ob die Weitergewährung in Zukunft in Aussicht steht. Es sollen nur solche Zuwendungen nicht unter den § 4 S. 2 fallen, die wegen ihrer Höhe nicht mehr als laufende Ausgaben des Zuwendenden angesehen werden können. Hierbei ist die Gesamtlage des Gebers und des Empfängers der Zuwendungen zu berücksichtigen. Wird an Stelle früherer laufender Zuwendungen eine einmalige Abfindung gegeben, so ist diese beim Geber zuzurechnen und beim Empfänger abzusetzen, denn eine derartige Abfindung ist eben keine fortlaufende Zuwendung mehr."

Diese Ausführungen dürften auch für das vorliegende Gesetz zutreffen.

3. Zum Zwecke des angemessenen Unterhalts oder der Ausbildung des Bedachten.

Im Entwurf fand sich an Stelle des Wortes „angemessen" das Wort „standesgemäß".

Was „angemessen" ist, bestimmt sich nach den jeweiligen Verhältnissen beim Schenker und Beschenkten.

Meist werden derartige fortlaufende Zuwendungen kaum zu Vermögensbildungen führen, sondern alsbald verbraucht werden. Insoweit es sich um die Gewährung der gesetzlichen Unterhaltspflicht (§§ 1601—1612 BGB.) handelt, wird die Anrechnung der Zuwendungen schon durch Nr. 2 des § 14 ausgeschlossen, unabhängig davon, ob es sich um „fortlaufende" handelt oder nicht. In Betracht kommen daher bei Ziff. 1 insbesondere Zuwendungen, welche in Erfüllung einer moralischen Unterhaltspflicht gegeben werden (Unterstützungen).

4. Auf Grund eines gesetzlichen Anspruchs des Bedachten ...

In Betracht kommen hier namentlich die gesetzlichen Unterhaltsansprüche (vgl. Anm. 3) der §§ 1601—1612 BGB.

Ebenso die Aussteuer, insoweit nicht die Tochter selbst ein zur Beschaffung der Aussteuer ausreichendes Vermögen besitzt (§ 1620 Abs. 1 BGB.). Ist dies der Fall, so ist der für die Aussteuer verauslagte Betrag dem Vater zuzurechnen, soweit steuerbares Vermögen in Frage kommt. Über Mitgiftversprechen an den Schwiegersohn und dessen steuerrechtliche Konsequenzen vgl. die ausführlichen Erörterungen in Anm. 5 zu § 13. Vertraglich festgelegte Ansprüche fallen nicht unter Ziff. 2.

5. Zuwendungen im Werte von weniger als 1000 Mark.

Bei Zuwendungen von 1000 ℳ und darüber spricht die gesetzliche Vermutung für die Absicht der Steuerersparung. Der § 4 Abs. 1 Satz 2 des KrStG. vom 21. Juni 1916 enthielt noch den Zusatz: „sofern nicht die Absicht der Abgabeersparung anzunehmen ist" (desgl. § 8 Ziff. 1 des KrAbgG. von 1919). Der gleiche Zusatz wurde in den Ausschußverhandlungen auch in das Reichsnotopfer hereingebracht, während im Regierungsentwurfe zunächst gefehlt hatte. Es sollte zum Ausdruck gebracht werden, daß auch Zuwendungen unter 1000 *M*, wenn sie nur den Zweck der Steuerhinterziehung haben können, nicht von der scharfen steuerlichen Erfassung ausgenommen werden. Beweispflichtig ist die Steuerbehörde. Über den Begriff der Steuerhinterziehung vgl. § 58.

Bei Zerlegung einer größeren Zuwendung in mehrere Einzelzuwendungen unter 1000 *M* ist die Frage nach dem Motiv des Zuwendenden meist nicht leicht zu entscheiden Vgl. hierüber Entsch. des OVG. vom 30. Okt. 1918 in DStZ. Mai 1919 S. 42.

Auf welche Art von Steuern sich die Hinterziehungsabsicht erstreckte, ist gleichgültig.

6. **Der Zusatz in Ziff. 5,** der erst in den Ausschußberatungen Aufnahme fand, hat seinen Grund in der Erwägung, daß es durchaus ungerechtfertigt erscheint, Zuwendungen, die in Gewohnheit und Sitte liegen, wie z. B. die Ausstattung eines Sohnes zur Übernahme eines Gewerbes oder die Überlassung eines Geschäfts, und bei denen die Absicht der Steuerersparung nicht vorliegt, nur deshalb der Vorschrift des § 13 zu unterwerfen, weil sie in die Zeit nach dem 31. Dezember 1916 fallen und 1000 *M* übersteigen.

Mit dieser einschränkenden Bestimmung werden eine große Reihe von Zuwendungen der Anwendung des § 13 entzogen, wenn den Beteiligten die Glaubhaftmachung ihrer bona fides gelingt. Vgl. auch Anm. 1 zu § 13 a. E.

§ 15. Von dem Vermögen sind abzuziehen:

1. die dinglichen und persönlichen Schulden;
2. der Wert der dem Abgabepflichtigen obliegenden oder auf einem Hausgut, Familienfideikommiß, Lehen, Stammgut oder einem sonstigen gebundenen Vermögen ruhenden Leistungen der im § 9 Nr. 5 bezeichneten Art;
3. die nach § 13 einem anderen Abgabepflichtigen zuzurechnenden Beträge;
4. der Betrag einer Kapitalabfindung, die als Entschädigung für den durch Körperverletzung oder Krankheit herbeigeführten gänzlichen oder teilweisen Verlust der Erwerbsfähigkeit an den Abgabepflichtigen gezahlt worden oder zu zahlen ist, sowie der Betrag der einmaligen Entschädigung an Kapitulanten, der auf Grund des Gesetzes über die Entschädigung der infolge der Verminderung der Wehrmacht aus dem Heere, der Marine und den Schutztruppen ausscheidenden Kapitulanten vom 13. September 1919 (Reichs-Gesetzbl. S. 1659 ff.) gezahlt worden oder zu zahlen ist;
5. die von dem Abgabepflichtigen nach dem Gesetz über eine

außerordentliche Kriegsabgabe für das Rechnungsjahr 1918 vom 26. Juli 1918 (Reichs-Gesetzbl. S. 964) oder nach dem Gesetz über eine außerordentliche Kriegsabgabe für das Rechnungsjahr 1919 vom 10. September 1919 (Reichs-Gesetzbl. S. 1567 ff.) oder nach dem Gesetz über eine Kriegsabgabe vom Vermögenszuwachse vom 10. September 1919 (Reichs-Gesetzbl. S. 1579 ff.) zu entrichtenden Abgabebeträge, soweit sie am Stichtag (§ 22 Abs. 1) noch nicht gezahlt sind;

6. die von dem Abgabepflichtigen für das Rechnungsjahr 1919 oder frühere Jahre zu entrichtenden staatlichen, kommunalen und kirchlichen Steuern und Abgaben, soweit sie am Stichtag noch nicht gezahlt sind;
7. die zur Bestreitung der laufenden Ausgaben nicht geschäftlicher oder beruflicher Art für drei Monate erforderlichen Beträge an Geld, Bank- oder sonstigen Guthaben, soweit sie aus den laufenden Jahreseinkünften stammen;
8. bei den Abgabepflichtigen mit einem steuerbaren Vermögen von nicht mehr als 150000 Mark, die keinen Anspruch auf Pension oder Hinterbliebenenfürsorge haben:

   a) im Alter von 45 bis 60 Jahren ein Viertel,
   b) im Alter über 60 Jahre ein Drittel

   des steuerbaren Vermögens bis zu 50000 Mark.

   Für das überschießende Vermögen bis zu weiteren 50000 Mark ist zu a ein Fünftel, zu b ein Viertel abzuziehen.

   Diese Vergünstigung tritt nicht ein, falls gemäß § 27 Abs. 1 die ganze Abgabe zinslos gestundet wird.

Nicht abzugsfähig sind:

1. Schulden, die zur Bestreitung der laufenden Haushaltungskosten eingegangen sind (Haushaltungsschulden);
2. Schulden und Lasten, die in wirtschaftlicher Beziehung zu nicht abgabepflichtigen Vermögensteilen stehen.

Wird die Abgabe nur von dem inländischen Grund- und Betriebsvermögen erhoben (§ 3), so sind nur die in einer wirtschaftlichen Beziehung zu diesen Vermögensteilen stehenden Schulden und Lasten abzugsfähig.

1. Allgemeines.

Der § 15 will herbeiführen, daß die Abgabe nur das Reinvermögen trifft. Er deckt sich in Abs. 1 Nr. 1 u. 2, Abs. 2 und in Abs. 3 mit § 9 WG. und § 10 BStG.

Die Nr. 3 trägt der Vorschrift des § 13 Rechnung (ebenso wie § 3 Ziff. 3 in Verb. mit § 4 Abs. 1 KrStG. vom 21. Juni 1916 sowie § 6 Ziff. 4 mit § 8 Ziff. 1 VermZ. von 1919).

Die Nr. 4 schließt sich an den § 16 BStG. mit der Maßgabe an, daß, ebenso wie schon § 6 Ziff. 6 VermZ. von 1919 vorsieht, nicht nur die Kapitalabfindung für einen durch Körperverletzung, sondern auch die Abfindung für einen durch Krankheit eingetretenen Verlust der Erwerbsfähigkeit in Abzug gebracht werden soll. Dazu tritt neu hinzu die Kapitulantenentschädigung auf Grund des Ges. vom 13. Sept. 1919. Daß auch die Kapitalabfindungen, welche Kriegsbeschädigten statt der Rente gewährt werden können, abzugsfähig sind, geht aus der amtlichen Begründung ausdrücklich hervor. Ebenso ist die Kapitalabfindung für einen Ruhegehaltsanspruch (Pension) für steuerfrei erklärt (Koppe-Varnhagen zu § 15 S. 95).

Die in Nr. 5 u. 6 angeordnete Absetzung der Kriegsabgaben von 1918 und 1919, auch soweit am Stichtag (31. Dez. 1919) noch nicht bezahlt oder gar veranlagt, sowie der noch geschuldeten staatlichen, kommunalen und kirchlichen Steuern aus 1919 und früheren Jahren ist erstmalig in § 6 Ziff. 7—9 VermZ. von 1919 vorgesehen und mit geringen Abweichungen hierher übernommen. Abzugsfähig sind sämtliche hier genannten direkten Steuern, also insbesondere auch die von einzelnen Gemeinden für 1919 erhobenen „5. und 6. Steuerquartale". Wann die Feststellung (Veranlagung) der Einkommensteuer für das Rechnungsjahr 1919 oder die Vorjahre erfolgt ist, ist gleichgültig. War jemand für die genannten Jahre bei der Einkommensteuer irrtümlich übergangen und wird er jetzt für diese Zeit nachveranlagt (§ 212 RAbgO.), so kann er die betreffenden Steuern zum mindesten bis zur Rechtskraft der Veranlagung zum Notopfer nach § 56 RNOG. aber noch darüber hinaus abziehen (vgl. § 81 RAbgO., wonach die Steuerschuld entsteht, sobald der Tatbestand verwirklicht ist, an den das Gesetz die Steuerschuld knüpft, und die Steuerschuld nicht erst mit der Veranlagung (Feststellung des Einkommens und des Steuersatzes).

2. (Ziff. 1.) Die dinglichen und persönlichen Schulden.

Vgl. Anm. 1. Als Schulden im Sinne des § 15 gelten auch Schulden der Ehefrau des Abgabepflichtigen, soweit ihm deren Vermögen nach § 16 zugerechnet wird.

Abziehbar sind sowohl die dinglichen Schulden (Hypotheken) wie die persönlichen. Nach den Kommissionsverh. zum WG. (S. 37) sind Schulden, die unter Verpfändung von Schmucksachen und Hausrat aufgenommen sind, nicht abzugsfähig, weil auch die genannten Gegenstände nicht zum steuerbaren Vermögen gerechnet werden. Doch wird man dieser Auffassung kaum beitreten können, da es für die Abzugsfähigkeit gleichgültig ist, ob die Schuld durch Bürgschaft, Pfand u. dgl. gesichert ist oder nicht, überdies aber beim Notopfer in gewissen Grenzen auch der Hausrat (Luxusmöbel, Schmuckgegenstände usw.) steuerbar ist (§ 12). Inwieweit sich die Abzugsfähigkeit verneinen läßt, weil Abs. 2 Ziff. 2 Anwendung findet (wirtschaftliche Beziehung zu steuerfreien

Vermögensteilen), ist vielleicht nicht mit Sicherheit zu beantworten. Man kann allerdings mit Rücksicht auf Abs. 2 Ziff. 2 sehr wohl zur Verneinung der Abzugsfähigkeit kommen.

Es muß sich um wirkliche (dingliche oder persönliche) Schulden handeln. Bloße Vormerkungen zur Sicherung auf Eintragung einer Hypothek im Grundbuch sind noch keine vorhandenen Schulden (EOVG. 6, 137). Im übrigen siehe Anm. 9 zum letzten Absatz.

3. (Ziff. 2.) **Der Wert der dem Abgabepflichtigen obliegenden oder auf einem Hausgut usw.... ruhenden Leistungen der in § 9 Nr. 5 bezeichneten Art.**

Der § 9 Nr. 5 betrifft gewisse Renten, die vom Rentenberechtigten mit ihrem Kapitalwert (§§ 144—146 RAbgO.) versteuert werden müssen. Der Versteuerung beim Berechtigten entspricht der Abzug beim Verpflichteten.

4. (Ziff. 3.) **Die nach § 13 einem anderen Abgabepflichtigen zuzurechnenden Beträge.**

Da Schenkungen nach § 13 dem Schenker wieder hinzugesetzt werden, müssen sie beim Beschenkten abgesetzt werden. Der § 15 will Doppelbesteuerung vermeiden. Somit also dem Schenker ein Betrag nicht hinzugerechnet wird (weil er unter 1000 *M* bleibt), kann er beim Beschenkten auch nicht in Abzug kommen.

5. (Ziff. 4.) **Kapitalabfindungen für Körperverletzung usw.**

Vgl. hierzu die Bemerkungen in Anm. 1.

6. (Ziff. 5.) **Die Kriegsabgabe 1918 und 1919 und Kriegssteuer 1919, soweit sie noch nicht gezahlt sind.**

Der Gedankengang ist der gleiche wie im § 6 Ziff. 8 VermZuwG. von 1919; vgl. daher die Anmerkungen im Teil I dieses Werkes zu § 6 Ziff. 8, besonders Anm. 16 auf S. 217. Da die Kriegsabgaben der Kriegsabgabengesetze von 1918 und 1919 das in den Jahren 1917 und 1918 erzielte Einkommen treffen sollen und wenn sie von dem maßgeblichen Notopferstichtag bezahlt worden wären, von selbst das Vermögen am 31. Dezember 1919 vermindert hätten, so mußten diese Beträge, wenn sie vom 31. Dezember 1919 noch geschuldet waren, billigerweise abgesetzt werden. Das gleiche gilt sinngemäß für die Kriegsabgabe vom Vermögenszuwachs nach dem Ges. von 1919. Da zur Zeit der Veranlagung zum Notopfer die Vermögenszuwachsabgabe in einzelnen Bezirken möglicherweise noch nicht veranlagt ist, muß die Steuerbehörde die Veranlagung zum Notopfer nötigenfalls aussetzen (§ 214 RAbgO.). Auf jeden Fall ist aber der Abzug auch noch nachträglich im Rechtsmittelverfahren und darüber hinaus abzugsfähig (§ 56).

7. (Ziff. 6.) **Die direkten Steuern für 1919.**

Abzugsfähig sind sämtliche noch rückständigen direkten Steuern aus 1918 und den Vorjahren und alle für 1919 zu entrichtenden direkten Steuern, selbst wenn sie noch nicht veranlagt sind; sie müssen nötigenfalls schätzungsweise eingesetzt werden.

8. (Ziff. 7.) **Die laufenden Ausgaben für drei Monate.**

Die Vorschrift ist dem § 6 Ziff. 4 BStG. entnommen, doch ist der Unterschied in der Fassung sinnfällig. Während § 6 Ziff. 4 die „aus den laufenden Jahreseinkünften vorhanden Bestände an Geld und Bankguthaben, soweit sie zur Bestreitung der laufenden Ausgaben für drei Monate dienen", ausnimmt, nimmt Ziff. 7 des RNOG. die „zur Bestreitung der laufenden Ausgaben nicht geschäftlicher oder beruflicher Art für drei Monate erforderlichen Beträge" und Guthaben aus, soweit sie aus den laufenden Jahreseinkünften stammen. Zu § 6 Ziff. 4 BStG. bemerkt Strutz (Kommentar zum Kriegssteuergesetz zu § 1 S. 102, 103) folgendes: „Unter laufenden Jahreseinkünften sind diejenigen Einkünfte zu verstehen, die Einkommensteile entweder des letzten vor dem maßgeblichen 31. Dezember ablaufenden Geschäftsjahres des Steuerpflichtigen sind, wenn dieser ordnungsmäßige Bilanzen führt, oder Einkünfte des letzten am Stichtage des 31. Dezember zu Ende gehenden Kalenderjahres, wenn Steuerpflichtiger keine geordnete Buchführung hat. Wenigstens würde diese Auffassung mit den betreffenden Berechnungsvorschriften für die Berechnung des steuerpflichtigen Einkommens in Preußen übereinstimmen und ebenso mit § 28 Ziff. 2 BStG. in Einklang gebracht werden können. Jedenfalls aber stehen die laufenden Jahreseinkünfte des § 6 im Gegensatz zu Ersparnissen aus früheren Kalenderjahren oder Wirtschaftsjahren. Bei der Beurteilung, ob Ausgaben unter die laufenden Ausgaben fallen, ist maßgeblich die bisherige Lebenshaltung und Wirtschaftsführung des Steuerpflichtigen. Was nach der bisherigen Lebenshaltung des Steuerpflichtigen hierunter zu rechnen ist, muß auch hierzu nach § 6 Ziff. 4 berechnet werden. Eine plötzliche Änderung der ganzen Lebenshaltungsweise kommt nicht in Betracht, vielmehr entscheidet die Vergangenheit. Zu den laufenden Haushaltungskosten gehören auch laufende Unterstützungen, die bisher an arme Verwandte oder andere hilfsbedürftige Personen gezahlt worden sind."

Hierzu ist allerdings zu bemerken, daß dabei der Geldentwertung Rechnung zu tragen ist. Nicht die in den letzten drei Monaten vor dem 31. Dezember 1919 tatsächlich ausgegebenen Beträge, sondern die für die Zeit vom 1. Januar 1920 bis 31. März 1920 bei ungefähr gleicher Lebenshaltung erforderlichen Beträge (aber mit Ausnahme der im § 15 ausdrücklich noch daneben als abzugsfähig bezeichneten Steuern und mit Einschluß der für das erste Quartal 1920 zu zahlenden direkten Staats-, Gemeinde- und Kirchensteuern sowie Reichseinkommensteuer) sind abzugsfähig.

Was „laufende Einkünfte" des letzten Jahres waren, kann nicht ohne weiteres am Schlusse des Jahres „Vermögen" sein, sondern nur soweit, als es nicht zur Bestreitung des Haushaltungsverbrauches (für drei Monate), sondern zur Kapitalbildung bestimmt ist. So z. B. ist Vermögen das Rittergut, das aus den hohen, unverbrauchten Einkünften des letzten Jahres angekauft worden ist. Ferner wäre steuerpflichtiges Vermögen das bare Geld, welches zur Anschaffung einer neuen Wohnungseinrichtung bereits auf der Bank liegt. Auch die Betrachtung der Bilanz eines Einzelkaufmannes führt zu ähnlichen Ergebnissen. Als Vermögensbilanz umfaßt sie auch den Jahresgewinn, soweit er noch nicht verbraucht ist. Also aller Gewinn, der am Jahresschluß noch nicht entnommen ist, muß im allgemeinen als Vermögen angerechnet werden, nicht als nächstjähriges. Mittelbar folgt das aus § 28 Abs. 2 BStG., denn der Vermögensstand der Bilanz ist eben der des bisherigen Vermögens, vermehrt um den noch nicht verbrauchten Gewinn. Daß dieser herauszunehmen sei, deutet das Gesetz mit keinem Worte an (abgesehen von der Abzugsfähigkeit des Dreimonatsverbrauchs). Die richtige Bilanzierung des Passivpostens Vermögen lautet:

Kapital bisher	45000 ℳ
Dazu Gewinn	5000 ℳ
Vermögen	50000 ℳ

Dagegen darf man sich über die richtige Sachlage nicht täuschen lassen durch die häufige Fassung:

Kapital	45000 ℳ
Reingewinn	5000 ℳ

Daß noch vorhandene Einkünfte früherer Jahre steuerpflichtiges Vermögen sind, bei einem buchführenden Kaufmann also der Gewinnvortrag aus dem alten Jahre, ist selbstverständlich (Steuerarchiv 1917 Nr. 9/10 S. 135).

Vielfach haben Steuerpflichtige den § 6 Ziff. 4 BStG. dahin aufgefaßt, als ob Steuerpflichtiger von seinem Bankguthaben nicht nur den Privatverbrauch für drei Monate, sondern die ganzen Geschäftskosten für drei Monate abziehen darf. Diese Auslegung ist natürlich verkehrt. Was abzugsfähig ist, ist nur ein dem Privatgebrauch der drei Monate entsprechender Betrag, nicht aber ein Bedarf von drei Monaten Geschäftskosten. Im § 15 Ziff. 7 RNOG. ist das auch durch die Fassung des Gesetzes zum Ausdruck gebracht.

Mehr als das, was zur Bestreitung der laufenden Ausgaben für drei Monate erforderlich ist, darf nicht abgezogen werden. Ob und wieweit daneben noch die aus den Einkünften des letzten Jahres angesammelten Beträge (welche bereits als Einkommen versteuert sind) als steuerfrei vom Vermögen ausgeschieden werden dürfen, soll nach Lindemann (PrVerwBl. 1916, 2) zweifelhaft sein, doch nimmt Lindemann die Abzugsfähigkeit dieser Beträge mit Unrecht an. Die Absicht des Gesetzes ging dahin, aus dem Vermögen von den Einkünften des letzten Jahres nur so viel als steuerfrei auszuscheiden, als einem dreimonatlichen Privatverbrauch entspricht.

Laufende Jahreseinkünfte sind die Einkünfte des laufenden Jahres; Ersparnisse aus den Einkünften früherer Jahre sind bereits Vermögen. Der im § 6 Ziff. 4 BStG. zugelassene Abzug der laufenden Ausgaben für drei Monate ist also unstatthaft, wenn die am 31. Dezember 1916 vorhandenen Bestände und Guthaben in voller Höhe zur Einverleibung in das Stammvermögen des Beitragspflichtigen bestimmt waren. Für die Prüfung der Frage, inwieweit danach Steuerfreiheit einzutreten hat, ist die Feststellung notwendig, in welcher Höhe die Bestände am 31. Dezember 1916 vorhanden waren. Der Beitragspflichtige ist verpflichtet, hierüber Auskunft zu erteilen. Wenn er die Auskunft verweigert und damit beweisfällig geworden ist, so ist in der Versagung der Steuerbefreiung weder eine Verletzung des bestehenden Rechtes noch ein wesentlicher Mangel des Verfahrens (§ 48 WG.; Art. 11 Nr. 2 der preuß. Ausführungsvorschriften dazu vom 8. Nov. 1913 und § 49 Nr. 1 u. 2 EinkStG.) zu sehen, zumal wenn die Ansicht der Steuerbehörden z. B. durch das sehr erhebliche Kapitalvermögen und das daraus im ersten Quartal des Kalenderjahres 1914 dem Beitragspflichtigen zufließende Einkommen gestützt wird (Entsch. des OVG., VI. Sen., vom 12. Juni 1915, Steuerarchiv 1915, 284).

Die Kürzung eines **Bankguthabens** um einen Betrag zur Bestreitung der laufenden Ausgaben für drei Monate (§ 5 Nr. 4 WG.) ist unzulässig, wenn das Guthaben zum Betriebsvermögen gehört (Entsch. des Sächs. OVG. vom 4. März 1915, Amtl. Mitt. des Reichsschatzamtes 1915, 215).

Die Fassung des amtlichen Vordrucks zu den Steuererklärungsformularen läßt übrigens die Auffassung zu, als ob zweimal drei Monate, also sechs Monate, abgezogen werden dürfen. Ebenso gestattet Art. 9 der Vollzugsanweisung Ziff. 2 den Abzug „der für die nächsten sechs Monate notwendigen Ausgaben".

9. Nicht abzugsfähig sind . . .

Nach § 15 Ziff. 1 sind abzugsfähig die dinglichen und persönlichen Schulden. Als derartige abzugsfähige Schulden sind auch dingliche und persönliche andere Lasten anzusehen. Daß der Schuldner niemals imstande sein wird, seine Schulden zu bezahlen, hindert deren Abzugsfähigkeit nicht. Der Abzug muß auch stattfinden, wenn das Aktivvermögen lediglich in einem gemäß § 9 Ziff. 4 durch Kapitalisierung eines lebenslänglichen Unterhaltsrechts errechneten Vermögen besteht (Urt. VI. WB. 3/14 vom 10. März 1915).

Renten, welche nach § 5 Nr. 5 WG. (§ 9 Ziff. 4 RNOG.) zur Anrechnung als Kapitalvermögen ungeeignet sind, z. B. die auf eine kürzere Zeit als zehn Jahre beschränkten, dürfen nach § 9 Abs. 1 WG. und § 9 Ziff. 4 RNOG. auch nicht vom Vermögen des Verpflichteten abgezogen werden (Urt. VI. WB. 20/14 vom 24. März 1915).

Nach den einschlägigen Bestimmungen der Abgabenordnung und § 39 WG. prüft die Veranlagungsbehörde die Angaben in der Vermögenserklärung und stellt, gegebenenfalls nach Vornahme der erforderlichen Ermittlungen, die Höhe des Vermögens fest. Ferner hat der Pflichtige nach § 41 WG. erst auf Erfordern die Höhe seines Vermögens nachzuweisen. Wegen der Rechtsmittel hat die Landesregierung das Nähere zu bestimmen (§ 48 WG.). Nach Art. 18 Nr. 2 der preuß. Ausführungsvorschriften finden auf den Wehrbeitrag die Vorschriften über das Verfahren bei der Bearbeitung der Berufungen in Einkommen- und Ergänzungssteuersachen sinngemäße Anwendung. Werden daher von den Pflichtigen Schulden geltend gemacht, so muß die Berufungskommission, wenn sie jener Angabe nicht ohne weiteres folgen will, gemäß Art. 24 Nr. 1 und Art. 71 Nr. 4 der Anw. des FinMin. vom 25. Juli 1906 zur Ausführung des Einkommensteuergesetzes auf die genaue Angabe der Schulden und der Beweismittel dafür halten; sie darf nicht, wenn sie das zu Unrecht unterlassen hat, das Verlangen des Schuldenabzugs damit zurückweisen, daß der Nachweis der Schulden nicht erbracht sei (Urt. VI. WB. 3/14 vom 10. März 1915).

Die Vorschrift, daß Haushaltungsschulden nicht abzugsfähig sind, entspricht dem § 8 Ziff. 1 PrErgStG. Der Grund der Nichtabzugsfähigkeit ist der, daß solche Schulden im allgemeinen nicht das Vermögen vermindern, sondern ihre Deckung in den laufenden Jahreseinnahmen finden und mit einem angemessenen Betrage bereits unter § 15 Ziff. 7 Berücksichtigung gefunden haben. Was als Haushaltungsschulden anzusehen ist, richtet sich danach, welche Beträge nötig sind, um den Haushalt auf der gewohnten Lebenshaltungshöhe zu halten, wobei aber die Schulden im allgemeinen nicht größer sein dürfen als das durchschnittliche Jahreseinkommen; was darüber hinaus an Schulden aufgenommen wird, ist im allgemeinen abzugsfähig. Wieweit Rückstände an Schulden aus den vorausgegangenen Jahren ausnahmsweise trotzdem als Haushaltungsschulden anzusehen sind, muß nach den besonderen Umständen des einzelnen Falles beurteilt werden (AusfAnw. Art. 17 III Abs. 2 PrErgStG.).

Der Ausdruck „Schulden, die in wirtschaftlicher Beziehung zu einem Vermögensteile stehen", ist dem preuß. Ergänzungssteuergesetz in der Fassung vom 19. Juni 1906 (§ 8) entnommen und nach dem Ergebnis der Kommissionsberatung zum Wehrbeitragsgesetz im Sinne dieses Gesetzes zu verstehen (vgl. Hoffmann, WG. Anm. 11b zu § 9 in Stengleins Komm. zu den strafrechtlichen Nebengesetzen I. Erg.-Bd. S. 18; Stier-Somlo, WG. und BStG. S. 42). Nach § 8 Abs. 3 PrErgStG. ist eine wirtschaftliche Beziehung zwischen Schuld- und Grundbesitz insbesondere dann anzunehmen, wenn die Schuld für den Erwerb oder zum Zwecke der Verbesserung oder Bebauung des Besitzes aufgenommen ist. Die Eintragung im Grundbuch ist nicht entscheidend (Entsch. d. Bad. VerwGH. vom 25. Sept. 1915, Amtl. Mitt. des Reichsschatzamtes VI. Jahrg. Nr. 1 S. 1). Der § 15 Abs. 2 entspricht dem Wehrbeitrags- und preuß. Ergänzungssteuergesetz.

Die Anwendung des § 9 Abs. 2 unter b WG. und ebenso die des § 15 Abs. 2 RNOG. wird nicht dadurch ausgeschlossen, daß das ausländische Grund- und Betriebsvermögen den Wert der für seine Erwerbung und Bewirtschaftung gemachten Schulden nicht erreicht und diese Schulden gegebenenfalls ganz oder zum Teil aus dem übrigen Vermögen des Pflichtigen gedeckt werden müssen. Voraussetzung für die Versagung des Schuldenabzuges ist lediglich, daß die Schulden zu nicht beitragspflichtigen Vermögensteilen in wirtschaftlicher Beziehung stehen (Entsch. des Bad. VerwGH. vom 25. Sept. 1915, Amtl. Mitt. des Reichsschatzamtes VI. Jahrg. Nr. 1 S. 1).

Die Vorschrift, daß Schulden und Lasten, die in wirtschaftlicher Beziehung zu nicht abzugsfähigen Vermögensteilen nicht abzugsfähig sind, hat nur noch geringe praktische Bedeutung, da auch das ausländische Grund- und Betriebsvermögen grundsätzlich steuerpflichtig ist (§ 4) und nur beschränkte Milderungen gewährt.

Wenn die Abgabe nur vom inländischen Grund- und Betriebsvermögen erhoben wird (beschränkte Steuerpflicht nach § 3), so sind auch nur die Lasten und Schulden abzugsfähig, die in wirtschaftlicher Beziehung mit diesen Vermögensteilen stehen. Entscheidend für Abzugsfähigkeit oder Nichtabzugsfähigkeit ist lediglich die wirtschaftliche Beziehung der Schuld, nicht die dingliche Haftung (Eintragung im Grundbuch). Wegen der Begründung zu dieser Vorschrift vgl. Strutz DJZ. 1913, 484 und amtliche Begründung zum WG. S. 19, sowie KommBer. S. 37. Nach den Äußerungen des Reichsschatzsekretärs in den Kommissionsberatungen zum WG. (KommBer. S. 37) soll der Abs. 3 des § 10 BStG. keine unbedingte Auslegungsregel, sondern nur eine Anweisung an die Behörden sein, in diesem Sinne zu verfahren, solange nicht die besonderen Umstände des einzelnen Falles eine gegenteilige Auslegung als angebracht erscheinen lassen.

Steht eine Schuld oder Last in Beziehung zu steuerbaren und nicht steuerbaren Vermögensgegenständen, so muß eine anteilige Verteilung erfolgen.

Der Fall des § 15 letzter Absatz trifft besonders zu, wenn Ausländer oder steuerfreie Auslanddeutsche in Deutschland Grund- und Betriebsvermögen haben. Da in solchem Falle nur das in Deutschland belegene Vermögen abgabepflichtig ist, sind auch nur die mit ihm im unmittelbaren wirtschaftlichen Zusammenhang stehenden Schulden abzugsfähig.

§ 16. Für die Veranlagung der Vermögensabgabe wird das Vermögen der Ehegatten zusammengerechnet, sofern sie nicht dauernd voneinander getrennt leben.

Für die vermögensrechtlichen Beziehungen der Ehegatten untereinander gilt jeder Ehegatte als Schuldner des Abgabeteils, der nach den Verhältniszahlen berechnet wird, die sich ergeben, wenn jeder Ehegatte getrennt mit seinem Vermögen veranlagt worden wäre.

1. Allgemeines.

Die Zusammenrechnung des Vermögens der Ehegatten war auch in § 13 BG. sowie § 14 BStG. bestimmt. Jedoch enthielten beide Vorschriften noch den Zusatz, daß im Falle der Zusammenrechnung die Ehegatten der Staatskasse gegenüber als Gesamtschuldner der Steuer verpflichtet sind. Dieser Zusatz fehlt in § 16, weil nach der amtlichen Begründung die Art und der Umfang der Haftung der Ehegatten in der Reichsabgabenordnung bestimmt werden sollte. Das ist im § 95 Abs. 2 RAbgO. geschehen, der bestimmt, daß Ehegatten, die zusammen zu einer Steuer veranlagt werden, als Gesamtschuldner haften.

Die Regelung entspricht bezüglich der Veranlagung dem § 10 PrEinkStG. (§ 5 Ziff. 4 ErgStG.), allerdings geht in Preußen im Falle der Zusammenrechnung die Haftung der Ehefrau nicht so weit wie im § 16 RNOG. (vgl. § 68 PrEinkStG., wonach die Ehefrau nicht für die ganze Steuer, sondern nur für den anteilig auf sie entfallenden Betrag haftet).

Der Vorteil der Zusammenrechnung ist einmal der, daß dadurch ein Eindringen in die innersten Familienverhältnisse entbehrlich wird, was um so wichtiger ist, als es den Ehegatten in der Regel sehr schwer sein wird, zu entscheiden, wieviel von dem gemeinsamen Vermögen am maßgeblichen Stichtage dem einen oder dem anderen Ehegatten gehört. Zudem würden sich aus der getrennten Veranlagung mit Rücksicht auf die Verschiedenheit des ehelichen Güterrechts die größten steuertechnischen Schwierigkeiten ergeben und schwer nachweisbaren Schiebungen zwischen den Gatten Vorschub leisten.

Vor allem aber fällt ins Gewicht, daß die Steuerkraft der Summe zweier in derselben Wirtschaft vereinigter Vermögen gerade infolge dieser Vereinigung größer ist als die Summe ihrer Steuerkräfte, so daß das steuerrechtliche Motiv der Progression gerade hier besondere Anwendung erheischt.

Nach welchem Güterrecht die Ehegatten leben, ist dabei steuerlich gleichgültig; die Zusammenrechnung findet auch im Falle der Gütertrennung statt.

Zur Abgabe der Steuererklärung über das Vermögen der Ehegatten ist der Ehemann verpflichtet. Zweifel ergeben sich, wie es zu halten ist, wenn er über das Vermögen seiner Ehefrau keine Angaben machen kann oder will. Da eine Verpflichtung der Ehefrau zur getrennten Abgabe einer Steuererklärung über ihr eigenes Vermögen aus dem Gesetz nicht gefolgert werden kann, so bleibt nichts übrig, wie Schätzung des gemeinsamen Vermögens, wobei es dem Ehemann überlassen bleiben muß, sich die Unterlagen zum Nachweis der Höhe des Vermögens seiner Ehefrau zu beschaffen.

Die Zustellung des Veranlagungsschreibens erfolgt ebenfalls nur an den Mann, doch ist es zweckmäßig, wenn zwischen den Ehegatten Gütertrennung besteht, es auch der Ehefrau zuzustellen. Berufungsrecht hat beim Güterstande der Gütergemeinschaft und dem gesetzlichen Güterrecht nur der Mann, bei Gütertrennung wird man der Ehefrau, falls eine Zusammenrechnung stattzufinden hat, das Berufungsrecht kaum verwehren können. Jedenfalls aber ist ihr nach den einschlägigen Bestimmungen der Abgabenordnung als „Beteiligter" ebenfalls das Berufungsrecht gegeben.

Es findet nur eine Zusammenrechnung des Vermögens der Ehegatten statt. Dagegen wird das Vermögen der Kinder und anderer Angehöriger dem Beitragspflichtigen im Gegensatz zu den meisten Vermögenssteuergesetzen der deutschen Bundesstaaten nicht zugerechnet, wenn ihm auch daran die gesetzliche Nutznießung zusteht, vielmehr werden die Kinder selbständig mit ihrem Vermögenszuwachs herangezogen.

2. Voneinander getrennt leben.

Übereinstimmung zwischen § 16 und dem § 14 BStG. und den meisten Einkommens- und Vermögenssteuergesetzen der Bundesstaaten besteht darin, daß jedenfalls im Falle der dauernden Trennung der Ehegatten keine Zusammenrechnung, sondern eine selbständige Veranlagung beider Ehegatten stattfindet.

Zum Begriffe der dauernden Trennung gehört die Tatsache völligen Getrenntseins, wie im ehelichen Leben, so auch im Haushalt und in der Wirtschaftsführung, und zwar wenn sie herbeigeführt ist in der erkennbaren Absicht, die Trennung für längere Dauer festzuhalten (EOVG. 1, 252; 13, 87). Die Verbüßung einer Freiheitsstrafe, wie die Unterbringung in einer Heilanstalt (Irrenanstalt), gilt mithin noch nicht ohne weiteres als dauernde Trennung, kann aber unter Umständen als solche gelten, wenn von dem Ehegatten ein weiteres Zusammenleben nach Lage der Verhältnisse nicht erwartet werden kann (EOVG. 3, 171).

3. Der Abs. 2 ist erst durch die Ausschußverhandlungen in das Gesetz gekommen; er gilt nur für die vermögensrechtlichen Beziehungen der Ehegatten untereinander. Es muß also zwecks Feststellung dieses Verhältnisses ausgerechnet werden, wieviel jedes bei getrennter Veranlagung zu zahlen gehabt haben würde; ergibt sich dabei für A ein Notopfersatz von 30000 *M*, für B ein solcher von 50000 *M*, so ist das tatsächlich (infolge der Zusammenrechnung des Vermögens der Ehegatten) vielleicht auf 200000 *M* bemessene Notopfer im Verhältnis der Ehegatten untereinander im Verhältnis von 3 : 5 zu teilen.

Entscheidend für das innere Verhältnis ist das Güterrecht, in dem die Ehegatten leben. Leben sie z. B. nach dem gesetzlichen Güterrecht (System der ehemännlichen Nutznießung und Verwaltung am eingebrachten Gut der Frau) und sind 500000 *M* Gesamtvermögen vorhanden, wovon die Ehefrau 100000 *M* eingebracht hat, so treffen im Verhältnis der Ehegatten untereinander auf den Ehemann 400000 *M*, auf die Ehefrau 100000 *M*, so daß die Abgabe zwischen den Ehegatten im Verhältnis von 4 : 1 zu teilen wäre. Daß die Ehegatten dem Reich gegenüber als Gesamtschuldner haften, ergibt sich aus § 95 Abs. 2 RAbgO.

§ 17. Als abgabepflichtiges Vermögen der im § 2 Abs. 1 Nr. 4 bezeichneten Gesellschaften[1]) gilt das gesamte bewegliche und unbewegliche Gesellschaftsvermögen, von dem außer den Schulden und Lasten (§ 15) abzuziehen sind:[2])

1. der Betrag des eingezahlten Grund- oder Stammkapitals;[2])
2. die Rücklagen für ausschließlich gemeinnützige oder Wohlfahrtszwecke, deren Verwendung zu solchen Zwecken als gesichert anzusehen ist;[2])
3. bei Versicherungsgesellschaften und Versicherungsvereinen die Rücklagen für die Versicherungssummen und für die den Versicherten selbst als sogenannte Dividende zurückzugewährenden Prämienüberschüsse.[3])

An die Stelle des Grund- oder Stammkapitals tritt

bei Berggewerkschaften oder Bergbau treibenden Vereinigungen ein Betrag, der aus dem Erwerbspreis und den Anlage- und Erweiterungskosten abzüglich des durch Schuldaufnahme gedeckten Aufwandes hierfür zu berechnen ist, wobei mit Genehmigung des Finanzamts seitens derjenigen Berggewerkschaften oder Bergbau treibenden Vereinigungen, die ein Kapitalkonto in ihren Bilanzen führen, statt des vorstehenden Betrags der Betrag des Kapitalkontos zugrunde gelegt werden kann;[4])

bei eingetragenen Genossenschaften sowie den in ihrer Hauptbestimmung als Zentralen der Genossenschaften wirkenden Gesellschaften mit beschränkter Haftung und Aktiengesellschaften die doppelte Summe der Geschäftsguthaben der Genossen oder des Stammkapitals der Gesellschaften sowie bei den Revisions- und ähnlichen Hauptverbänden das Verbandsvermögen;

bei Versicherungsvereinen auf Gegenseitigkeit der eingezahlte Gründungsfonds; bei den landschaftlichen, ritterschaftlichen und ähnlichen Kreditanstalten[5]) das ursprünglich bei der Gründung und später zugewiesene Vermögen.

1. Allgemeines.

Die Besteuerung der wirtschaftlichen Gesellschaften (Aktiengesellschaften, Gesellschaften m. b. H. usw.) neben der Besteuerung der Aktionäre bedeutet eine Doppelbesteuerung. Das Vermögen der Aktiengesellschaft besteht in ihren Reserven. Nach der Höhe der Reserven einer derartigen Gesellschaft wird aber auch der Kurswert ihrer Aktien und dementsprechend das Vermögen des Aktionärs bemessen. Gegen die Besteuerung der Gesellschaften in der vom Gesetz vorgeschlagenen Form wurden daher erhebliche Bedenken vorgebracht. Es wurde andererseits wieder hervorgehoben, daß die genannten Gesellschaften mit Rücksicht auf die eben erwähnte Doppelbesteuerung von Gesellschaft und Aktionär in gewisser Weise dadurch geschont seien, daß bei ihnen statt der scharf gestatteten Abgabe des § 24 ein fester Satz von 10 v. H. erhoben werde (§ 25). Das bedeute, daß diese Gesellschaften gegenüber den Betrieben von Einzelunternehmern stark bevorzugt seien und ihr Betriebskapital erheblich weniger als das der Einzelunternehmer geschwächt werde. Dem wurde entgegengehalten, daß die Einzelunternehmer, wenn dies steuerlich für sie vorteilhafter sei, in eine Aktiengesellschaft oder G. m. b. H. umwandeln könnten. Den Bedenken, daß eine derartige Umwandlung bedeutende Stempelabgaben zur Folge haben würde, wurde entgegengehalten, daß für solche Fälle Vorsorge getroffen werden könne, indem durch die künftige Gesetzgebung Ermäßigung oder Erlaß der Stempelabgaben für derartige Umwandlungsfälle vorgesehen werden könne. Da die weiteren Erörterungen bewiesen, daß eine andere Form der Besteuerung der genannten Gesellschaften kaum möglich sei, wurde von Änderungsvorschlägen abgesehen.

2. Abgabepflichtig das gesamte Vermögen. Außer Schulden und Lasten abzuziehen das Grund- oder Stammkapital.

Während nach § 11 des Wehrbeitragsgesetzes die Aktiengesellschaften und die Kommanditgesellschaften auf Aktien ihre wirklichen, in der Bilanz offen ausgewiesenen Reservekontenbeträge (außer den Fonds für Wohlfahrtszwecke, aber zuzüglich etwaiger Gewinnvorträge) zu versteuern hatten und diese steuerbaren Vermögensteile ohne weiteres aus der Bilanz zu ersehen waren, sollen die Erwerbsgesellschaften mit juristischer Persönlichkeit, wie in der allgemeinen Begründung dargelegt ist, zur Vermögensabgabe ihr *wirkliches Vermögen*, d. h. *alles, was über den Betrag des Grund- oder Stammkapitals hinaus eine Kapitalansammlung darzustellen bestimmt ist, versteuern.* Daraus folgt, daß die kaufmännische Bilanz nicht mehr ohne weiteres maßgebend ist, weil in ihr die einzelnen Vermögensgegenstände zum Teil nach den von den Grundsätzen des Steuerrechts abweichenden Grundsätzen des Handelsrechts bewertet werden. So z. B. dürfen nach § 261 HGB. Wertpapiere, Waren und andere Vermögensgegenstände zu keinem höheren Preis als dem Anschaffungs- oder Herstellungspreis angesetzt werden, selbst wenn die Kurswerte oder die gemeinen Werte am Bilanztage höher sind. Für die Vermögensabgabe müssen dagegen die Werte am Bilanztage eingesetzt werden, d. h. für Wertpapiere mit Kurswert die Steuerkurse, für andere Wertpapiere die Steuerwerte und für die übrigen Vermögensgegenstände die gemeinen Werte. Abschreibungen sind selbstverständlich zulässig, jedoch nur insoweit, als sie eine angemessene Ausgleichung von Wertverringerungen darstellen. Dabei ist es gleichgültig, ob die einzelnen Vermögensgegenstände gleich in den Aktien niedriger berechnet oder ob in den Passiven besondere Bewertungskonten gebildet werden. Würde ohne weiteres die Bilanz zugrunde gelegt, so würden Gesellschaften, die an sich das gleich hohe Vermögen besitzen, unter Umständen zu einer ganz verschieden hohen Vermögensabgabe herangezogen werden, die jeweils von der Art ihrer Bilanzierung, d. h. von der Frage, ob sie offene oder stille Reserven gebildet haben, abhinge. Durch die vorgesehene Regelung werden die offenen und stillen Reserven gleichmäßig herangezogen.

Von dem vorstehend ermittelten Rohvermögen sind die juristischen Schulden, d. h. die Schulden im Sinne des § 15, abzuziehen. Daneben darf der Betrag des eingezahlten Grundkapitals, der nach § 261 Nr. 5 HGB. unter die Passiven aufzunehmen ist, aber eigentlich nur ein buchmäßiges, kein juristisches Passivum bildet, zur Milderung der durch die Heranziehung der Aktiengesellschaften und der Aktionäre an sich schon eintretenden Doppelbesteuerung abgesetzt werden. Endlich sind in Anlehnung an § 11 des Wehrbeitragsgesetzes die Fonds für Wohlfahrtszwecke abzugsfähig, jedoch nur dann, wenn die Verwendung zu dem fraglichen Zweck gesichert ist. Wann die Verwendung als gesichert anzusehen ist, ist Tatfrage; jedenfalls muß der Gesellschaft die einseitige Verfügungsmacht über derartige Konten entzogen sein.

3. Bei Versicherungsgesellschaften und Versicherungsvereinen.

Eine Besonderheit gilt für die Versicherungsunternehmungen, gleichviel ob sie in der Form von Aktiengesellschaften oder von Vereinen auf Gegenseitigkeit bestehen. Bei ihnen bilden die Rücklagen für die Versicherungssummen und für die den Versicherten selbst als sog. Dividenden zurückzugewährenden Prämienüberschüsse, die technischen Reserven, keine Bilanzposten, die eine Kapitalansammlung über den Betrag des Grundkapitals hinaus darzustellen bestimmt sind; sie dienen vielmehr zur Deckung von Verlusten, die bei der Art des Betriebes jederzeit eintreten können, daher dürfen sie abgesetzt werden (vgl. § 48 der Wehrbeitrag-AusfBest). Bei den Versicherungsvereinen auf Gegenseitigkeit tritt an Stelle des Grundkapitals der in § 22 des Ges. über die privaten Versicherungsunternehmungen vom 12. Mai 1901 vorgesehene Gründungsfonds, der zur Deckung der Kosten der Errichtung des Vereins sowie als Garantie- und Betriebsfonds zu dienen hat.

4. Besonderheiten bei Berggewerkschaften und Bergbauvereinen.

Wie das abzusetzende Grundkapital bei Berggewerkschaften, bergbautreibenden Vereinigungen und eingetragenen Genossenschaften zu berechnen ist, ist in Übereinstimmung mit § 17 Abs. 3 Satz 2 u. 3 des KrStG. vom 21. Juni 1916 geregelt. Es ist aus dem Erwerbspreis und den Anlage- und Erweiterungskosten abzüglich des durch Schuldaufnahme gedeckten Aufwandes hierfür zu berechnen.

5. Bei ritterschaftlichen und ähnlichen Kreditanstalten.

Die landschaftlichen und ritterschaftlichen Kreditanstalten haben kein wesentliches Stammvermögen, sie gewähren den Grundbesitzern Darlehne in Form von Pfandbriefen, die diese ihrerseits weiterbegeben. Nennenswertes Betriebskapital brauchen sie nicht, nur zur Gründung und nach der Gründung sind ihnen kleinere Kapitalien gespendet worden, lediglich diese Beträge kommen für den Abzug in Frage (vgl. amtl. Begr. S. 25).

§ 18. Für die Bewertung der Grundstücke gilt der § 152 der Reichsabgabenordnung mit der Maßgabe, daß als Ertragswert nicht das Fünfundzwanzigfache, sondern das Zwanzigfache des Reinertrags gilt.

Veräußert der Abgabepflichtige ein nach dem Ertragswert veranlagtes Grundstück vor dem 1. Januar 1930 und ist der Verkaufspreis um ein Viertel höher als der bei der Veranlagung der Vermögensabgabe angenommene Steuerwert, so ist der Abgabepflichtige für das Grundstück neuzuveranlagen. Der Neuveranlagung ist als Wert des Grundstücks der Verkaufspreis abzüglich der nach dem 31. Dezember 1919 gemachten besonderen Aufwendungen zugrunde zu legen, jedoch nicht über den gemeinen Wert am 31. Dezember 1919 hinaus.

Vorbemerkung. Die §§ 18 u. 19 enthalten die Vorschriften über die Bewertung des abgabepflichtigen Vermögens. Nach der Reichsabgabeordnung (II. Teil 2. Abschnitt) ist für die Bewertung der einer Steuer oder Abgabe unterliegenden Gegenstände der gemeine Wert maßgebend, soweit nicht das Gesetz etwas anderes vorschreibt, wobei jede wirtschaftliche Einheit für sich zu bewerten und ihr Wert im ganzen festzustellen ist. Da auch für die Vermögensabgabe der gemeine Wert der einzelnen selbständigen Vermögensteile als die beste Grundlage für die Bewertung der Vermögen erscheint, waren in das Gesetz, betr. das Reichsnotopfer, nur wenige Vorschriften für die Bewertung aufzunehmen, die aus bestimmtem Grunde Abweichungen von diesem Grundsatze bringen. Eine besonders wichtige Abweichung enthält § 18 des Regierungsentwurfs, wonach sich beim Notopfer bei Grundstücken, die dauernd land- oder forstwirtschaftlichen oder gärtnerischen Zwecken zu dienen bestimmt sind, einschließlich ihres Zubehörs der Wertansatz um ein Viertel ermäßigen sollte. Diese Bestimmung ist aber nicht Gesetz geworden, vielmehr verweist § 18 nunmehr ganz allgemein auf § 152 RAbgO., der folgendes bestimmt:

Der Wertfeststellung ist der gemeine Wert (Verkaufswert) zugrunde zu legen.

Soweit es sich um Steuern vom Vermögen (einschließlich der Erbschaftssteuer) handelt und die einzelnen Steuergesetze nichts anderes vorschreiben, ist bei Grundstücken, die dauernd land- oder forstwirtschaftlichen oder gärtnerischen Zwecken, sowie bei bebauten Grundstücken, die Wohnzwecken oder gewerblichen Zwecken zu dienen bestimmt sind und bei denen die Bebauung und Benutzung der ortsüblichen Bebauung und Benutzung entspricht, der Ertragswert zugrunde zu legen.

Als Ertragswert gilt bei land- oder forstwirtschaftlichen oder gärtnerischen Grundstücken das Fünfundzwanzigfache des Reinertrags, den sie nach ihrer wirtschaftlichen Bestimmung bei ordnungsmäßiger und gemeinüblicher Bewirtschaftung unter gewöhnlichen Verhältnissen mit entlohnten fremden Arbeitskräften im Durchschnitt nachhaltig gewähren können. Dies gilt nicht für Grundstücke, deren Wert bereits durch ihre Lage als Bauland oder als Land zu Verkehrszwecken bestimmt wird, oder bei denen nach sonstigen Umständen, insbesondere nach ihrer Lage und Beschaffenheit, ihrem Erwerbspreis oder ihrer Belastung anzunehmen ist, daß sie in absehbarer Zeit anderen als land- oder forstwirtschaftlichen oder gärtnerischen Zwecken dienen werden.

Die der Land- und Forstwirtschaft oder der Gärtnerei dienenden Gebäude und Betriebsmittel werden nicht besonders veranlagt, sondern sind bei der Ermittlung des Ertragswerts einbegriffen.

Bei bebauten Grundstücken, die Wohnzwecken oder gewerblichen Zwecken zu dienen bestimmt sind, gilt als Ertragswert das Fünfundzwanzigfache des Miet- oder Pachtertrags, der in den letzten drei Jahren im Durchschnitt erzielt worden ist oder im Falle der Vermietung oder Verpachtung hätte erzielt werden können, nach Abzug von einem Fünftel für Nebenleistungen und Instandhaltungskosten, ohne Rücksicht darauf, ob die hierzu notwendigen Arbeiten von den Steuerpflichtigen selbst oder durch entlohnte fremde Arbeitskräfte geleistet worden sind.

In allen Fällen kann der Steuerpflichtige verlangen, daß statt des Ertragswerts der gemeine Wert der Bewertung zugrunde gelegt wird. Dieses Recht erlischt, wenn es nicht bis spätestens zum Ablauf der mit der Zustellung des Wertfestsetzungs- oder Steuerbescheids eröffneten Rechtsmittelfrist geltend gemacht wird.

2. Veräußert der Abgabepflichtige vor 1. Januar 1930 — Neuveranlagung nach Verkaufswert bzw. gemeinem Wert.

Der § 152 RAbgO., welcher dem Steuerpflichtigen auch für das Reichsnotopfer das Recht gibt, den Ertragswert statt des gemeinen Verkaufswerts einzusetzen, bedeutet nun sachlich in keiner Weise gerechtfertigte Bevorzugung des landwirtschaftlichen Besitzes (teilweise auch des Hausbesitzes) vor allen anderen Vermögensanlagen. Der Regierungsentwurf wollte daher sich hierauf auch nicht einlassen. Die amtliche Begründung führte hierzu folgendes aus:

„Mit der bisher üblichen Wertermittlung des landwirtschaftlichen Grundbesitzes nach dem Ertragswerte ist gebrochen. Diese frühere Art der Wertberechnung ließ sich jetzt nicht mehr aufrechterhalten. Ganz abgesehen davon, daß die Feststellung des Ertragswertes, die auf Grund des dauernden Reinertrages eines landwirtschaftlichen Besitzes bei ordnungsmäßiger Bewirtschaftung erfolgt, in der Praxis zu ganz unhaltbaren Schätzungen führt, lag in dieser Ertragsbewertung eine auf die Dauer unzulässige Bevorzugung des landwirtschaftlichen Grundbesitzes gegenüber allen sonstigen Vermögensteilen. Als Vermögen hat ein Gegenstand niemals den Wert gemäß seinem Ertrage, sondern den, der ihm unter gewöhnlichen Umständen beim Kauf zuerkannt wird. Wollte man den Vermögensschätzungen im Gegensatz hierzu stets den Ertragswert zugrunde legen, so könnte man nirgends die größere oder geringere Sicherheit des Ertrages oder Gewinnes, sowie die kleinere oder größere Möglichkeit des Verlustes des Vermögens selbst und schließlich auch nicht die leichtere oder schwerere Verwaltung des Vermögens und die sonstigen Annehmlichkeiten oder Unannehmlichkeiten, die mit einem bestimmten Vermögensbesitz verknüpft sind, bei der Bewertung der verschiedenen Vermögensteile in Rechnung stellen. Da ganz mit Recht bei allen Arten von Vermögen entsprechend der tatsächlichen Schätzung auf dem Markte diese Umstände auch bei der steuerlichen Wertbemessung berücksichtigt werden, so ist nicht einzusehen, warum für den landwirtschaftlichen Grundbesitz ausschließlich für die Steuer eine besondere Ausnahme gemacht werden soll. Den Vorteilen gegenüber, die der land- und forstwirtschaftliche Besitz dem Eigentümer bietet, begnügt sich der Landwirt mit einer geringeren Verzinsung seines Kapitals als andere Betriebsinhaber. Diese Tatsache kann aber keinen Grund bilden, sein Vermögen geringer zu schätzen, als es in Wirklichkeit ist.

Zu dieser Überlegung, die ein Zurückgehen auf den Ertragswert bei landwirtschaftlichen Grundstücken verbot, kam noch hinzu, daß während der Kriegszeit der Grundbesitz infolge des Sinkens des Geldwertes und anderer Gegenstände eine ganz außerordentlich starke Wertsteigerung erfahren hatte, und es in keiner Weise angängig war, diese Steigerung, die den Eigentümern zugute kommt, zum Schaden der Reichskasse außer acht zu lassen.

Auf der anderen Seite kann man sich aber auch nicht der Einsicht verschließen, daß gerade in den letzten Jahren der landwirtschaftliche Besitz beim Verkauf Preise erzielt hat, die nicht nur mit der nachhaltigen ausreichenden Verzinsung des Anlagekapitals, sondern auch nicht mit allen sonstigen Umständen, die in normalen Zeiten für die Kaufpreisbestimmung maßgebend sind, in Einklang gebracht werden können. Es ist bestimmt damit zu rechnen, daß diese Preise sich nicht zu halten vermögen und bald wieder anderen angemesseneren Platz machen werden. Bei Zugrundelegung der heutigen Preise selbst unter Ausschaltung der vereinzelt gezahlten Phantasiepreise wirft der größte Teil des Grundbesitzes nur eine so geringe Verzinsung ab, daß aus ihm die Vermögensabgabe selbst in Gestalt des Reichsnotzinses (§ 30) nicht mehr ohne Gefahr eines wirtschaftlichen Zusammenbruchs des Besitzers bestritten werden kann. Diese Gefahr ist um so größer, je geringer die Belastung des Grundstücks ist, weil damit auch die auf dem Grundbesitz entfallende Abgabe größer wird."

Diesen Nachteilen wollte der Regierungsentwurf abhelfen, indem sich bei derartigen Grundstücken der Wertansatz um ein Viertel vermindern sollte. Das Gesetz ist aber darauf nicht eingegangen und hat es bei der allgemeinen Bevorzugung des landwirtschaftlichen Besitzes und Hausbesitzes belassen, indem es den § 152 RAbgO. für anwendbar erklärt und hat umgekehrt im Abs. 2 des § 18 eine Bestimmung eingeschaltet, die wenigstens die allerkrassesete Bevorzugung dieses Besitzes etwas abzuschwächen geeignet ist.

Die Nachveranlagung gemäß Abs. 2 des § 18 ist auf zehn Jahre beschränkt, also auf Verkäufe, die vor 1. Januar 1930 künftig getätigt werden. Maßgeblich ist der Verkaufspreis abzüglich der seit 31. Dezember 1919 gemachten Aufwendungen (Verbesserungen, die nicht zu den „laufenden Unterhaltungskosten" gehören). Keinesfalls wird aber selbst bei dieser nachträglichen Neuveranlagung ein höherer Wert als der gemeine Wert vom 31. Dezember 1919 zugrunde gelegt.

Wegen der Erläuterungen des § 152 RAbgO. sei auf die sehr ausführlichen Anmerkungen der Verfasser im Kommentar zur Reichsabgabenordnung (Verlag Spaeth & Linde, Berlin 1920) verwiesen.

Der § 18 Abs. 1 RNOG. unterscheidet sich vom § 152 RAbgO. nur dadurch, daß er als Multiplikator des Ertragswertes nicht das Fünfundzwanzigfache, sondern nur das Zwanzigfache des Reinertrages ansetzt.

§ 19. Das Betriebsvermögen wird nach Abzug der Betriebsschulden bei den nicht unter § 25 fallenden Abgabepflichtigen nur mit 80 vom Hundert seines Wertes angesetzt.

Die in § 25 genannten Personen, auf welche die Vergünstigung des § 19 nicht Anwendung findet, sind die juristischen Personen (§ 22 Abs. 1 Nr. 4—6) und die nur beschränkt nach § 3 steuerpflichtigen juristischen und natürlichen Personen.

Der Wertansatz mit nur 80 v. H. statt des wirklichen Wertes für die natürlichen Personen (Geschäftsleute) bedeutet in gleicher Weise ein Steuergeschenk an diese, wie die Anwendbarkeit des § 152 RAbgO. auf die Land- und Forstwirte ein Steuergeschenk an diese bedeutet.

§ 20. Der Wert des im Ausland außerhalb der alten Grenzen des Deutschen Reichs liegenden Grund- und Betriebsvermögens ist in der Währung des Landes zu schätzen, in dem es sich befindet, und auf Antrag des Abgabepflichtigen für die Feststellung der Abgabe nach dem Vorkriegskurs in deutsche Währung umzurechnen, falls der Abgabepflichtige oder sein Erblasser dieses Vermögen bereits am 30. Juli 1914 besessen hat.

Der § 20 verdankt seiner Entstehung dem gegenwärtigen Tiefstand unserer Valuta im Ausland. Das ausländische Grund- und Betriebsvermögen ist im Gegensatz zum Wehrbeitrag und Besitzsteuergesetz im allgemeinen abgabepflichtig (§§ 2 u. 3 bes. § 4). Der § 20 unterscheidet nun zwischen dem alten, schon vor dem Krieg im Ausland angelegt gewesenen Vermögen und dem erst im Krieg dort angelegten (verschobenen) Vermögen. Das vor 30. Juli 1914 im Ausland besessene Grund- und Betriebsvermögen ist in Auslandswährung zu schätzen und nach dem Vorkriegskurs in deutscher Währung umzurechnen. Dagegen ist das erst im Kriege im Ausland angelegte Grund- und Betriebsvermögen genau so nach dem gemeinen Wert am Stichtage (31. Dez. 1919) zu veranschlagen und nach dem Kurs vom 31. Dez. 1919 in deutsche Währung umzurechnen wie ausländisches Kapitalvermögen. Eine Milderung der darin liegenden Härten liegt im § 37, welcher Festsetzung in ausländischer Währung und Zahlung in ausländischer Währung gestattet. Ausführungsbestimmungen hierzu sind zur Zeit noch nicht ergangen.

Auf ausländisches Kapitalvermögen bezieht sich die Vergünstigung des § 20 überhaupt nicht, selbst wenn Abgabepflichtige dasselbe schon vor Kriegsbeginn (30. Juli 1914) im Besitz hatten.

§ 21. Noch nicht fällige Ansprüche aus nach dem 31. Juli 1914 eingegangenen Lebens-, Kapital- und Rentenversicherungen sind bei Feststellung des Vermögens mit der vollen Summe der eingezahlten Prämien oder Kapitalbeträge anzusetzen, falls die jährliche Prämienzahlung den Betrag von eintausend Mark oder die einmalige Kapitalzahlung den Betrag von dreitausend Mark übersteigt.

Erfolgt die Auszahlung vertragsmäßig in Kriegsanleihe, so ist die Einzahlung zu berechnen nach dem Steuerkurse der Kriegsanleihe vom 31. Dezember 1919.

Als Kapitalversicherung im Sinne des Abs. 1 gilt jede Versicherung, auf Grund deren dem Versicherten unter allen Umständen eine Kapitalauszahlung gewährleistet ist.

1. Der § 21 entspricht — in Abweichung von § 20 WG. und § 36 BStG. — wörtlich dem § 11 VermZuwG. von 1919. Er trägt der Wahrnehmung Rechnung, daß während der Kriegszeit, besonders aber in letzter Zeit, Inhaber von Vermögen bedeutende Lebens-, Kapital- oder Rentenversicherungen zu ihren Gunsten oder zugunsten Dritter abgeschlossen haben, um einen Teil ihres Vermögens der Steuer zu entziehen. In sehr vielen Fällen haben sie auch die Prämie für eine lange Reihe von Jahren oder sogar die Gesamtprämie vorausbezahlt. Da nach den bisherigen Gesetzesvorschriften (mit Ausnahme jenes § 11 des KrAbgG. von 1919) und auch nach der Reichsabgabenordnung die gezahlten Prämien zu zwei Drittel als Vermögen gerechnet werden, oder der verhältnismäßig niedrige Rückkaufswert in Ansatz kommt, so konnten die Abgabepflichtigen durch einen derartigen Versicherungsabschluß hoffen, erhebliche Vermögenswerte dem Zugriff zu entziehen. Um hier einen Riegel vorzuschieben, ist die Bestimmung im § 19 getroffen worden, nach der für noch nicht fällige Ansprüche aus Versicherungen, die nach dem 31. Juli 1914 eingegangen sind, bei Feststellung des Vermögens die volle Summe der eingezahlten Prämien oder Kapitalbeträge anzusetzen ist, falls die jährliche Prämienzahlung den Betrag von 1000 ℳ oder die einmalige Kapitalzahlung den Betrag von 3000 ℳ übersteigt. Fällige Ansprüche sind ohne weiteres mit dem vollen Betrage anzusetzen.

2. Der Zusatz, daß falls Auszahlung vertragsmäßig in Kriegsanleihe erfolgt, die Einzahlung nach dem Steuerkurs der Kriegsanleihe vom 31. Dezember 1919 zu berechnen ist, beruht auf einem Zusatz, der in den Ausschußverhandlungen in das Gesetz gekommen ist.

3. Also fallen nicht darunter Kapitalversicherungen, bei denen das Kapital unter Umständen ganz oder zum Teil verfällt (z. B. für den Fall der Befreiung vom Militärdienst).

§ 22. Für die persönliche und sachliche Steuerpflicht sowie für die Ermittlung des Vermögenswerts ist der 31. Dezember 1919 als Stichtag maßgebend. Die §§ 147, 151 der Reichsabgabenordnung finden keine Anwendung.

Die im Artikel 297i des Friedensvertrags vorgesehenen Entschädigungen werden dem ermittelten Vermögen erst nach Feststellung ihrer Höhe hinzugerechnet; der § 56 gilt mit der Maßgabe, daß die Frist für die Berichtigung und Neuveranlagung von der Feststellung der Höhe der Entschädigung ab läuft.

Für Betriebe, bei denen regelmäßige jährliche Abschlüsse stattfinden, kann der Vermögensstand am Schlusse desjenigen Wirtschafts- oder Rechnungsjahrs zugrunde gelegt werden, dessen Ende in die Zeit zwischen 1. April 1919 und 31. März 1920 fällt. Die zwischen dem

Schlusse dieses Wirtschafts- oder Rechnungsjahrs und dem gesetzlichen Stichtag eingetretenen Verschiebungen zwischen dem im Betrieb angelegten Vermögen und dem sonstigen Vermögen des Abgabepflichtigen sind zu berücksichtigen.

Für Gesellschaften, die auf Grund der Verordnung vom 25. Febr. 1915 (Reichs-Gesetzbl. S. 123) für das laufende Geschäftsjahr von der Aufstellung einer Bilanz befreit sind, ist der Vermögensstand am Schlusse desjenigen Geschäftsjahrs zugrunde zu legen, für welches die Befreiung nicht mehr gilt.

Bei der Veranlagung der Vermögensabgabe wird das Vermögen des Abgabepflichtigen nach Vornahme der Abzüge und Hinzurechnungen auf volle Tausende nach unten abgerundet.

1. Allgemeines.

Der § 22 hat sein Vorbild in § 15 WG. und § 28 BStG., weicht aber in Abs. 3 zur Beseitigung von Zweifeln ab. Zweck der Vorschrift ist Festlegung des Stichtags für die persönliche und sachliche Steuerpflicht sowie für die Ermittlung des Vermögenswertes. Grundsätzlich ist der 31. Dezember 1919 als Stichtag gewählt. Ausnahmen für Betriebe, bei denen jährliche Abschlüsse stattfinden, trifft Abs. 3. Für Wertpapiere mit Börsenkurs bestimmt aber § 56 Abs. 2, daß die auf den 31. Dezember 1919 veröffentlichten Steuerkurse nur als vorläufige gelten und innerhalb des in § 56 Abs. 1 bezeichneten Zeitraums von drei Jahren die Steuerkurse und Steuerwerte nach näherer Bestimmung des Reichsrats nachgeprüft und neu festgesetzt werden sollen und demgemäß eine nachträgliche Berichtigung der Veranlagung (Steuerveranlagung) erfolgen soll.

Dadurch, daß die §§ 147 u. 151 RAbgO. ausgeschlossen werden (aufschiebend bedingter und aufschiebend befristeter Vermögenserwerb), kann die Veranlagung trotz der Ungewißheit der Verhältnisse vorgenommen werden. Der § 22 RNOG. geht auch dem § 82 RAbgO. vor, der in solchen Fällen Aussetzung der Veranlagung oder vorläufige Veranlagung gestattet. Die Folge werden Doppelbesteuerungen sein, die durch den allgemeinen Härteparagraphen der Reichsabgabeordnung (§ 108) und die Vorschriften des Reichsnotopfers über Stundungen (§§ 27, 32 ff.) beseitigt oder gemildert werden können.

Wer den 31. Dezember erlebt hat, ist zu veranlagen, selbst wenn er unmittelbar darauf, also z. B. auch schon vor Abgabe der Vermögenserklärung, gestorben ist. In solchem Falle ist die Vermögenserklärung von den Erben abzugeben, die Beanstandungsverhandlungen sind mit ihnen zu führen, das Vermögen festzustellen, was Erblasser am 31. Dezember 1919 hatte, und die auf solche Weise noch auf den Erblasser zu veranlagende Steuer als Nachlaßverbindlichkeit ist von den Erben als Gesamtschuldnern zu entrichten (vgl. auch § 38 Abs. 1 u. 2 des Ges.).

Der Stichtag ist auch maßgeblich für die Frage, ob die Voraussetzungen der Steuerpflicht (Wohnsitz, Aufenthalt, Staatsangehörigkeit) gegeben sind oder nicht.

2. Für Betriebe.

Unter Betrieben im Sinne des § 29 Abs. 2 sind alle gewerblichen oder land- und forstwirtschaftlichen Betriebe zu verstehen. Ein Grund, die Vorschrift nur auf die gewerblichen Betriebe zu beschränken, ist nicht gegeben.

Abs. 3 ist nur anwendbar auf das gewerbliche und land- und forstwirtschaftliche Betriebsvermögen. Das andere Vermögen, insbesondere also das Kapitalvermögen eines Steuerpflichtigen, ist nach dem 31. Dezember zu bewerten, soweit es nicht in der Bilanz mit aufgeführt ist.

Die Anwendung des § 29 Abs. 2 setzt eine ordnungsmäßige Buchführung voraus, ist aber nicht davon abhängig, daß der Beitragspflichtige zur Führung von Handelsbüchern gesetzlich verpflichtet ist. Voraussetzung der Anwendbarkeit ist stets das Vorhandensein einer geordneten Buchführung. Aus dem Umstand, daß das Gesetz auf eine Feststellung des Vermögensstandes hinzielt, könnte man folgern, daß § 22 Abs. 2 nur bei solchen Buchführungen anwendbar ist, die nicht nur Einnahmen und Ausgaben, sondern gleichzeitig Vermögensabschlüsse darstellen. Zu dieser Auffassung kann man insbesondere durch das Wort Abschlüsse veranlaßt werden. Legt man den § 28 Abs. 2 in diesem Sinne aus, so würden die Abschlüsse der Landwirtschaft und Forstwirtschaft ausscheiden, weil sie sich im allgemeinen im Gegensatz zur kaufmännischen Bilanzbuchführung auf die Vergleichung der Einnahmen und Ausgaben beschränken und sogar bei der Einkommensbesteuerung in den meisten deutschen Bundesstaaten land- und forstwirtschaftliche Buchführungen, welche zugleich die Bewegungen des Vermögensstandes widerspiegeln, als zur Ermittlung des steuerpflichtigen Einkommens geeignet nicht angesehen werden. Trotzdem geht die Absicht des § 22 Abs. 2 ebenso wie im § 9 des preuß. EinkStG. und § 10 des preuß. ErgStG. dahin, auch beim Vorhandensein einer nur die Einnahmen und Ausgaben widerspiegelnden landwirtschaftlichen Buchführung die Vermögensangabe nach dem letzten Abschlußtage der Buchführung für zulässig zu erachten. Ein veranlagungstechnisch durchschlagender Grund hierfür ist allerdings nicht gegeben, denn wenn der Land- und Forstwirt in seine Buchführung doch nicht den Vermögensstand einbezieht, so bedeutet es bei ihm auch keine Erleichterung, wenn ihm das Recht eingeräumt wird, den Vermögensstand nach dem letzten Buchabschlußtage statt nach dem 31. Dezember anzugeben. Eine solche Erleichterung zu gewähren, war aber der Zweck des § 22 Abs. 2 (Strutz, Kommentar zum Kriegssteuergesetz S. 130, 131).

3. Regelmäßige jährliche Abschlüsse.

Das Betriebsjahr muß äußerlich objektiv erkennbar sein, sei es durch die Art der Buchführung oder durch andere Tatsachen. Solche Tatsachen können sein der Zeitpunkt der Inventuraufnahme, Ortsüblichkeit, Herkommen in den verschiedenen Zweigen des Wirtschaftslebens oder der Wechsel der Jahreszeiten. Wenn dies gegendüblich ist, kann z. B. in der Landwirtschaft statt des mit der Ernteverwertung abschließenden Betriebsjahres auch das mit der Ernteeinbringung abschließende Betriebsjahr gewählt werden, nur darf nicht beliebig gewechselt werden; die einmalige Wahl ist bindend (Entsch. vom 7. Nov. 1913, 209/13).

Da es für die Anwendbarkeit des § 22 gleichgültig ist, ob Steuerpflichtiger zur Führung geordneter Bücher nach den Bestimmungen des Handelsgesetzbuches **verpflichtet** ist oder **nicht**, so haben auch **Minderkaufleute** und **Handwerker** das Recht, statt des Standes vom 31. Dezember den Tag des letzten Bilanzabschlusses zugrunde zu legen, immer vorausgesetzt, daß ihre Abschlüsse auf Grund geordneter Buchführung den Vermögensstand widerspiegeln (Vorhandensein von Vermögensbilanzen).

Welcher Art die Buchführung ist, ist gleichgültig (doppelte Buchführung, einfache Buchführung), sofern nur **Vermögensbilanz** gezogen wird, also die Buchführung sich nicht auf Notiz der **Einnahmen** und **Ausgaben** beschränkt.

Jährliche Abschlüsse (regelmäßige jährliche Abschlüsse), wie solche im § 22 Abs. 2 verlangt werden, sind nur **Zwölfmonatsabschlüsse**, also solche Abschlüsse, die regelmäßig aneinander **anschließend** für volle **zwölf Monate** gemacht werden. Unregelmäßige und nicht aneinander anschließende Abschlüsse oder Abschlüsse für mehr oder weniger als zwölf Monate müssen außer Betracht bleiben. Demgemäß hat sich auch das **Oberverwaltungsgericht** in einer wichtigen Entscheidung, Band 14 S. 22 der Entscheidungen in Staatssteuersachen, dahin ausgesprochen, daß zwölfmonatliche Zeiträume, die in Wirklichkeit keine **Wirtschaftsjahre** des Steuerpflichtigen sind, sondern nachträglich zurecht gemacht sind, unter allen Umständen außer Betracht zu bleiben haben.

4. Vermögensstand.

Die Vorschrift des § 20 Abs. 2 gilt nur für das „**Betriebsvermögen**", nicht auch für das übrige Vermögen eines Steuerpflichtigen. Unter Betriebsvermögen ist das ganze Vermögen zu verstehen, was im **Betriebe** des Steuerpflichtigen **angelegt** ist. Nach § 23 Abs. 2 der AusfBest. z. BStG. soll als „**in Betrieben angelegt**" das ganze Vermögen anzusehen sein, auf welcher sich die **Buchführung** erstreckt. Hierzu führt Strutz, Kommentar zum Kriegssteuergesetz S. 130, 131 aus:

„Wenn im § 23 Abs. 2 Satz 2 zum Ausdruck gebracht worden ist, daß als im Betrieb angelegt dasjenige Vermögen anzusehen ist, auf das sich die Buchführung erstreckt, so würden Vermögensteile, die zweifellos zum Betriebskapital gehören, aber nicht durch die Bücher laufen, nicht darunterfallen. Hat der Steuerpflichtige Anlage- und Betriebskapitalien, die zweifellos zum Geschäftsvermögen gehören, nicht durch die Bücher laufen lassen, so ist die Buchführung keine geordnete Buchführung im Sinne der § 38 ff. des Handelsgesetzbuches. Soweit also der Kaufmann zur Führung von Büchern mit geordneten Vermögensbilanzen verpflichtet ist und trotzdem Teile seines Geschäftsvermögens nicht mit in die Bilanz aufgenommen hat, würde überhaupt keine geordnete Buchführung vorliegen, welche die Anwendung des § 28 **Ziff.** 2 BStG. rechtfertigen könnte. Die Frage, ob als im Betrieb angelegt anzusehen nur dasjenige Vermögen ist, auf welches sich die Buchführung erstreckt, oder das gesamte, dem Betrieb gewidmete Vermögen, kann daher nur von Bedeutung für diejenigen Kaufleute werden, die zur Führung kaufmännischer Bücher nicht verpflichtet sind oder auf Land- und Forstwirte."

Diesen Ausführungen ist in vollem Umfang auch für dieses Gesetz beizupflichten.

Werden nach dem maßgeblichen **Bilanzstichtage** dem Betriebsvermögen aus dem **übrigen** Vermögen Werte hinzugefügt, so müssen diese auch steuerlich dem bilanzmäßigen Vermögen des letzten Bilanzstichtages natürlich **hinzu-**

gesetzt werden, und umgekehrt, wenn nach dem maßgeblichen Bilanzstichtag vom Betriebsvermögen Werte ausgeschieden werden, so müssen sie vom Bilanzvermögen abgesetzt und dem übrigen Vermögen hinzugesetzt werden, da sonst entweder Doppelbesteuerung oder Ausfälle entstehen würden.

5. Am Schlusse desjenigen Wirtschafts- oder Rechnungsjahres ..., dessen Ende in das Kalenderjahr 1919 fällt.

Hier ist zur Behebung von Zweifeln, die bei der Auslegung des § 15 Abs. 2 WG. und des § 28 Abs. 2 BStG. entstanden waren, ausdrücklich bestimmt, daß das Ende des betreffenden Wirtschafts- oder Rechnungsjahres in das Jahr 1919/20 fallen muß. Im Entwurf war als das Jahr 1919 das Kalenderjahr 1919 angenommen, nach dem Gesetz ist aber statt dessen die Zeit vom 1. April 1919 bis 31. März 1920 vorgesehen. Es können also, wenn Bilanz- und Kalenderjahr nicht zusammenfallen und daher am 31. Dezember 1919 eine Bilanz nicht aufgestellt wird, nur solche Bilanzen in Frage kommen, die nach dem 31. März 1919 aufgestellt sind, also frühestens die Bilanz vom 1. April 1919.

6. Verschiebungen ... sind zu berücksichtigen.

Es kann vorkommen, daß seit dem Schlusse des gemäß Abs. 3 S. 1 als grundlegend zu betrachtenden Wirtschafts- oder Rechnungsjahres Verschiebungen zwischen dem im Betriebe angelegten Vermögen und dem sonstigen Vermögen des Steuerpflichtigen vorgekommen sind; beispielsweise ist nach Aufstellung der letzten maßgeblichen Bilanz vom 1. Juli 1919 Kapital aus dem Geschäft herausgezogen und in Wertpapieren oder Grundstücken als Privatvermögen (außerbilanzmäßiges Vermögen) festgelegt. Dieses letztere, nicht mehr zum Geschäftsvermögen gehörige Kapital und Grundvermögen ist nach dem allgemeinen Stichtage vom 31. Dezember 1919 anzugeben; damit nun aber keine Doppelbesteuerung eintritt, muß dieser zur Steuererklärung als Kapital oder Grundvermögen besonders angemeldete Betrag natürlich vom Bilanzvermögen des 1. Juli 1919 wieder abgesetzt werden. Umgekehrt muß natürlich ein entsprechender Betrag dem Bilanzvermögen vom 1. Juli 1919 hinzugeschlagen werden, wenn nach diesem Zeitpunkt Kapital oder Grundvermögen in das Geschäft eingelegt worden ist. Kurzum, diese Verschiebungen dürfen weder zu Lücken in der Besteuerung noch zu Doppelbesteuerungen führen (§ 82 BStAnw.).

7. Der Abs. 4 beruht auf einem Beschluß des Ausschusses. Die nähere Regelung muß von den Ausführungsbestimmungen zum Gesetz erwartet werden.

§ 23.[1]) Abgabepflichtig ist nur der den Betrag von fünftausend Mark übersteigende Teil[2]) des Vermögens. Soweit das Vermögen von Ehegatten zusammenzurechnen ist (§ 16), ermäßigt sich das abgabepflichtige Vermögen um weitere fünftausend Mark.[3]) Das abgabepflichtige Vermögen ermäßigt sich weiter um die nach § 26 Abs. 1 freizustellenden Beträge.[3])

Dies gilt nicht für die im § 2 Abs. 1 Nr. 4 bis 6 bezeichneten Abgabepflichtigen sowie für die Personen und Vermögensmassen, deren Abgabepflicht nur auf § 3 beruht.[4])

1. Allgemeines.

Die §§ 23—26 regeln die Berechnung der Höhe der Abgabe. Dabei besteht zwischen §§ 23 und 26 ein enger Zusammenhang; sie ergeben die Abzugsfähigkeit gewisser Beträge zugunsten des Abgabepflichtigen und seiner Familienangehörigen. § 26 müßte mithin logisch auf § 23 folgen. Der Mangel an Systematik findet eine gewisse Erklärung dadurch, daß § 23 Abs. 1 Satz 2 erst durch Kommissionsbeschluß in die Regierungsvorlage eingefügt worden ist.

2. Der den Betrag von 5000 Mark übersteigende Teil.

Es ist nicht etwa so, daß nur Vermögen bis zu 5000 ℳ frei bleiben, sondern die 5000 ℳ werden ohne Rücksicht auf die Höhe des Vermögens stets abgezogen (jedoch Ausnahme Abs. 2; vgl. Anm. 4). Nimmt man zu dieser Bestimmung den letzten Satz des § 22 hinzu, so ergibt sich, daß Vermögen bis zu 5999,99 ℳ von der Abgabe gänzlich frei sind.

3. Weitere Ermäßigung von je 5000 Mark für den Ehegatten und das zweite und jedes weitere Kind.

Das unter 2 Gesagte gilt auch hier. Über die Berechnung der Abzüge für Kinder vgl. § 26, insbesondere dort Anm. 7 u. 9.

4. Zu Abs. 2.

Die Abzüge des Abs. 1 werden nicht gemacht bei juristischen Personen und Vermögensmassen, ferner nicht bei denjenigen natürlichen Personen, deren Abgabepflicht ausschließlich auf § 3 beruht (also nicht etwa schon auf § 2 Abs. 1 Ziff. 2 oder 3). Die natürlichen Personen, deren Abgabepflicht ausschließlich auf § 3 beruht, sind also von allen Abgabepflichtigen am schlechtesten gestellt; auch die Vergünstigungen der §§ 19 u. 25 werden ihnen nicht gewährt.

§ 24. Die Abgabe beträgt, unbeschadet der Vorschrift im § 25,[1]) für die ersten angefangenen oder vollen 50000 Mark des abgabepflichtigen[2]) Vermögens .... 10 v. Hundert

für die nächsten angefangenen oder vollen	50000 Mark	12 „	„
„ „ „ „ „ „	100000 „	15 „	„
„ „ „ „ „ „	200000 „	20 „	„
„ „ „ „ „ „	200000 „	25 „	„
„ „ „ „ „ „	200000 „	30 „	„
„ „ „ „ „ „	200000 „	35 „	„
„ „ „ „ „ „	500000 „	40 „	„
„ „ „ „ „ „	500000 „	45 „	„
„ „ „ „ „ „	1000000 „	50 „	„
„ „ „ „ „ „	2000000 „	55 „	„
„ „ „ „ „ „	2000000 „	60 „	„
„ „ weiteren Beträge		65 „	„[3])

1. Unbeschadet der Vorschrift im § 25.

Die Berechnung der Abgabe nach § 24 gilt nur für natürliche Personen.

2. Des „abgabepflichtigen" Vermögens.

Abgabepflichtig ist das nach §§ 6—16, 18—22 festgestellte Vermögen nach Abzug der in §§ 23 u. 26 vorgesehenen Abzüge.

3. Steuertarif (ohne die Abzüge zu 2).

Abgabepflichtiges Vermögen ℳ	Steuer ℳ	Abgabepflichtiges Vermögen ℳ	Steuer ℳ	Abgabepflichtiges Vermögen ℳ	Steuer ℳ
1 000	100	34 000	3 400	67 000	7 040
2 000	200	35 000	3 500	68 000	7 160
3 000	300	36 000	3 600	69 000	7 280
4 000	400	37 000	3 700	70 000	7 400
5 000	500	38 000	3 800	71 000	7 520
6 000	600	39 000	3 900	72 000	7 640
7 000	700	40 000	4 000	73 000	7 760
8 000	800	41 000	4 100	74 000	7 880
9 000	900	42 000	4 200	75 000	8 000
10 000	1 000	43 000	4 300	76 000	8 120
11 000	1 100	44 000	4 400	77 000	8 240
12 000	1 200	45 000	4 500	78 000	8 360
13 000	1 300	46 000	4 600	79 000	8 480
14 000	1 400	47 000	4 700	80 000	8 600
15 000	1 500	48 000	4 800	81 000	8 720
16 000	1 600	49 000	4 900	82 000	8 840
17 000	1 700	50 000	5 000	83 000	8 960
18 000	1 800	51 000	5 120	84 000	9 080
19 000	1 900	52 000	5 240	85 000	9 200
20 000	2 000	53 000	5 360	86 000	9 320
21 000	2 100	54 000	5 480	87 000	9 440
22 000	2 200	55 000	5 600	88 000	9 560
23 000	2 300	56 000	5 720	89 000	9 680
24 000	2 400	57 000	5 840	90 000	9 800
25 000	2 500	58 000	5 960	91 000	9 920
26 000	2 600	59 000	6 080	92 000	10 040
27 000	2 700	60 000	6 200	93 000	10 160
28 000	2 800	61 000	6 320	94 000	10 280
29 000	2 900	62 000	6 440	95 000	10 400
30 000	3 000	63 000	6 560	96 000	10 520
31 000	3 100	64 000	6 680	97 000	10 640
32 000	3 200	65 000	6 800	98 000	10 760
33 000	3 300	66 000	6 920	99 000	10 880
				100 000	11 000

Abgabepflichtiges Vermögen ℳ	Steuer ℳ	Abgabepflichtiges Vermögen ℳ	Steuer ℳ	Abgabepflichtiges Vermögen ℳ	Steuer ℳ
101 000	11 150	141 000	17 150	181 000	23 150
102 000	11 300	142 000	17 300	182 000	23 300
103 000	11 450	143 000	17 450	183 000	23 450
104 000	11 600	144 000	17 600	184 000	23 600
105 000	11 750	145 000	17 750	185 000	23 750
106 000	11 900	146 000	17 900	186 000	23 900
107 000	12 050	147 000	18 050	187 000	24 050
108 000	12 200	148 000	18 200	188 000	24 200
109 000	12 350	149 000	18 350	189 000	24 350
110 000	12 500	150 000	18 500	190 000	24 500
111 000	12 650	151 000	18 650	191 000	24 650
112 000	12 800	152 000	18 800	192 000	24 800
113 000	12 950	153 000	18 950	193 000	24 950
114 000	13 100	154 000	19 100	194 000	25 100
115 000	13 250	155 000	19 250	195 000	25 250
116 000	13 400	156 000	19 400	196 000	25 400
117 000	13 550	157 000	19 550	197 000	25 550
118 000	13 700	158 000	19 700	198 000	25 700
119 000	13 850	159 000	19 850	199 000	25 850
120 000	14 000	160 000	20 000	200 000	26 000
121 000	14 150	161 000	20 150	201 000	26 200
122 000	14 300	162 000	20 300	202 000	26 400
123 000	14 450	163 000	20 450	203 000	26 600
124 000	14 600	164 000	20 600	204 000	26 800
125 000	14 750	165 000	20 750	205 000	27 000
126 000	14 900	166 000	20 900	206 000	27 200
127 000	15 050	167 000	21 050	207 000	27 400
128 000	15 200	168 000	21 200	208 000	27 600
129 000	15 350	169 000	21 350	209 000	27 800
130 000	15 500	170 000	21 500	210 000	28 000
131 000	15 650	171 000	21 650	211 000	28 200
132 000	15 800	172 000	21 800	212 000	28 400
133 000	15 950	173 000	21 950	213 000	28 600
134 000	16 100	174 000	22 100	214 000	28 800
135 000	16 250	175 000	22 250	215 000	29 000
136 000	16 400	176 000	22 400	216 000	29 200
137 000	16 550	177 000	22 550	217 000	29 400
138 000	16 700	178 000	22 700	218 000	29 600
139 000	16 850	179 000	22 850	219 000	29 800
140 000	17 000	180 000	23 000	220 000	30 000

Abgabepflichtiges Vermögen ℳ	Steuer ℳ	Abgabepflichtiges Vermögen ℳ	Steuer ℳ	Abgabepflichtiges Vermögen ℳ	Steuer ℳ
221 000	30 200	261 000	38 200	301 000	46 200
222 000	30 400	262 000	38 400	302 000	46 400
223 000	30 600	263 000	38 600	303 000	46 600
224 000	30 800	264 000	38 800	304 000	46 800
225 000	31 000	265 000	39 000	305 000	47 000
226 000	31 200	266 000	39 200	306 000	47 200
227 000	31 400	267 000	39 400	307 000	47 400
228 000	31 600	268 000	39 600	308 000	47 600
229 000	31 800	269 000	39 800	309 000	47 800
230 000	32 000	270 000	40 000	310 000	48 000
231 000	32 200	271 000	40 200	311 000	48 200
232 000	32 400	272 000	40 400	312 000	48 400
233 000	32 600	273 000	40 600	313 000	48 600
234 000	32 800	274 000	40 800	314 000	48 800
235 000	33 000	275 000	41 000	315 000	49 000
236 000	33 200	276 000	41 200	316 000	49 200
237 000	33 400	277 000	41 400	317 000	49 400
238 000	33 600	278 000	41 600	318 000	49 600
239 000	33 800	279 000	41 800	319 000	49 800
240 000	34 000	280 000	42 000	320 000	50 000
241 000	34 200	281 000	42 200	321 000	50 200
242 000	34 400	282 000	42 400	322 000	50 400
243 000	34 600	283 000	42 600	323 000	50 600
244 000	34 800	284 000	42 800	324 000	50 800
245 000	35 000	285 000	43 000	325 000	51 000
246 000	35 200	286 000	43 200	326 000	51 200
247 000	35 400	287 000	43 400	327 000	51 400
248 000	35 600	288 000	43 600	328 000	51 600
249 000	35 800	289 000	43 800	329 000	51 800
250 000	36 000	290 000	44 000	330 000	52 000
251 000	36 200	291 000	44 200	331 000	52 200
252 000	36 400	292 000	44 400	332 000	52 400
253 000	36 600	293 000	44 600	333 000	52 600
254 000	36 800	294 000	44 800	334 000	52 800
255 000	37 000	295 000	45 000	335 000	53 000
256 000	37 200	296 000	45 200	336 000	53 200
257 000	37 400	297 000	45 400	337 000	53 400
258 000	37 600	298 000	45 600	338 000	53 600
259 000	37 800	299 000	45 800	339 000	53 800
260 000	38 000	300 000	46 000	340 000	54 000

Abgabe-pflichtiges Vermögen ℳ	Steuer ℳ	Abgabe-pflichtiges Vermögen ℳ	Steuer ℳ	Abgabee-pflichtigges Vermöggen ℳ	Steuer ℳ
341 000	54 200	381 000	62 200	421 0000	71 250
342 000	54 400	382 000	62 400	422 0000	71 500
343 000	54 600	383 000	62 600	423 0000	71 750
344 000	54 800	384 000	62 800	424 0000	72 000
345 000	55 000	385 000	63 000	425 0000	72 250
346 000	55 200	386 000	63 200	426 0000	72 500
347 000	55 400	387 000	63 400	427 0000	72 750
348 000	55 600	388 000	63 600	428 0000	73 000
349 000	55 800	389 000	63 800	429 0000	73 250
350 000	56 000	390 000	64 000	430 0000	73 500
351 000	56 200	391 000	64 200	431 0000	73 750
352 000	56 400	392 000	64 400	432 0000	74 000
353 000	56 600	393 000	64 600	433 0000	74 250
354 000	56 800	394 000	64 800	434 0000	74 500
355 000	57 000	395 000	65 000	435 0000	74 750
356 000	57 200	396 000	65 200	436 0000	75 000
357 000	57 400	397 000	65 400	437 0000	75 250
358 000	57 600	398 000	65 600	438 0000	75 500
359 000	57 800	399 000	65 800	439 0000	75 750
360 000	58 000	400 000	66 000	440 0000	76 000
361 000	58 200	401 000	66 250	441 0000	76 250
362 000	58 400	402 000	66 500	442 0000	76 500
363 000	58 600	403 000	66 750	443 0000	76 750
364 000	58 800	404 000	67 000	444 0000	77 000
365 000	59 000	405 000	67 250	445 0000	77 250
366 000	59 200	406 000	67 500	446 0000	77 500
367 000	59 400	407 000	67 750	447 0000	77 750
368 000	59 600	408 000	68 000	448 0000	78 000
369 000	59 800	409 000	68 250	449 0000	78 250
370 000	60 000	410 000	68 500	450 0000	78 500
371 000	60 200	411 000	68 750	451 0000	78 750
372 000	60 400	412 000	69 000	452 0000	79 000
373 000	60 600	413 000	69 250	453 0000	79 250
374 000	60 800	414 000	69 500	454 0000	79 500
375 000	61 000	415 000	69 750	455 0000	79 750
376 000	61 200	416 000	70 000	456 0000	80 000
377 000	61 400	417 000	70 250	457 0000	80 250
378 000	61 600	418 000	70 500	458 0000	80 500
379 000	61 800	419 000	70 750	459 0000	80 750
380 000	62 000	420 000	71 000	460 0000	81 000

Abgabepflichtiges Vermögen ℳ	Steuer ℳ	Abgabepflichtiges Vermögen ℳ	Steuer ℳ	Abgabepflichtiges Vermögen ℳ	Steuer ℳ
461 000	81 250	501 000	91 250	541 000	101 250
462 000	81 500	502 000	91 500	542 000	101 500
463 000	81 750	503 000	91 750	543 000	101 750
464 000	82 000	504 000	92 000	544 000	102 000
465 000	82 250	505 000	92 250	545 000	102 250
466 000	82 500	506 000	92 500	546 000	102 500
467 000	82 750	507 000	92 750	547 000	102 750
468 000	83 000	508 000	93 000	548 000	103 000
469 000	83 250	509 000	93 250	549 000	103 250
470 000	83 500	510 000	93 500	550 000	103 500
471 000	83 750	511 000	93 750	551 000	103 750
472 000	84 000	512 000	94 000	552 000	104 000
473 000	84 250	513 000	94 250	553 000	104 250
474 000	84 500	514 000	94 500	554 000	104 500
475 000	84 750	515 000	94 750	555 000	104 750
476 000	85 000	516 000	95 000	556 000	105 000
477 000	85 250	517 000	95 250	557 000	105 250
478 000	85 500	518 000	95 500	558 000	105 500
479 000	85 750	519 000	95 750	559 000	105 750
480 000	86 000	520 000	96 000	560 000	106 000
481 000	86 250	521 000	96 250	561 000	106 250
482 000	86 500	522 000	96 500	562 000	106 500
483 000	86 750	523 000	96 750	563 000	106 750
484 000	87 000	524 000	97 000	564 000	107 000
485 000	87 250	525 000	97 250	565 000	107 250
486 000	87 500	526 000	97 500	566 000	107 500
487 000	87 750	527 000	97 750	567 000	107 750
488 000	88 000	528 000	98 000	568 000	108 000
489 000	88 250	529 000	98 250	569 000	108 250
490 000	88 500	530 000	98 500	570 000	108 500
491 000	88 750	531 000	98 750	571 000	108 750
492 000	89 000	532 000	99 000	572 000	109 000
493 000	89 250	533 000	99 250	573 000	109 250
494 000	89 500	534 000	99 500	574 000	109 500
495 000	89 750	535 000	99 750	575 000	109 750
496 000	90 000	536 000	100 000	576 000	110 000
497 000	90 250	537 000	100 250	577 000	110 250
498 000	90 500	538 000	100 500	578 000	110 500
499 000	90 750	539 000	100 750	579 000	110 750
500 000	91 000	540 000	101 000	580 000	111 000

Abgabepflichtiges Vermögen ℳ	Steuer ℳ	Abgabepflichtiges Vermögen ℳ	Steuer ℳ	Abgabepflichtiges Vermögen ℳ	Steuer ℳ
581 000	111 250	621 000	122 300	661 000	134 300
582 000	111 500	622 000	122 600	662 000	134 600
583 000	111 750	623 000	122 900	663 000	134 900
584 000	112 000	624 000	123 200	664 000	135 200
585 000	112 250	625 000	123 500	665 000	135 500
586 000	112 500	626 000	123 800	666 000	135 800
587 000	112 750	627 000	124 100	667 000	136 100
588 000	113 000	628 000	124 400	668 000	136 400
589 000	113 250	629 000	124 700	669 000	136 700
590 000	113 500	630 000	125 000	670 000	137 000
591 000	113 750	631 000	125 300	671 000	137 300
592 000	114 000	632 000	125 600	672 000	137 600
593 000	114 250	633 000	125 900	673 000	137 900
594 000	114 500	634 000	126 200	674 000	138 200
595 000	114 750	635 000	126 500	675 000	138 500
596 000	115 000	636 000	126 800	676 000	138 800
597 000	115 250	637 000	127 100	677 000	139 100
598 000	115 500	638 000	127 400	678 000	139 400
599 000	115 750	639 000	127 700	679 000	139 700
600 000	116 000	640 000	128 000	680 000	140 000
601 000	116 300	641 000	128 300	681 000	140 300
602 000	116 600	642 000	128 600	682 000	140 600
603 000	116 900	643 000	128 900	683 000	140 900
604 000	117 200	644 000	129 200	684 000	141 200
605 000	117 500	645 000	129 500	685 000	141 500
606 000	117 800	646 000	129 800	686 000	141 800
607 000	118 100	647 000	130 100	687 000	142 100
608 000	118 400	648 000	130 400	688 000	142 400
609 000	118 700	649 000	130 700	689 000	142 700
610 000	119 000	650 000	131 000	690 000	143 000
611 000	119 300	651 000	131 300	691 000	143 300
612 000	119 600	652 000	131 600	692 000	143 600
613 000	119 900	653 000	131 900	693 000	143 900
614 000	120 200	654 000	132 200	694 000	144 200
615 000	120 500	655 000	132 500	695 000	144 500
616 000	120 800	656 000	132 800	696 000	144 800
617 000	121 100	657 000	133 100	697 000	145 100
618 000	121 400	658 000	133 400	698 000	145 400
619 000	121 700	659 000	133 700	699 000	145 700
620 000	122 000	660 000	134 000	700 000	146 000

Abgabepflichtiges Vermögen ℳ	Steuer ℳ	Abgabepflichtiges Vermögen ℳ	Steuer ℳ	Abgabepflichtiges Vermögen ℳ	Steuer ℳ
701 000	146 300	741 000	158 300	781 000	170 300
702 000	146 600	742 000	158 600	782 000	170 600
703 000	146 900	743 000	158 900	783 000	170 900
704 000	147 200	744 000	159 200	784 000	171 200
705 000	147 500	745 000	159 500	785 000	171 500
706 000	147 800	746 000	159 800	786 000	171 800
707 000	148 100	747 000	160 100	787 000	172 100
708 000	148 400	748 000	160 400	788 000	172 400
709 000	148 700	749 000	160 700	789 000	172 700
710 000	149 000	750 000	161 000	790 000	173 000
711 000	149 300	751 000	161 300	791 000	173 300
712 000	149 600	752 000	161 600	792 000	173 600
713 000	149 900	753 000	161 900	793 000	173 900
714 000	150 200	754 000	162 200	794 000	174 200
715 000	150 500	755 000	162 500	795 000	174 500
716 000	150 800	756 000	162 800	796 000	174 800
717 000	151 100	757 000	163 100	797 000	175 100
718 000	151 400	758 000	163 400	798 000	175 400
719 000	151 700	759 000	163 700	799 000	175 700
720 000	152 000	760 000	164 000	800 000	176 000
721 000	152 300	761 000	164 300	801 000	176 350
722 000	152 600	762 000	164 600	802 000	176 700
723 000	152 900	763 000	164 900	803 000	177 050
724 000	153 200	764 000	165 200	804 000	177 400
725 000	153 500	765 000	165 500	805 000	177 750
726 000	153 800	766 000	165 800	806 000	178 100
727 000	154 100	767 000	166 100	807 000	178 450
728 000	154 400	768 000	166 400	808 000	178 800
729 000	154 700	769 000	166 700	809 000	179 150
730 000	155 000	770 000	167 000	810 000	179 500
731 000	155 300	771 000	167 300	811 000	179 850
732 000	155 600	772 000	167 600	812 000	180 200
733 000	155 900	773 000	167 900	813 000	180 550
734 000	156 200	774 000	168 200	814 000	180 900
735 000	156 500	775 000	168 500	815 000	181 250
736 000	156 800	776 000	168 800	816 000	181 600
737 000	157 100	777 000	169 100	817 000	181 950
738 000	157 400	778 000	169 400	818 000	182 300
739 000	157 700	779 000	169 700	819 000	182 650
740 000	158 000	780 000	170 000	820 000	183 000

Abgabe-pflichtiges Vermögen ℳ	Steuer ℳ
821 000	183 350
822 000	183 700
823 000	184 050
824 000	184 400
825 000	184 750
826 000	185 100
827 000	185 450
828 000	185 800
829 000	186 150
830 000	186 500
831 000	186 850
832 000	187 200
833 000	187 550
834 000	187 900
835 000	188 250
836 000	188 600
837 000	188 950
838 000	189 300
839 000	189 650
840 000	190 000
841 000	190 350
842 000	190 700
843 000	191 050
844 000	191 400
845 000	191 750
846 000	192 100
847 000	192 450
848 000	192 800
849 000	193 150
850 000	193 500
851 000	193 850
852 000	194 200
853 000	194 550
854 000	194 900
855 000	195 250
856 000	195 600
857 000	195 950
858 000	196 300
859 000	196 650
860 000	197 000

Abgabe-pflichtiges Vermögen ℳ	Steuer ℳ
861 000	197 350
862 000	197 700
863 000	198 050
864 000	198 400
865 000	198 750
866 000	199 100
867 000	199 450
868 000	199 800
869 000	200 150
870 000	200 500
871 000	200 850
872 000	201 200
873 000	201 550
874 000	201 900
875 000	202 250
876 000	202 600
877 000	202 950
878 000	203 300
879 000	203 650
880 000	204 000
881 000	204 350
882 000	204 700
883 000	205 050
884 000	205 400
885 000	205 750
886 000	206 100
887 000	206 450
888 000	206 800
889 000	207 150
890 000	207 500
891 000	207 850
892 000	208 200
893 000	208 550
894 000	208 900
895 000	209 250
896 000	209 600
897 000	209 950
898 000	210 300
899 000	210 650
900 000	211 000

Abgabe-pflichtiges Vermögen ℳ	Steuer ℳ
901 000	211 350
902 000	211 700
903 000	212 050
904 000	212 400
905 000	212 750
906 000	213 100
907 000	213 450
908 000	213 800
909 000	214 150
910 000	214 500
911 000	214 850
912 000	215 200
913 000	215 550
914 000	215 900
915 000	216 250
916 000	216 600
917 000	216 950
918 000	217 300
919 000	217 650
920 000	218 000
921 000	218 350
922 000	218 700
923 000	219 050
924 000	219 400
925 000	219 750
926 000	220 100
927 000	220 450
928 000	220 800
929 000	221 150
930 000	221 500
931 000	221 850
932 000	222 200
933 000	222 550
934 000	222 900
935 000	223 250
936 000	223 600
937 000	223 950
938 000	224 300
939 000	224 650
940 000	225 000

Abgabepflichtiges Vermögen ℳ	Steuer ℳ	Abgabepflichtiges Vermögen ℳ	Steuer ℳ	Abgabepflichtiges Vermögen ℳ	Steuer ℳ
941 000	225 350	975 000	237 250	1 501 000	446 450
942 000	225 700	976 000	237 600	dann	dann
943 000	226 050	977 000	237 950	steigend	steigend
944 000	226 400	978 000	238 300	um je	um je
945 000	226 750	979 000	238 650	1000 bis	450 bis
946 000	227 100	980 000	239 000	2 000 000	671 000
947 000	227 450				
948 000	227 800	981 000	239 350		
949 000	228 150	982 000	239 700	2 001 000	671 500
950 000	228 500	983 000	240 050	dann	dann
		984 000	240 400	steigend	steigend
951 000	228 850	985 000	240 750	um je	um je
952 000	229 200	986 000	241 100	1000 bis	500 bis
953 000	229 550	987 000	241 450	3 000 000	1 171 000
954 000	229 900	988 000	241 800		
955 000	230 250	989 000	242 150		
956 000	230 600	990 000	242 500	3 001 000	1 171 550
957 000	230 950			dann	dann
958 000	231 300	991 000	242 850	steigend	steigend
959 000	231 650	992 000	243 200	um je	um je
960 000	232 000	993 000	243 550	1000 bis	550 bis
		994 000	243 900	5 000 000	2 271 000
961 000	232 350	995 000	244 250		
962 000	232 700	996 000	244 600		
963 000	233 050	997 000	244 950	5 001 000	2 271 600
964 000	233 400	998 000	245 300	dann	dann
965 000	233 750	999 000	245 650	steigend	steigend
966 000	234 100	1 000 000	246 000	um je	um je
967 000	234 450			1000 bis	600 bis
968 000	234 800	1 001 000	246 400	7 000 000	3 471 000
969 000	235 150	dann	dann		
970 000	235 500	steigend	steigend		
		um je	um je	dann	dann
971 000	235 850	1000 bis	400 bis	steigend	steigend
972 000	236 200	1 500 000	446 000	um je	um je
973 000	236 550			1000	650
974 000	236 900				

§ 25. Die Abgabe beträgt für die im § 2 Abs. 1 Nr. 4 bis 6 genannten Abgabepflichtigen sowie für die juristischen Personen und Vermögensmassen, deren Abgabepflicht nur auf § 3 beruht[1]), 10 vom Hundert des der Abgabe unterliegenden Vermögens[2]).

1. Deren Abgabepflicht nur auf § 23 beruht.

Die natürlichen Personen, deren Abgabepflicht nur auf § 3 (d. h. nicht schon auf anderen Bestimmungen) beruht, fallen nicht unter die Vergünstigung des § 25. Vgl. auch Anm. 4 zu § 23.

2. 10 vom Hundert des der Abgabe unterliegenden Vermögens: ohne Rücksicht auf die Höhe des abgabepflichtigen Vermögens, also keine Staffelung. Abzug gemäß § 23 findet nicht statt.

§ 26. Hat der Abgabepflichtige[1]) oder haben im Falle der Zusammenrechnung des Vermögens der Ehegatten[2]) (§ 16) beide Ehegatten insgesamt[3]) zwei oder mehr Kinder[4]), so wird außer[5]) der im § 23 Abs. 1 Satz 1[6]) vorgeschriebenen Abgabefreiheit für das zweite und jedes weitere Kind ein Betrag von je fünftausend Mark von der Abgabe freigestellt[7]).

Zugleich wird von dem der Zahl der Kinder[8]) entsprechenden Vielfachen von fünfzigtausend Mark des abgabepflichtigen Vermögens die Abgabe nur in Höhe von 10 vom Hundert erhoben[9]). Von dem Reste des abgabepflichtigen Vermögens wird die Abgabe nach dem Hundertsatz erhoben, der sich nach § 24 für das gesamte abgabepflichtige Vermögen (§ 23) ergibt[9]).

Ist eins der Kinder bereits unter Hinterlassung von Abkömmlingen[10]) gestorben, so zählt das verstorbene Kind mit.

In den Fällen, in denen das Vermögen von Ehegatten, die gemeinschaftliche Kinder[11]) haben, nicht zusammenzurechnen[12]) ist, bestimmt der Reichsminister der Finanzen, inwieweit die Vergünstigung der Abs. 1 und 2 den einzelnen Ehegatten zuzubilligen ist.

1. Der Abgabepflichtige.

Naturgemäß kommen hier nur natürliche Personen in Betracht. Siehe ferner unten Anm. 5.

2. Zusammenrechnung des Vermögens der Ehegatten findet nach § 16 stets statt, wenn sie nicht dauernd voneinander getrennt leben.

3. Beide Ehegatten insgesamt.

Es ist nicht erforderlich, daß es sich um gemeinschaftliche Kinder der Ehegatten handelt, die Vergünstigung umfaßt vielmehr auch Kinder, die nur von einem der Ehegatten abstammen, also Kinder aus einer früheren Ehe; anscheinend auch uneheliche Kinder der Frau einschließlich solcher, deren Ehelichkeit angefochten ist (§§ 1593 ff. BGB.). Ob auch uneheliche Kinder des Mannes mitgezählt werden, ist zweifelhaft. Mit Rücksicht auf die mangelnde Erbberechtigung unehelicher Kinder könnte man annehmen, daß die unehelichen Kinder des Mannes mitgezählt werden, wenn dieser ihnen Unterhalt gewährt, der Gedankengang des § 26 war aber doch wohl nur der, eheliche Kinder zu berücksichtigen. So war jedenfalls die entsprechende Bestimmung im BStG. und das Kinderprivileg in den landesgesetzlichen Einkommensteuergesetzen auszulegen. Das bürgerliche Recht bietet für die Entscheidung der Frage keine hinreichende Handhabe.

Die sämtlichen nach vorstehendem in Betracht zu ziehenden Kinder werden zusammengezählt mit der Wirkung, daß für das zweite und jedes weitere Kind die Vergünstigung eintritt. Sind z. B. vorhanden ein voreheliches (uneheliches) Kind der Frau, zwei Kinder aus erster Ehe des Mannes und ein gemeinschaftliches Kind aus der bestehenden Ehe, so werden, falls auch das voreheliche Kind der Frau zu berücksichtigen ist, dreimal 5000 *M* von der Abgabe freigestellt.

4. Kinder.

Das Lebensalter ist gleichgültig; auch bezüglich erwachsener Kinder tritt die Vergünstigung ein. Ebenso unerheblich ist es, ob das Kind im elterlichen Haushalt lebt, ob es von den Eltern unterhalten wird, oder ob es wirtschaftlich selbständig ist, und ob es selbst Vermögen besitzt. Wenn das Gesetz etwas anderes gewollt hätte, hätte es das zweifelsfrei zum Ausdruck bringen müssen. Im Gegenteil, die Absicht des § 26 war, die Eltern, die Kinder großgezogen haben, der Vergünstigung des § 26 auch teilhaftig werden zu lassen. Aus anderen Gesichtspunkten, z. B. für die Entscheidung aus § 27 Abs. 1 Satz 2, kann es von Bedeutung sein, ob Kindern Unterhalt gewährt wird. Der Reichsminister der Finanzen erklärte in der Kommissionsberatung auf Anfrage eines Ausschußmitgliedes, „daß bei kleineren und mittleren Vermögen das Vorhandensein von vier und mehr unterhaltsberechtigten Kindern stets einen Grund abgeben solle, um auf Grund des Härteparagraphen der Reichsabgabenordnung die Abgabepflicht in irgendeiner Form zu mildern".

5. „Außer" der in § 23 Abs. 1 Satz 1 vorgeschriebenen Abgabefreiheit.

Aus dem Wort „außer" ist zu schließen, daß die Abgabefreiheit gemäß § 23 Voraussetzung für die Kindervergünstigung des § 26 ist. Daraus folgt, daß die nur auf Grund von § 3 Abgabepflichtigen der Vergünstigung des § 26 nicht teilhaftig werden, obwohl sie hier nicht ausdrücklich erwähnt sind. Es spräche auch kein innerer Grund dafür, ihnen die Vergünstigung des § 26 zu gewähren, nachdem ihnen die des § 23 versagt ist.

6. „§ 23 Abs. 1 Satz 1."

Es müßte streng genommen heißen: „§ 23 Abs. 1 Satz 1 und 2". Daß die Worte „und 2" fehlen, liegt daran, daß der zweite Satz des § 23 im Regierungsentwurf gefehlt hat und erst durch die Kommission eingefügt worden ist. Dabei ist anscheinend durch ein redaktionelles Versehen vergessen worden, in § 26 die Worte „und 2" zuzusetzen. Schlüsse können aus dieser Ungenauigkeit nicht gezogen werden.

7. Von der Abgabe freigestellt: mit der Wirkung, daß sich das abgabepflichtige Vermögen um die freigestellten Beträge ermäßigt (§ 23 Abs. 1 Satz 3). Dies ist wichtig für die ziffermäßige Berechnung der Abgabehöhe (vgl. unten Anm. 9).

8. Zahl der Kinder.

Hier wird im Gegensatz zu Abs. 1 auch das erste Kind mitgezählt.

9. Abgabe nur in Höhe von 10 vom Hundert; von dem Rest nach dem Hundertsatz, der sich nach § 24 für das gesamte abgabepflichtige Vermögen (§ 23) ergibt.

Beispiel: Zwei Ehegatten (die nicht dauernd voneinander getrennt leben) besitzen ein auf 600000 ℳ festgestelltes Vermögen und haben fünf Kinder. Dann sind nach § 23 Abs. 1 Satz 1 u. 2 10000 ℳ und nach § 23 Abs. 1 Satz 3 in Verbindung mit § 26 Abs. 1 viermal 5000 = 20000 ℳ abgabefrei; 570000 ℳ sind „abgabepflichtiges" Vermögen. Hiervon werden nun fünfmal 50000 = 250000 ℳ nur mit 10 vom Hundert, der Rest von 220000 ℳ in voller Höhe des Tarifs, der sich bei 570000 ℳ ergeben würde, zur Abgabe herangezogen. Oder anders berechnet: Da die 250000 ℳ von den Stufen des § 24 die drei ersten vollständig und von der vierten Stufe 50000 ℳ absorbieren, fallen die in voller Höhe abgabepflichtigen 220000 ℳ zu 150000 ℳ in die vierte Stufe (20 vom Hundert), zu 70000 ℳ in die fünfte Stufe (25 vom Hundert). Insgesamt würde also die Abgabe in obigem Beispiel betragen:

10 v. H.	von	250000	=	25000 ℳ
20 „ „	„	150000	=	30000 „
25 „ „	„	70000	=	17500 „
		Zusammen		72500 ℳ

10. Abkömmlinge.

Nach dem Zweck der Bestimmung wird anzunehmen sein, daß hier jedenfalls nur eheliche Abkömmlinge des verstorbenen Kindes in Betracht kommen, da uneheliche nicht erbberechtigt sind.

11. Gemeinschaftliche Kinder.

Im Gegensatz zu Abs. 1—3 müssen die Kinder hier gemeinschaftliche der beiden Ehegatten sein.

12. Nicht zusammenzurechnen.

Also wenn die Ehegatten dauernd getrennt leben (§ 16). Nach dem Zweck der Bestimmung wird anzunehmen sein, daß hierher auch die Fälle geschiedener Ehe gehören, obwohl dann streng genommen der Ausdruck „Ehegatten" nicht mehr zutrifft.

§ 27.[1]) Einem Abgabepflichtigen[2]), dessen steuerbares[3]) Vermögen nicht über einhunderttausend Mark[4]) und dessen Jahreseinkommen nicht über fünftausend Mark[5]) beträgt, ist die Abgabe auf Antrag[6]) ganz oder teilweise zinslos zu stunden[7]), falls er ohne Gefährdung des Lebensunterhalts[8]) zur Entrichtung der Abgabe nicht imstande ist. Im übrigen[9]) kann[10]) einem Abgabepflichtigen die Abgabe ganz oder teilweise zinslos gestundet werden, falls sich bei billiger Berücksichtigung seiner wirtschaftlichen Verhältnisse[11]) die Einziehung und Verzinsung als eine besondere Härte erweist. Über den Stundungsanspruch wird im Beschwerdeverfahren entschieden[12]).

Die zinslose Stundung kann im Falle des nachgewiesenen Bedürfnisses auch nach dem Tode[13]) des Abgabepflichtigen bis zum Ableben des überlebenden Ehegatten[14]) ganz oder zum Teil fortgewährt werden.

Die Stundung kann aufgehoben oder nach Art, Umfang und Dauer verändert[15]) werden, wenn und soweit nachträglich in den Verhältnissen des Abgabepflichtigen[16]) eine Änderung eintritt oder wenn sich bei der Nachprüfung ein Fehler ergibt, dessen Berichtigung eine veränderte Stellungnahme rechtfertigt.

In den Fällen des Abs. 1[17]) kann die Abgabe ganz oder teilweise erlassen[18]) werden, soweit sie auf den Kapitalwert von Renten entfällt[19]).

1. **Allgemeines.**

a) Die §§ 27 u. 15 Abs. 1 Ziff. 8 enthalten Milderungen zugunsten des sog. „kleinen Rentners". Gewährung der Vergünstigung des § 27 schränkt die des § 15 Ziff. 8 ein (siehe dort).

b) Der dem jetzigen § 27 entsprechende § 25 des Regierungsentwurfs hatte folgende Fassung:

„Einem Abgabepflichtigen, dessen Vermögen nicht über 100 000 *M* beträgt, kann die Abgabe ganz oder teilweise zinslos gestundet werden, falls er ohne Gefährdung des Lebensunterhalts zur Entrichtung der Abgabe nicht imstande ist, oder falls sich sonst bei billiger Berücksichtigung seiner wirtschaftlichen Verhältnisse die Einziehung der Abgabe als eine besondere Härte erweist.

Von dem Verlangen der Sicherheitsleistung darf nur abgesehen werden, soweit nach dem Ermessen der Veranlagungsbehörde die spätere Einziehung der Abgabe durch die Stundung nicht gefährdet wird, oder soweit die Sicherheitsleistung eine erhebliche Härte für den Abgabepflichtigen darstellen würde.

Die zinslose Stundung kann im Falle des nachgewiesenen Bedürfnisses auch nach dem Tode des Abgabepflichtigen bis zum Ableben des überlebenden Ehegatten ganz oder zum Teil fortgewährt werden.

Die Stundung kann aufgehoben oder nach Art, Umfang und Dauer verändert werden, wenn, und soweit nachträglich in den Verhältnissen des Abgabepflichtigen eine Änderung eintritt, oder wenn sich bei der Nachprüfung ein Fehler ergibt, dessen Berichtigung eine veränderte Stellungnahme rechtfertigt.

In den Fällen des Abs. 1 kann die Abgabe ganz oder teilweise erlassen werden, soweit sie auf Kapitalwert von Renten entfällt."

Bei der ersten Lesung in der Kommission wurden hierzu zahlreiche Anträge eingebracht. Der Kommissionsbericht lautet:

„Alle Anträge bezweckten, in dieser oder jener Form die in dem § 25 (gleich § 27 des Ges.) enthaltene Milderung der Abgabepflicht für die kleinen Rentner entweder genauer festzulegen oder zu erweitern. Nach einer Vorberatung im Unterausschuß wurde man sich darüber einig, daß es richtig sei, aus der Kann-Vorschrift des Gesetzentwurfs in gewissem Umfange eine Ist-Vorschrift zu machen. Da man aber aus verschiedenen Gründen, besonders weil das Existenzminimum zur Zeit in Deutschland sehr verschieden hoch ist und an manchen Orten auch für Ehepaare mit Kindern unter 5000 *M* liegt, die Ist-Vorschrift nur bis zu einer für heutige Verhältnisse mäßigen Vermögens- und Einkommenhöhe ausdehnen konnte, wollte man für die vielen anderen Fälle, bei denen auch bei höherem Einkommen und Vermögen eine Milderung der Abgabepflicht am Platze ist, eine Kann-Vorschrift aufnehmen, durch die eine zinslose Stundung der Abgabe ermöglicht werde. Unter Ablehnung oder Zurückziehung der anderen Anträge fand diese Auffassung in dem Antrag Nr. 192 ihren Niederschlag, durch den der Abs. 1 der bisherigen Fassung ersetzt wurde. Zu der Neufassung des Abs. 1 erklärte der Reichsminister der Finanzen, daß über Anträge auf zinslose Stundung bei Vermögen bis zu 200000 *M* und einem Einkommen bis zu 10000 *M* die Landesfinanzämter und bei höherem Vermögen und Einkommen der Reichsminister der Finanzen zu entscheiden haben solle. Der Unterstaatssekretär Moesle wies unter Zustimmung des Ausschusses darauf hin, daß auch gegen die Verletzung der Ist-Vorschrift nur der Beschwerdeweg zulässig sein könne. Ein anderer Regierungsvertreter betonte schließlich auf Anfrage eines Ausschußmitgliedes, daß die Worte ‚Gefährdung des Lebensunterhalts' nicht nur die Gefährdung des Lebensunterhalts der Abgabepflichtigen, sondern auch die seiner unterhaltsberechtigten Angehörigen bedeute.

Der Abs. 2 über die Sicherheitsleistung wurde gestrichen; er soll in anderer Fassung zusammen mit der Vorschrift über die Sicherheitsleistung in § 29 zu einem neuen Paragraphen vereinigt werden.

Die weiteren Absätze wurden unverändert angenommen."

2. Einem Abgabepflichtigen.

Für die Vergünstigung des § 27 können nur natürliche Personen in Frage kommen. Daraus folgt, daß ein Inhaber sämtlicher Aktien einer Aktiengesellschaft oder sämtlicher Anteile einer Gesellschaft mit beschränkter Haftung für die Gesellschaft die Abgabe des § 25 leisten muß, auch wenn im übrigen die Voraussetzungen des § 27 auf die Gesellschaft und ihn persönlich zutreffen.

3. „Steuerbares" Vermögen.

Das Wort „steuerbares" ist erst durch Kommissionsbeschluß in die Regierungsvorlage eingefügt worden. Es ist damit klargestellt, daß (entsprechend der in § 6 enthaltenen Begriffsbestimmung des „steuerbaren Vermögens") das gesamte nach den Vorschriften der §§ 6—16, 18—22 festgestellte Vermögen ohne die in §§ 23 und 26 vorgesehenen Abzüge nicht über 100000 *M* betragen darf.

4. Vermögen nicht über 100000 Mark.

Die Frage, ob hier (also für die Feststellung, ob die 100000 *M*-Grenze überschritten ist) eine Zusammenrechnung des Vermögens der Ehegatten nach § 16 stattfindet, ist zu bejahen. Der Wortlaut des § 16 scheint allerdings zunächst für eine Verneinung zu sprechen, insofern die Zusammenrechnung dort nur „für die Veranlagung" vorgeschrieben ist, während es sich in § 27 nicht mehr um einen Akt der Veranlagung, sondern um Stundung nach vollzogener

Veranlagung handelt. Trotzdem sprechen überwiegende Gesichtspunkte für die Bejahung. Die gesetzgeberischen Gründe nämlich, die überhaupt die Zusammenrechnung gemäß § 16 rechtfertigen (wirtschaftliche Einheit des Vermögens von Ehegatten), treffen bei der Frage der Stundung erst recht zu. In Fällen, in denen ein Ehegatte ein sehr beträchtliches Vermögen, der andere unter 100000 *M* besitzt, würde eine Stundung zugunsten des letzteren ganz unverständlich sein. Zudem würde die Notwendigkeit, die unter Zusammenfassung der Vermögen erfolgte einheitliche Veranlagung für die Frage der Stundung wieder zu sondern, in Anbetracht der Staffelung des § 24 zu Schwierigkeiten führen, deren Lösung der Gesetzgeber hätte vorschreiben müssen, wenn er die Sonderung für die Stundungsfrage gewollt hätte.

5. „Und" Jahreseinkommen nicht über 5000 Mark.

Diese Voraussetzung muß zu der, daß das Vermögen nicht über 100000 *M* beträgt, hinzukommen. Über die Berechnung des Jahreseinkommens enthält das Gesetz keine Vorschriften. Es müssen also die jeweils geltenden Einkommensteuervorschriften maßgebend sein, also bei der Fälligkeit der ersten Rate (§ 31) die letzte landesgesetzliche Einkommensteuerveranlagung (vgl. die auf Grund des Einkommensteuernotgesetzes für 1920 berichtigte Reichseinkommensteuerveranlagung), später die jeweiligen Reichseinkommensteuerveranlagungen. Insbesondere gelten natürlich die Vorschriften über Zusammenrechnung des Einkommens von Ehegatten ohne Rücksicht auf das eheliche Güterrecht und Zurechnung von Einkommen aus Kindesvermögen, das der elterlichen Nutznießung unterliegt, zum Einkommen des Nutznießers.

6. Auf Antrag.

Ohne Antrag ist keine Stundung zulässig. Eine bestimmte Form ist für den Antrag nicht vorgeschrieben; es genügt jede Erklärung des Abgabepflichtigen gegenüber der Steuerbehörde, die seinen Wunsch nach einer Stundung erkennen läßt. Über den Zeitpunkt, in dem der Antrag zu stellen ist, ist nichts gesagt. Der Antrag ist daher jederzeit vor oder nach der Veranlagung zulässig. Die Frage, ob dem Antrag auch noch nach Entrichtung der Abgabe stattzugeben ist, ist zweifelhaft, im allgemeinen wird es in solchen Fällen an der Voraussetzung fehlen, daß der Abgabepflichtige „ohne Gefährdung des Lebensunterhalts zur Entrichtung der Abgabe nicht imstande ist". Wird dem Antrag trotzdem noch nach Entrichtung der Abgabe stattgegeben, so ist das bereits Geleistete an den Abgabepflichtigen zurückzuerstatten, gegebenenfalls auf die weiter fällig werdenden Beträge zu verrechnen.

7. „Ist" ganz oder teilweise zu stunden.

a) Bei Vorliegen der Voraussetzungen des § 27 Abs. 1 Satz 1 muß die Steuerbehörde dem Stundungsantrag stattgeben; das Maß der Stundung („ganz oder teilweise") ist in ihr pflichtgemäßes Ermessen gestellt. Bloße Ermäßigung des gesetzlichen Zinsfußes (§ 30) ist keine „Stundung" und daher nicht zulässig, es kann, falls nicht der ganze Betrag zinslos gestundet werden soll, nur so verfahren werden, daß ein Teil zinslos, der andere gegen Verzinsung gestundet wird (vgl. oben Abs. 3, wonach „Art und Umfang der Stundung" geändert werden kann).

b) Bei Stundung über ein Jahr muß die Steuerbehörde die Zustimmung des Landesfinanzamts einholen (§ 105 letzter Satz Reichsabgabenordnung).

c) Wegen Sicherheitsleistung bei Stundung siehe § 32.

d) Erlassen kann die Abgabe nur im Falle des Abs. 4 werden, doch kann die Stundung praktisch dahin führen, daß der Fiskus die Abgabe nie erhält. Er wird z. B. mit seiner Steuerforderung ausfallen, wenn beim Tode des Pflichtigen — evtl. seines überlebenden Ehegatten; vgl. Abs. 2 — der Nachlaß zur Deckung der Abgabe nicht ausreicht. Gegen diesen möglichen Verlust kann sich der Fiskus nur im Rahmen des § 32 schützen.

8. Die **Gefährdung des Lebensunterhalts** ist nach den Umständen des Einzelfalles unter Berücksichtigung der gesamten wirtschaftlichen Verhältnisse des Abgabepflichtigen zu beurteilen. Insbesondere wird das Vorhandensein von unterhaltsberechtigten Kindern (vgl. Anm. 4 zu § 26), die Art der Anlage (Liquidität) des Vermögens und der derzeitige geringe Geldwert bei der Beurteilung eine erhebliche Rolle spielen. In Grenzfällen kann teilweise Stundung helfen. Die Steuerbehörde wird bei Prüfung der Sachlage weitherzig zu verfahren haben.

9. Im übrigen.

Das heißt, wenn die Voraussetzungen von Satz 1 nicht vorliegen, wenn also insbesondere das steuerbare Vermögen über 100000 *M* oder das Jahreseinkommen über 5000 *M* beträgt. Hierher würde auch der Fall gehören, daß der Abgabepflichtige zwischen Veranlagung und Zahlung Verluste erleidet, die die Zahlung der Abgabe zu einer unbilligen Härte machen würden (vgl. hierzu auch § 57).

10. „Kann".

Im Gegensatz zu Satz 1 („ist") ist die Stundung hier dem pflichtgemäßen Ermessen der Behörde anheimgestellt.

11. Bei billiger Berücksichtigung seiner wirtschaftlichen Verhältnisse.

Vgl. hierzu oben Anm. 8.

12. Über den Stundungsanspruch wird im Beschwerdeverfahren entschieden.

a) Das Verfahren ist in §§ 281—283 RAO. geregelt (vgl. hierzu des Verfassers Kommentar zur Abgabenordnung, Verlag Spaeth & Linde, Berlin 1920).

b) Der Satz steht an falscher Stelle, er müßte einen besonderen Schlußabsatz des § 27 bilden, da das Beschwerdeverfahren offenbar auch hinsichtlich der Entscheidungen aus Abs. 2—4 gegeben sein muß.

13. Nach dem Tode.

Beim Tode des Abgabepflichtigen gehört der gestundete Betrag zu seinen Nachlaßverbindlichkeiten und ist als solche für die Berechnung der Nachlaß- und Erbanfallsteuer von dem Aktivbestand des Vermögens in Abzug zu bringen. Vgl. auch § 38.

14. Bis zum Ableben des überlebenden Ehegatten.

Eine weitere Stundung noch über das Ableben des überlebenden Ehegatten hinaus ist nicht vorgesehen, das bedeutet eine ganz ungeheure Härte für Kinder, die durch den Tod beider Eltern zu Vollwaisen geworden sind, jedoch kann alsdann den Kindern, ebenso wie anderen Erben, Rentenzahlung gemäß § 38 Abs. 2 gestattet werden.

15. Stundung kann aufgehoben oder ... verändert werden.

Daß die Stundung auch nachträglich noch in einer dem Abgabepflichtigen günstigeren Weise gestaltet werden kann, ergibt sich daraus, daß Stundungsanträge (auch mit neuer Begründung) jederzeit gestellt und wiederholt werden können.

16. In den Verhältnissen „des Abgabepflichtigen“.

Eine Änderung in den Verhältnissen des Abgabepflichtigen kann auch dann angenommen werden, wenn — etwa durch Hebung der deutschen Valuta — eine allgemeine Hebung der wirtschaftlichen Verhältnisse in Deutschland eintritt, ohne daß im übrigen bei dem Abgabepflichtigen selbst Änderungen eintreten, denn durch allgemeine Hebung der deutschen Valuta wird die wirtschaftliche Lage jedes einzelnen Abgabepflichtigen, also auch die des besonderen Abgabepflichtigen, gebessert, insoweit sich sein Lebensunterhalt wieder verbilligt, also die Frage, ob noch Gefährdung des Lebensunterhalts vorliegt (§ 27 Abs. 1), erneut zu prüfen ist.

17. In den Fällen des Abs. 1.

Also nicht, wenn der Abgabepflichtige gestorben ist und die Stundung zugunsten des überlebenden Ehegatten fortgesetzt wird.

18. Erlassen.

Nachträgliche Rücknahme einer einmal ausgesprochenen Erlassung erscheint nicht zulässig. Jedoch würde die Erlassung eine Neuveranlagung im Falle des § 56 nicht hindern; der einmal erlassene Betrag müßte aber selbst in diesem Fall als getilgt gelten und bei der neuen Veranlagung abgesetzt werden.

19. Soweit sie auf den Kapitalwert von Renten entfällt.

Ein Hauptfall wird der sein, daß aus irgendwelchen Gründen die Rente, die zu der Veranlagung Anlaß gegeben hat, nachträglich wegfällt (z. B. Rechte aus einem Nießbrauch). Die auf die Rente entfallende Abgabe kann aber auch von vornherein erlassen werden. Vgl. im übrigen § 9 Ziff. 5 und § 10.

§ 28. Jeder Abgabepflichtige hat eine Steuererklärung abzugeben, die natürlichen Personen jedoch nur dann, wenn das steuerbare Vermögen am Stichtag fünftausend Mark oder darüber betrug[1]).

Das Finanzamt[2]) ist berechtigt, von jedem Abgabepflichtigen[3]) die Abgabe einer Steuererklärung binnen einer Frist von mindestens vier Wochen[4]) zu verlangen[5]). Erschwert oder vereitelt ein im Ausland sich aufhaltender Abgabepflichtiger[6]) die Veranlagung der Vermögensabgabe dadurch, daß er seine Steuererklärung nicht rechtzeitig[7]) abgibt, so kann sein im Inland befindliches Vermögen mit Beschlag[8]) belegt werden.

1. Zu Abs. 1.

a) Juristische Personen sind stets deklarationspflichtig, ohne Rücksicht auf die Höhe ihres Vermögens, und ohne Rücksicht darauf, ob sie abgabepflichtig sind oder nicht, natürliche Personen regelmäßig nur dann, wenn sie abgabepflichtig sind, jedoch sind natürliche Personen mit einem Vermögen von 5000—5999,99 *M* deklarationspflichtig, obwohl sie nach §§ 22 letzter Absatz, 23 Satz 1 nicht abgabepflichtig sind (vgl. Anm. 2 zu § 23).

b) Bezüglich des Stichtags siehe § 22.

2. Finanzamt.

Siehe §§ 21 ff. RAO. und wegen der örtlichen Zuständigkeit daselbst §§ 51 ff.

3. Von jedem Abgabepflichtigen.

Also auch von solchen Abgabepflichtigen, deren Vermögen unter 5000 *M* beträgt.

4. Frist von vier Wochen.

a) Der Regierungsentwurf sah hier eine zweiwöchige Frist vor, die Kommission wandelte sie in eine vierwöchige um.

b) Die Frist läuft von der Zustellung an den Abgabepflichtigen oder der öffentlichen Bekanntmachung ab (vgl. unten Anm. 5).

c) Die Frist kann (mit oder ohne Antrag des Abgabepflichtigen) verlängert werden (§ 65 Abs. 1 Satz 1 RAO.).

d) Versäumung der Frist wird mit einer Ordnungsstrafe von 5—500 *M* bestraft (§ 377 RAO.).

5. Zu verlangen.

Die Aufforderung zur Steuererklärung kann durch Zustellung an den einzelnen Abgabepflichtigen oder durch öffentliche Bekanntmachung erfolgen.

6. Ein im Ausland sich aufhaltender Abgabepflichtiger.

a) Ob als Ausland alles Gebiet außerhalb der neuen Grenzen des Deutschen Reichs, also auch der neugegründete Saarstaat, Elsaß-Lothringen, die an Polen und Dänemark gefallenen Gebiete und die Abstimmungsgebiete anzusehen ist, ist nicht ganz zweifelsfrei (vgl. die Anm. zu § 2 Ziff. 1 des Ges.).

b) Die Bestimmung trifft auch diejenigen im Ausland sich aufhaltenden Abgabepflichtigen, die im Inland einen Wohnsitz haben; wenn das Gesetz etwas anderes gewollt hätte, hätte es das zum Ausdruck bringen müssen (vgl. auch § 12 Abs. 4 KrAbgG. von 1918). Es ist gleichgültig, ob Wohnsitz und Aufenthalt vor dem 31. Juli 1914 oder nach diesem Termin ins Ausland verlegt sind.

c) Über Fristberechnung gegenüber Abgabepflichtigen im Ausland und über die Zustellungen an sie lauten die einschlägigen Bestimmungen der RAO.:

> **§ 66.** Fristen zur Einreichung von Rechtsmitteln und Erklärungen beginnen für Steuerpflichtige, die zu Anfang der Frist nicht im Deutschen Reiche sind, mit ihrer Rückkehr nach Deutschland unter der Einschränkung, daß sie für die in außereuropäischen Ländern und Gewässern Abwesenden höchstens sechs Monate, für andere Abwesende höchstens sechs Wochen betragen. Dies gilt nicht, wenn Bevollmächtigte oder Betriebsleiter im Inland vorhanden sind oder sein müßten.

§ 71. Steuerpflichtige, die ihren Wohnsitz oder Sitz im Ausland, aber im Inland steuerpflichtiges Vermögen oder eine Niederlassung oder Geschäftsstelle haben oder steuer- oder sicherheitspflichtig sind, haben dem Finanzamt auf Verlangen einen Vertreter im Inland zu bestellen, der ermächtigt ist, Schriftstücke zu empfangen, die für sie bestimmt sind. Unterlassen sie dies, so gilt ein Schriftstück mit der Aufgabe zur Post als zugestellt, selbst wenn es als unbestellbar zurückkommt.

§ 72. Ist der Aufenthaltsort dessen, dem zugestellt werden soll, unbekannt oder seine Wohnung nicht zu ermitteln, so kann die Zustellung an ihn dadurch bewirkt werden, daß das Schriftstück an der zu Aushängen der Behörde bestimmten Stelle angeheftet wird. Die Zustellung gilt als bewirkt, wenn seit der Anheftung, mag auch das Schriftstück früher entfernt sein, zwei Wochen verstrichen sind. Statt des Schriftstücks, das zuzustellen ist, kann eine Benachrichtigung angeheftet werden, in der das Schriftstück im allgemeinen zu bezeichnen und zu bemerken ist, daß und wo es eingesehen werden kann. Diese Art der Zustellung ist auch zulässig, wenn bei einer Zustellung im Ausland die Befolgung der dafür bestehenden Vorschriften unausführbar ist oder keinen Erfolg verspricht oder wenn in einer Wohnung zugestellt werden müßte, die Zustellung aber unausführbar ist, weil der Inhaber der Wohnung der inländischen Gerichtsbarkeit nicht unterworfen ist.

7. Nicht rechtzeitig.

Das heißt nicht innerhalb der für ihn in Frage kommenden Frist (vgl. oben Anm. 6c).

8. Beschlagnahme.

a) Sie ist geregelt durch RAbgO.:

§ 353. Wenn ein Finanzamt in den gesetzlich zugelassenen Fällen das im Inland befindliche Vermögen eines Pflichtigen mit Beschlag belegt, hat es dies durch den Reichsanzeiger bekannt zu machen, kann es aber auch in anderen Blättern veröffentlichen.

Mit der ersten Veröffentlichung im Reichsanzeiger verliert der Pflichtige das Recht, über das in Beschlag genommene Vermögen unter Lebenden zu verfügen.

Die Anordnung kann im Grundbuch eingetragen werden; sie gilt anderen Personen auch dann als bekannt, wenn sie ihnen besonders zugestellt ist.

Der Beschluß ist der Behörde mitzuteilen, die nach dem Bürgerlichen Gesetzbuch zur Bestellung eines Pflegers berufen ist.

Die Beschlagnahme ist aufzuheben, wenn ihre Gründe weggefallen sind. Die Aufhebung ist durch dieselben Blätter bekanntzumachen, in denen die Beschlagnahme bekanntgemacht war.

b) Wer beschlagnahmte Gegenstände in **Unkenntnis** der Beschlagnahme erwirbt, wird geschützt, d. h. die Beschlagnahme wirkt ihm gegenüber nicht (§§ 136, 135 Abs. 2 BGB.).

§ 29. Trägt das Finanzamt Bedenken gegen die Richtigkeit der Steuererklärung, so hat es den Abgabepflichtigen unter Mitteilung der Bedenken aufzufordern, sich binnen einer bestimmten Frist[1]) zu äußern.

Nur wenn der Abgabepflichtige dieser Aufforderung nicht nachkommt oder die Bedenken nicht zu beseitigen vermag, darf bei der Feststellung des Vermögens von den Angaben in der Steuererklärung abgewichen werden[2]).

1. Binnen einer bestimmten Frist.

Die Frist läuft von der Zustellung der Aufforderung ab und muß angemessen sein. Wegen Zustellung im Ausland vgl. Anm. 6c zu § 28. Die Frist kann verlängert werden.

2. Darf abgewichen werden.

a) Abweichung zugunsten des Steuerpflichtigen ist auch ohne vorherige Mitteilung zulässig.

b) Die Abweichung von der Erklärung zuungunsten des Steuerpflichtigen ist nur insoweit möglich, als ihm von Bedenken unter Fristsetzung Mitteilung gemacht ist. Es ist unzulässig, von der Erklärung hinsichtlich anderer Punkte abzuweichen als derjenigen, auf die sich die Mitteilung an den Abgabepflichtigen bezog.

Dadurch, daß im § 29 nichts anderes zum Ausdruck gebracht ist, muß angenommen werden, daß auch dann Mitteilung der Bedenken erfolgen muß, wenn es sich nicht um Angaben tatsächlicher Natur, sondern um solche rechtlicher Natur oder Schätzungen oder Schätzungsunterlagen handelt. Durch die Sondervorschrift des § 29 sind die entgegenstehenden Paragraphen der Abgabenordnung, besonders § 210 (vgl. des Verfassers Kommentar zur Reichsabgabenordnung, Verlag Spaeth & Linde, Berlin 1920), aufgehoben (§ 1 Abs. 3 der Abgabenordnung).

§ 30. Die Vermögensabgabe ist vom 1. Januar 1920 ab mit 5 vom Hundert zu verzinsen[1]).

1. Mit 5 vom Hundert zu verzinsen.

a) Die Bedeutung des § 30 ist insbesondere von Bedeutung im Zusammenhang mit den §§ 31 und 33, insofern der in der Tilgungsrente von $6^1/_2$ bzw. $5^1/_2$ v. H. enthaltene Zinsbetrag dadurch auf 5 v. H. festgelegt ist.

b) Zahlt ein Abgabepflichtiger einen Betrag, der für die im Augenblick der Zahlung fällige Schuld nebst Zinsen nicht ausreicht, so werden aus seiner Zahlung zuerst die Zinsen gedeckt, dann erst der Rest auf die Hauptschuld verrechnet. Dies ergibt sich aus § 367 BGB., gegen dessen Übertragung aus dem Privatrecht auf das Steuerrecht nichts einzuwenden ist.

c) Kommt es zur Erstattung von Steuerbeträgen an den Abgabepflichtigen (z. B. infolge einer dem Pflichtigen günstigen Entscheidung im Rechtsmittelverfahren), so hat umgekehrt der Steuerfiskus dem Pflichtigen den zuviel gezahlten Betrag von der Entrichtung ab mit 5 v. H. zu verzinsen, vorausgesetzt, daß es sich um einen zu erstattenden Betrag von mehr als 300 ℳ handelt (§ 132 RAO.). Ob es sich bei dem zu erstattenden Betrag um Steuer oder Verzinsung von Steuer gehandelt hat, erscheint unerheblich; auch die zuviel gezahlten Zinsen sind bei der Rückerstattung seitens des Fiskus zu verzinsen. Die Zinspflicht des Fiskus erstreckt sich aber nur auf Reichssteuern. Wegen der Aufrechnungsmöglichkeiten, Abtretung und Verpfändung von Erstattungsansprüchen vgl. §§ 103, 136 RAO.

§ 31.[1]) Soweit der Abgabepflichtige nicht die ganze Abgabe[2]) in einem Betrag entrichtet, ist der durch fünfhundert Mark nicht teilbare Betrag der Abgabe[3]) bis zum 1. Oktober 1920 oder, falls der Veranlagungsbescheid erst nach dem 1. September 1920 zugestellt wird, binnen einem Monat nach der Zustellung zu zahlen.[4]) Im übrigen ist die Vermögensabgabe einschließlich der nach § 30 zu entrichtenden Zinsen durch eine jährliche Tilgungsrente in Höhe von $6^1/_2$ vom Hundert[5]) der Abgabe zu zahlen.

Die Rentenbeträge sind je nach Wahl des Abgabepflichtigen[6]) vierteljährlich, halbjährlich oder jährlich[7]) zu entrichten. Der erste Rentenbetrag ist zusammen mit dem im Satz 1 bezeichneten Teilbetrage zu zahlen.

1. Allgemeines.

Der dem jetzigen § 31 entsprechende § 29 Abs. 1 des Regierungsentwurfs lautete:

„Soweit der Abgabepflichtige nicht die ganze Abgabe in einem Betrag entrichtet, ist der durch 500 *M* nicht teilbare Betrag der Abgabe bis zum 1. Oktober 1920 oder, falls der Veranlagungsbescheid erst nach dem 1. September 1920 zugestellt wird, binnen einem Monat nach der Zustellung zu zahlen. Im übrigen ist die Vermögensabgabe zuzüglich der nach § 28 zu entrichtenden Zinsen als dreißigjährige Tilgungsrente zu zahlen. Die Rentenbeträge sind je nach Wahl des Abgabepflichtigen vierteljährlich, halbjährlich oder jährlich zu entrichten. Der erste Rentenbetrag ist zusammen mit dem in Satz 1 bezeichneten Teilbetrage zu zahlen."

Bei der Kommissionsberatung wurde von einem Mitgliede des Ausschusses angeregt, „daß die Tilgungsrate bei der Einkommensteuer von dem Einkommen abgezogen werden könne". Der Reichsminister der Finanzen erklärte, „daß die Verzinsungsrate, da sie vom Einkommen zu tragen sei, nicht aber die Tilgungsquote, die vom Vermögen zu zahlen sei, bei der Einkommensteuer als Einkommenschuld abgezogen werden könne. Eine anderweitige Regelung würde eine ungerechtfertigte Bevorzugung für die enthalten, die statt der sofortigen Zahlung die Form der Tilgungsrate wählten. Diese Vorschrift würde auch auf die Barzahlung ungünstig wirken müssen. Man müsse aber alles tun, um die Barzahlung zu erleichtern".

2. Die „ganze" Abgabe.

Der Ausdruck könnte zu der Annahme führen, daß es dem Pflichtigen nur freigestellt sei, sich von vornherein entweder für Entrichtung der ganzen Abgabe in einem Betrage oder für Entrichtung der ganzen Abgabe in Form der Tilgungsrente zu entscheiden. Dieser Annahme steht jedoch § 34 entgegen. Es muß danach als zulässig angesehen werden, daß der Pflichtige von vornherein einen Teil der Abgabe (mindestens 200 ℳ) auf einmal, den Rest in Form der Tilgungsrente zahlt. Eine Verpflichtung, die Abgabe sofort ganz oder zum Teil zu bezahlen, besteht auch für den Besitzer liquiden Vermögens (z. B. Sparkassenguthabens) nicht, abgesehen von den durch 500 nicht teilbaren Spitzenbeträgen.

3. Der durch 500 Mark nicht teilbare Betrag der Abgabe.

Die Verzinsung mit 5 v. H. gemäß § 30 kommt zu dem sofort zahlbaren, durch 500 ℳ nicht teilbaren Betrag hinzu, während in der alsdann zahlbaren Tilgungsrate die Verzinsung naturgemäß mitenthalten ist.

Beispiel: Jemand ist entsprechend einem abgabepflichtigen Vermögen von 79000 ℳ zu 8480 ℳ Abgabe veranlagt. Er hat am 1. Oktober 1920 zu zahlen:

die überschießenden	480 ℳ
5 v. H. Zinsen, hiervon für $^3/_4$ Jahr	18 „
6,5 v. H. von 8000 ℳ	520 „
zusammen	1018 ℳ

4. Bis zum 1. Oktober 1920 oder ... binnen einem Monat nach Zustellung zu zahlen.

Auch wenn der Veranlagungsbescheid durch Rechtsmittel angefochten wird; die Einlegung von Rechtsmitteln hemmt die Zahlungspflicht nicht.

5. Jährliche Tilgungsrente in Höhe von $6^1/_2$ vom Hundert.

a) Der Wortlaut der Bestimmung beruht auf Kommissionsbeschluß. Wegen des Wortlauts des Regierungsentwurfs siehe oben Anm. 1. Der Unterschied beruht also darin, daß der Regierungsentwurf die Dauer der Tilgung festlegte und die Höhe der Rente offen ließ, umgekehrt das Gesetz die Höhe festlegt und die Dauer offen läßt.

b) Die Frage, wie die Verzinsung gemäß § 30 bei Zahlungsverzug einer Tilgungsrate zu handhaben ist, wird dahin zu beantworten sein, daß keine Zinseszinsen, im übrigen dagegen Zinsen von der Fälligkeit bis zur Zahlung zu berechnen sind; der in einer Tilgungsrate enthaltene Amortisationsbetrag wird daher bei Zahlungsverzug zu verzinsen sein, nicht dagegen der in der Rate enthaltene Verzinsungsbetrag. Beispiel: Würde in dem oben (Anm. 3) angeführten Beispiel die erste Zahlung (vorausgesetzt, daß Zustellung der Veranlagung bis zum 1. September 1920 erfolgt war) statt zum 1. Oktober erst zum 31. Dezember 1920 erfolgen, so würde zu dem oben berechneten Betrag von 1018 ℳ hinzukommen:

5 v. H. Zinsen von 480 ℳ vom 1. Oktober bis 31. Dezember 1920	mit 6,— ℳ
5 v. H. Zinsen von 120 ℳ (dem in der Tilgungsrente enthaltenen Amortisationsbetrag) vom 1. Oktober bis 31. Dezember 1920	„ 1,50 „

c) Nachstehende Tabelle veranschaulicht unter Zugrundelegung einer Abgabe von 1000 ℳ die Durchführung der Amortisation bei jährlicher Rentenzahlung am 1. Oktober (jährlicher Annuität). Da die Tabelle bis zur 6. Dezimalstelle durchgerechnet ist, gibt sie bis zu einer Abgabe von 10000000 ℳ die

Pfennigbeträge genau an. Bei halbjährlicher oder vierteljährlicher Zahlung der Tilgungsrente schreitet die Amortisation wegen der Zinsenersparnis naturgemäß ein wenig schneller fort.

Laufende Numerierung der Jahre	Kalenderjahr	Noch zu amortisierender Betrag der Abgabe (vor der zum 1. Oktober erfolgenden Zahlung) ℳ	In der zu zahlenden Tilgungsrente von 65 ℳ sind enthalten: Verzinsungsquote ℳ	Amortisationsquote ℳ
1	1920	1000,—	50,—	15,—
2	1921	985,—	49,25	15,75
3	1922	969,25	48,4625	16,5375
4	1923	952,7125	47,635625	17,364375
5	1924	935,348125	46,767406	18,232593
6	1925	917,115531	45,855776	19,144223
7	1926	897,971307	44,898565	20,101434
8	1927	877,869873	43,893493	21,106506
9	1928	856,763366	42,838168	22,161831
10	1929	834,601535	41,730076	23,269923
11	1930	811,331611	40,566580	24,433419
12	1931	786,898192	39,344909	25,655090
13	1932	761,243102	38,062155	26,937844
14	1933	734,305257	36,715262	28,284737
15	1934	706,020520	35,301026	29,698973
16	1935	676,321546	33,816077	31,183922
17	1936	645,137623	32,256881	32,743118
18	1937	612,394504	30,619725	34,380274
19	1938	578,014229	28,900711	36,099288
20	1939	541,914941	27,095747	37,904252
21	1940	504,010688	25,200534	39,799465
22	1941	464,211222	23,210561	41,789438
23	1942	422,421784	21,121089	43,878910
24	1943	378,542873	18,927143	46,072856
25	1944	332,470016	16,623500	48,376499
26	1945	284,093517	14,204675	50,795324
27	1946	233,298193	11,664909	53,335090
28	1947	179,963103	8,998155	56,001844
29	1948	123,961258	6,198062	58,801937
30	1949	65,159321	3,257966	61,742033
31	1950	3,417287 (Rest)		

d) Die Zerlegung der Tilgungsrente in die Verzinsungs- und Amortisationsquote ist von Wichtigkeit bei der Einkommensteuer. Die Abzugsfähigkeit der Zinsen ist geregelt in § 14 Einkommensteuergesetz.

e) Die Zerlegung in Verzinsungs- und Amortisationsquote spielt ferner eine Rolle bei der **kaufmännischen Verbuchung** des Reichsnotopfers und der einzelnen Tilgungsrenten. Beispiel: Eine Aktiengesellschaft ist auf Grund eines abgabepflichtigen Vermögens von 1 000 000 *M* zu 100000 *M* Abgabe veranlagt. (Die Abweichungen von den runden Zahlen, die sich aus der Verzinsung bis zur ersten Zahlung und der eventuellen Vergütung aus § 41 ergeben, sollen zur Vereinfachung hier unberücksichtigt bleiben.)

Fall 1. Die Gesellschaft zahlt die ganze Abgabe auf einmal.

Fall 2. Sie zahlt in jährlichen Tilgungsrenten von 6500 *M*.

Es steht nun kaufmännisch nichts im Wege, im ersteren Fall den ganzen Betrag im Steuerkonto (Handlungsunkostenkonto o. dgl.) ins Soll zu stellen, im zweiten Fall den Kapitalbetrag überhaupt nicht zu verbuchen, sondern nur die gezahlte Tilgungsrente von 6500 *M* (Steuerkonto-Soll). Bei diesem Verfahren wird die Gewinn- und Verlustrechnung in Fall 1 am Jahresschluß in aller Regel einen ungeheuren Verlust errechnen, obwohl nur ein besonders gut gehendes Unternehmen zu einer sofortigen Barzahlung der ganzen Abgabe in der Lage ist. In Fall 2 wird die Vermögensbilanz am Jahresschluß den nicht amortisierten Betrag des Reichsnotopfers gar nicht ersehen lassen, und überhaupt werden die Bücher nirgends ersichtlich machen, welcher Betrag an Reichsnotopfer seitens der Gesellschaft noch zu zahlen ist. In beiden Fällen wird die Steuerbehörde bei der Einkommensteuer-Veranlagung von der Bilanz abweichen, insofern sie den in der Zahlung enthaltenen Betrag, der über die Verzinsung hinausgeht, zum Gewinn addiert.

Die dargelegten Nachteile der Verbuchung werden sich auch nicht ganz vermeiden lassen. Im Falle der Tilgungszahlung ist es unmöglich, den noch ungetilgten Betrag als Passivum zu buchen und in der Bilanz erscheinen zu lassen, ohne gleichzeitig um des Systems der doppelten Buchführung willen künstlich eine Gegenbuchung zu schaffen, die dann das Passivum wieder ausgleichen würde. Zu empfehlen wird folgendes Verfahren sein. Im Falle der Zahlung durch Tilgungsrenten wird ein besonderes „Reichsnotopfer-Konto" angelegt. Bei jeder Ratenzahlung wird nunmehr nur die in der Zahlung enthaltene Zinsquote im Soll des Steuerkontos, die Amortisationsquote dagegen im Soll des Reichsnotopfer-Kontos verbucht. Bei letzterem wird im Kopfe des Kontos der veranlagte Betrag des Reichsnotopfers vermerkt. Die Differenz zwischen der Gesamtsumme der Soll-Posten und dem veranlagten Reichsnotopfer ergibt alsdann den jeweils noch zu amortisierenden Kapitalbetrag der Abgabe. Dieser Kapitalbetrag wird bei der Bilanz durch eine Fußnote hinter Kapitalkonto (Aktienkapital, Stammkapital) und Reservefonds vermerkt. Im Falle der sofortigen Zahlung der ganzen Abgabe wird die Anlegung eines besonderen Reichsnotopfer-Kontos zwecklos sein, vielmehr der ganze Betrag auf Steuerkonto verbucht werden können und dann zweckmäßig bei der abschließenden Gewinn- und Verlustrechnung in einer Fußnote darauf hingewiesen werden, daß das wirkliche Geschäftsergebnis des Jahres um den gezahlten Betrag des Reichsnotopfers höher war. Wird von der Befugnis des § 55 Gebrauch gemacht (Entnahme aus dem Reservefonds), so ist die Entnahme aus dem Reservefonds im Soll des Reservefonds-Kontos und im Haben der Gewinn- und Verlustrechnung zu verbuchen, wodurch der rechnungsmäßig sonst eintretende Verlust (bzw. Mindergewinn) ausgeglichen und Auszahlung einer Dividende ermöglicht wird (vgl. § 55 Anm. 1).

6. Nach Wahl des Abgabepflichtigen.

Die Frage, ob der Pflichtige an die einmal getroffene Wahl gebunden ist oder die Wahl des Zahlungsmodus jederzeit ändern kann, wird man mangels gegenteiliger Gesetzesvorschrift zugunsten der letzteren Alternative zu entscheiden haben (vgl. auch § 34).

7. Vierteljährlich, halbjährlich oder jährlich.

Gemeint dürfte das Kalendervierteljahr, -halbjahr oder -jahr sein, und zwar auch dann, wenn die erste Zahlung der Rente infolge einer erst nach dem 1. September 1920 vollzogenen Zustellung der Veranlagung erst nach dem 1. Oktober 1920 erfolgt ist.

§ 32. Sicherheitsleistung[1]) für die zinslos gestundete Abgabe (§ 27) kann verlangt werden[2]), wenn die spätere Einziehung der Abgabe durch die Stundung gefährdet wird und die Sicherheitsleistung keine erhebliche Härte für die Abgabepflichtigen darstellt.

Sicherheit für noch nicht fällige Tilgungsrenten (§ 31) kann nur verlangt werden, wenn die Tilgungsraten wiederholt[3]) unpünktlich bezahlt sind und aus Rücksicht auf die Persönlichkeit oder den Vermögensstand des Abgabepflichtigen[4]) der Eingang der Rente gefährdet erscheint oder wenn Tatsachen vorliegen[5]), welche die Annahme rechtfertigen, daß der Abgabepflichtige die Gefährdung der in seinem Vermögen enthaltenen Sicherheit beabsichtigt[6]).

Das Finanzamt bestimmt die Höhe der Sicherheit.

1. Sicherheitsleistung.

a) Siehe RAO. §§ 109—119, 354, ferner 348, 351—353.

b) Wenn das Finanzamt eine Hypothek zugunsten des Reichs als Sicherheit annimmt, die der Abgabepflichtige bestellt, so handelt es sich um eine zinslose Hypothek, nicht um den Reichsnotzins gemäß § 33. Die Hypothek kann als Sicherungshypothek oder als gewöhnliche Hypothek eingetragen werden. Wird Verzinsung zu 5 oder 6,5 v. H. eingetragen, so liegt hierin zugleich Befriedigung des Fiskus wegen der Zinsen und der Amortisationsbeiträge. Es ist jedoch nicht ausgeschlossen, daß bei teilweiser Stundung dasselbe Grundstück mit Reichsnotzins und einer zur Sicherheit gemäß § 32 bestellten Hypothek belastet wird.

c) Derjenige, der die Sicherheit bestellt hat, behält die Einkünfte aus den als Sicherheit bestellten Vermögensobjekten.

2. Kann verlangt werden.

Seitens des Finanzamts. Dagegen Beschwerde gemäß §§ 224, 281—283 RAO.

3. Wiederholt.

Also mindestens zweimal.

4. Vermögensstand des Abgabepflichtigen.

Wegen Stundung siehe § 27, wegen Berücksichtigung einer Vermögensverschlechterung nach der Veranlagung §§ 56, 57.

5. Oder wenn Tatsachen vorliegen...

Wiederholte unpünktliche Ratenzahlung wird hier nicht vorausgesetzt. Es müssen aber immer Tatsachen vorliegen. Vermutungen genügen nicht.

6. Gefährdung ... beabsichtigt.

Insbesondere durch Verschiebung von Vermögenswerten, zumal deren Verbringung ins Ausland.

§ 33.[1]) Auf Antrag[2]) des Abgabepflichtigen ist für den Teil[3]) der Abgabe, der auf den Grundbesitz nach Abzug der den Grundbesitz[4]) betreffenden dinglichen Schulden und Lasten entfällt, eine jährliche[5]) Tilgungsrente in Höhe von 5,5 vom Hundert[6]) der Abgabe als öffentliche Last in das Grundbuch einzutragen[7]) (Reichsnotzins). Um den Betrag des Kapitalwerts[8]) des Reichsnotzinses mindert sich die Abgabe[9]).

Für die Berechnung und die Entrichtung[10]) der Tilgungsrente sind die Vorschriften im § 31 sinngemäß anzuwenden.

Die Eintragung des Reichsnotzinses sowie Abänderungen und Löschungen erfolgen kosten-, stempel- und gebührenfrei.

1. Allgemeines.

a) Der § 33 enthält mehrfache Unklarheiten, die mit dem Grundstücks- und Grundbuchrecht zusammenhängen. Ihre Lösung wird sich in der Praxis ergeben und Gegenstand von Ausführungsbestimmungen sein.

b) Der dem § 33 entsprechende § 30 des Regierungsentwurfs hatte folgende Fassung:

„Auf Antrag des Abgabepflichtigen ist für den Teil der Abgabe, der auf den Grundbesitz nach Abzug der den Grundbesitz betreffenden dinglichen Schulden und Lasten entfällt, eine fünfzigjährige Tilgungsrente als öffentliche Last in das Grundbuch einzutragen (Reichsnotzins). Um den Betrag des Reichsnotzinses mindert sich die in § 29 bezeichnete Rente.

Für die Berechnung und die Entrichtung der fünfzigjährigen Tilgungsrente sind die Vorschriften in § 29 sinngemäß anzuwenden.

Die Eintragung des Reichsnotzinses sowie Abänderungen und Löschungen erfolgen kosten-, stempel- und gebührenfrei.

Der Reichsnotzins geht allen anderen Lasten im Range vor."

In der Kommission war die Frage der Vorrangseinräumung (vgl. Regierungsentwurf letzter Absatz) Gegenstand besonders eingehender Erörterung. Der Kommissionsbericht lautet:

„Die hierzu gestellten Anträge gingen alle von der Befürchtung aus, daß das Vorrecht, das dem Reichsnotzins vor allen übrigen eingetragenen Hypotheken und sonstigen Lasten eingeräumt werde, zu einer schweren Erschütterung des Hypothekenkredits führen müsse.

Verschiedene Redner nahmen zu diesen Anträgen, und zwar meist zustimmend, das Wort. Besonders wurde hervorgehoben, daß die Hypothekengläubiger durch den Vorrang der Reichsnotzinsen zum zweitenmal belastet würden. Einmal müßten sie die Abgabe von ihrem in Hypotheken angelegten Vermögen entrichten, und das andere Mal müßten sie mit einer ungünstigen Stelle ihrer Hypothek in der Rangordnung infolge der Eintragung der Reichsnotzinsen vorlieb nehmen. Diese zweite Belastung könne man den Hypothekengläubigern nicht zumuten. Falls sie, wie es den Anschein habe, kein Widerspruchsrecht gegen die Eintragung der Reichsnotzinsen besäßen, so würden die Hypothekengläubiger den ersten zulässigen Termin zur Kündigung benutzen, und, soweit es sich um Hypothekenanstalten handle, nach ihren Satzungen auch benutzen müssen. Letzten Endes hätte von der Eintragung der Reichsnotzinsen somit der Schuldner keinen Vorteil, sondern Nachteil, da er nun die Erneuerung der Hypothek überhaupt nicht oder nur zu schweren Bedingungen durchführen könne. Schon jetzt sei übrigens durch die drohenden Vorschriften des Gesetzentwurfs über den Reichsnotzins eine erhebliche Beunruhigung des Hypothekenmarktes eingetreten.

Demgegenüber wies Unterstaatssekretär Moesle darauf hin, daß die Grundstücke erheblich im Werte gestiegen seien und deswegen deren Belastung durch den Reichsnotzins wohl keine Erschütterung des Hypothekenmarktes nach sich ziehen würde. Von einem der Antragsteller und von anderer Seite wurde dazu bemerkt, daß, falls die hypothekarische Sicherheit zu groß sei, es gleichgültig sei, ob der Reichsnotzins an erster oder bereiter Stelle eingetragen werde. Es sei aber zudem ein Irrtum, eine derartige Wertsteigerung überall anzunehmen. Unterstaatssekretär Moesle erwiderte darauf, daß der Reichsnotzins nicht eine gewöhnliche Rente sei, sondern daß bei Eintragung des Reichsnotzinses die Abgabe als bezahlt anzusehen sei. Es trete eine Novation der Schuld ein, und die persönliche Haftpflicht erlösche. Bei Eintragung an bereiter Stelle würde der Charakter als Notzins fortfallen und die Personalhaftung bleiben. Die früheren Redner hielten demgegenüber an der Meinung fest, daß der Hypothekenmarkt durch den Reichsnotzins gefährdet werde. Außerdem würde der Auslandkredit geschädigt.

Der Reichsminister der Finanzen führte zur Vermeidung von Mißverständnissen aus, daß man zwischen dem Wege des Reichsnotzinses und der Tilgungsrente zu entscheiden habe. Wenn man die Modalität des Reichsnotzinses annehme, dann müsse die im Entwurfe vorgeschlagene Form ohne Änderung beibehalten werden. Im anderen Falle müßten die Vorschriften entsprechend umgeändert werden. Ein Abgeordneter sprach sich trotz einzelner Bedenken für die Regierungsvorlage aus. Im weiteren Verlauf der Aussprache machte Unterstaatssekretär Moesle noch einmal darauf aufmerksam, daß in der Form des Reichsnotzinses eine Bevorzugung der Grundstücke liege, die nur dann gerechtfertigt sei, wenn seitens des Abgabepflichtigen besondere Sicherheit gewährleistet werde. Der Weg einer fünfzigjährigen Tilgungsrente sei nur in der Form des Reichsnotzinses gangbar, sonst müßten auch für die Grundstücke die allgemeinen Vorschriften über die dreißigjährigen Tilgungsrenten Anwendung finden.

Die Abstimmung ergab später eine Mehrheit für die von der Regierung vorgeschlagene Form des Reichsnotzinses.

Der Antrag Nr. 187, der auch für die Reichsnotzinsen eine rund dreißigjährige Tilgungsrente in Vorschlag brachte, wurde abgelehnt, weil die damit verbundene Steigerung der Tilgungsrente zu einer für den Ertragswert der Grundstücke zu hohen Belastung führen würde. Dagegen war man damit einverstanden, daß an Stelle einer fünfzigjährigen Tilgungsrente eine Tilgungsrente in Höhe von 5,5 v. H. in Übereinstimmung mit der Änderung in § 29 vorgeschrieben werde. Der Antrag 194[2] auf Streichung des vierten Absatzes wurde unter Zustimmung der Regierung angenommen, da der Reichsnotzins bereits infolge seines Charakters und seiner Bezeichnung als öffentliche Last allen privaten Belastungen der Grundstücke vorgehe und ein besonderes Bedürfnis, ihn auch allen anderen Lasten vorgehen zu lassen, nicht bestehe.

Auf Grund dieser Stellungnahme des Ausschusses wurde der § 30 in der Fassung des Antrags des Unterausschusses Nr. 208[3] angenommen.

Zu dem § 30 sind noch zwei Erklärungen des Reichsfinanzministeriums zu erwähnen:

1. daß der Reichsnotzins auch während des Laufes der gewöhnlichen Rente jederzeit eingetragen und jederzeit wieder in eine gewöhnliche Rente umgewandelt werden kann;
2. daß der Hypothekengläubiger kein Recht hat, gegen den Antrag auf Eintragung des Notzinses Einspruch zu erheben."

2. Antrag des Abgabepflichtigen.

a) Die Fassung ist wenig glücklich. Die Tatsache, daß es sich um einen Antrag handelt, der eine Grundbucheintragung zum Ziel hat, könnte zu der Annahme führen, daß ein seitens des Abgabepflichtigen an das Grundbuchamt zu richtender Antrag gemeint sei. Der Zusammenhang ergibt aber, daß ein Antrag an das Finanzamt gemeint ist; es kann nicht Aufgabe des Grundbuchamts sein, die notwendigen steuerlichen Prüfungen und Berechnungen vorzunehmen. Auf Grund welcher Unterlagen das Grundbuchamt die Eintragung vollzieht, ist in § 33 (im Gegensatz zu § 35 Abs. 3, der ausdrücklich einen besonderen, an das Grundbuchamt gerichteten Antrag des Eigentümers und Beibringung einer Bescheinigung des Finanzamts vorsieht) nicht gesagt. Die Ausführungsbestimmungen müssen Näheres ergeben.

b) An eine Frist ist der Antrag nicht gebunden. Er kann also auch nach Zahlung eines Teiles der Abgabe für den Rest gestellt werden.

Die Frage, ob der Antragsteller seinen Antrag beliebig zurücknehmen kann, ist zu bejahen, und zwar auch dann, wenn der Reichsnotzins bereits in das Grundbuch eingetragen ist. Für die Zulässigkeit einer Rücknahme des Antrags und Rückverwandlung des Reichsnotzinses in die gewöhnliche Tilgungsrente des § 31 spricht — außer der ausdrücklichen Erklärung des Reichsfinanzministeriums in der Kommission (vgl. oben Anm. 1 am Schluß) — der Umstand, daß ganz allgemein das Gesetz dem Pflichtigen in der Wahl des Zahlungsmodus in jeder erdenklichen Weise entgegenkommt. Es wird aber zu verlangen sein, daß der Pflichtige den Mehrbetrag, der bei Zahlung der $6^1/_2$prozentigen Rente im Vergleich zu der $5^1/_2$prozentigen Rente bereits getilgt wäre, sofort entrichten muß, obwohl diese Auslegung keinen unbedingten Anspruch auf Richtigkeit erheben will.

Die Wiederholung eines einmal zurückgezogenen Antrags erscheint ebenfalls zulässig. Auch der Pflichtige, der den Reichsnotzins in die gewöhnliche Tilgungsrente hat zurückverwandeln lassen, kann also von neuem die Umwandlung des Restes in einen Reichsnotzins verlangen.

c) Das Finanzamt muß dem Antrag stattgeben. Fühlt der Pflichtige sich durch die Art der Berechnung des Finanzamts (vgl. unten Anm. 3) benachteiligt, so steht ihm gegen die Entscheidung des Finanzamts die Beschwerde offen (§§ 281—283 RAO.).

3. Der Teil, der entfällt.

Es ist folgende Proportion aufzustellen: Der nach den gesetzlichen Vorschriften ermittelte Steuerwert des Grundbesitzes (nach Abzug dinglicher Lasten) verhält sich zu dem Gesamtwert des steuerbaren (§ 6) Vermögens wie der zu ermittelnde Teil der Abgabe, der auf den Grundbesitz entfällt, zur Gesamtabgabe. Bezeichnet man den Steuerwert des Grundbesitzes mit G, den Gesamtwert des Vermögens mit V, die gesamte Abgabe mit A, den zu errechnenden Abgabeteil mit X, so erhält man die Gleichung: $\frac{G}{V} = \frac{X}{A}$. Mithin $X = \frac{G \cdot A}{V}$. In Fällen, in denen der Gesamtwert des Vermögens sehr hoch, der Wert des Grundbesitzes gering ist, kann wegen der Staffelung des § 24 eine sehr hohe Belastung eintreten, die für die Hypothekengläubiger katastrophal wirken kann, wie denn überhaupt der § 33 des Ges. eine neue, nach der bisherigen Reichs- und Landessteuergesetzgebung freilich nicht mehr verwunderliche Bevorzugung zum Nachteil des Kapitalienbesitzes bildet.

4. „Den" Grundbesitz.

Nach dem Wortlaut hat es zunächst den Anschein, als könne der Abgabepflichtige den Antrag nur für seinen gesamten Grundbesitz stellen, auch wenn er mehrere Grundstücke besitzt; die Folge wäre die, daß die Eintragung des Reichsnotzinses in voller Höhe auf sämtliche Grundstücke zur Gesamthaft erfolgen würde. Daß dies jedoch nicht die Absicht des Gesetzgebers gewesen ist, geht aus § 35 hervor, denn dort ist für den Fall nachträglicher Teilung eines mit dem Notzins belasteten Grundstücks die Verteilung der Belastung auf die Teilstücke vorgesehen. Was aber bei nachträglicher Teilung gilt, muß auch für den Fall gelten, daß sich der Grundbesitz des Pflichtigen von vornherein aus mehreren Grundstücken zusammensetzt; zudem wäre die Verteilung gemäß § 35 gar nicht durchführbar, wenn auf dem geteilten Grundstück vor der Teilung eine Belastung unter Mithaft anderer Grundstücke bestanden hat, sondern es müßte dann logischerweise auf dem abgeteilten Grundstück auch wieder die Gesamthaft eingetragen werden. Aus diesen Erwägungen ergibt sich, daß unter dem Ausdruck „Grundbesitz" jedes einzelne Grundstück des Pflichtigen verstanden sein muß, daß also die oben in Anm. 2 dargelegte Proportion für jedes einzelne Grundstück des Pflichtigen unter Einsetzung des Steuerwertes gerade dieses Grundstücks aufzustellen und der sich ergebende Abgabenteil als Kapitalwert der 5,5prozentigen Rente zugrunde zu legen ist. Hieraus ist weiterhin zu folgern, daß ein Pflichtiger, der mehrere Grundstücke besitzt, den Antrag aus § 33 für eines oder einige seiner Grundstücke stellen, für andere unterlassen kann.

5. „Jährliche".

Der Ausdruck bedeutet nur, daß es sich um insgesamt 5,5 v. H. auf das Jahr berechnet handelt, nicht etwa, daß nur jährliche Rentenzahlung möglich sei;

die Zahlung kann vielmehr gemäß Abs. 2 nach Wahl des Pflichtigem auch viertel- oder halbjährlich erfolgen.

6. Tilgungsrente in Höhe von 5,5 vom Hundert.

a) Einschließlich der 5 v. H. Zinsen nach § 30.

b) Wie bei § 31 (vgl. dort Anm. 5a) besteht auch hier der Unterschied in der Fassung des Regierungsentwurfs (vgl. oben Anm. 1) und des auf Kommissionsbeschluß beruhenden Gesetzestextes darin, daß ersterer die Dauer der Rente festlegte und die Höhe offen ließ, umgekehrt letzterer die Höhe festlegt und die Dauer offen läßt.

c) Der Vorteil des Grundbesitzers, der von der Vergünstigung des § 38 Gebrauch macht, beruht nicht etwa, wie es auf den ersten Blick scheinen könnte, darin, daß er weniger Abgabe zu zahlen hat, sondern lediglich darin, daß er die Abgabe auf einen längeren Zeitraum verteilen, mit anderen Worten langsamer amortisieren kann. Das Reich kann sich auf die lange Abzahlungsfrist einlassen, da es dinglich gesichert ist und mit seiner Sicherheit allen dinglich Berechtigten vorgeht.

d) Nachstehende Tabelle veranschaulicht unter Zugrundelegung eines jährlichen Notzinses von 55 ℳ, in welcher Weise die durch die Rente erfolgende Amortisation von 1000 ℳ bei jährlicher Rentenzahlung am 1. Oktober (jährlicher Annuität) allmählich fortschreitet. Da die Tabelle bis zur 5. Dezimalstelle durchgerechnet ist, gibt sie bis zu einem Kapitalwert des Reichsnotzinses von 1000000 ℳ die Pfennigbeträge genau an.

Laufende Numerierung der Jahre	Kalenderjahr	Noch zu amortisierender Kapitalwert (vor der zum 1. Oktober erfolgenden Entrichtung des Zinses) ℳ	In dem Reichsnotzins von 55 ℳ sind enthalten: Verzinsungsquote ℳ	Amortisationsquote ℳ
1	1920	1000,—	50,—	5,—
2	1921	995,—	49,75	5,25
3	1922	989,75	49,4875	5,5125
4	1923	984,2375	49,21185	5,78815
5	1924	978,44935	48,92245	6,07755
6	1925	972,37180	48,61855	6,38145
7	1926	965,99035	48,29950	6,70050
8	1927	959,28985	47,96445	7,03555
9	1928	952,25430	47,61270	7,38730
10	1929	944,86700	47,24335	7,75665
11	1930	937,11035	46,85550	8,14450
12	1931	928,96585	46,44825	8,55175
13	1932	920,41410	46,02070	8,97930
14	1933	911,43480	45,57170	9,42830
15	1934	902,00650	45,10030	9,89970
16	1935	892,10680	44,60530	10,39470
17	1936	881,71210	44,08560	10,91440

Laufende Numerierung der Jahre	Kalenderjahr	Noch zu amortisierender Kapitalwert (vor der zum 1. Oktober erfolgenden Entrichtung des Zinses) ℳ	In dem Reichsnotzins von 55 ℳ sind enthalten: Verzinsungsquote ℳ	Amortisationsquote ℳ
18	1937	870,79770	43,53985	11,46015
19	1938	859,33755	42,96685	12,03315
20	1939	847,30440	42,36520	12,63480
21	1940	834,66960	41,73345	13,26655
22	1941	821,40305	41,07015	13,92985
23	1942	807,47320	40,37365	14,62635
24	1943	792,84685	39,64230	15,35770
25	1944	777,48915	38,87445	16,12555
26	1945	761,36360	38,06815	16,93185
27	1946	744,43175	37,22155	17,77845
28	1947	726,65330	36,33265	18,66735
29	1948	707,98595	35,39925	19,60075
30	1949	688,38520	34,41925	20,58075
31	1950	667,80445	33,39020	21,60980
32	1951	646,19465	32,30970	22,69030
33	1952	623,50435	31,17520	23,82480
34	1953	599,67955	29,98395	25,01605
35	1954	574,66350	28,73315	26,26685
36	1955	548,39665	27,41980	27,58020
37	1956	520,81645	26,04080	28,95920
38	1957	491,85725	24,59285	30,40715
39	1958	461,45010	23,07250	31,92750
40	1959	429,52260	21,47610	33,52390
41	1960	395,99870	19,79990	35,20010
42	1961	360,79860	18,03990	36,96010
43	1962	323,83850	16,19190	38,80810
44	1963	285,03040	14,25150	40,74850
45	1964	244,28190	12,21410	42,78590
46	1965	201,49600	10,07480	44,92520
47	1966	156,57080	7,82855	47,17145
48	1967	109,39935	5,46995	49,53005
49	1968	59,86930	2,99345	52,00655
50	1969	7,86275 Rest		

7. Als öffentliche Last in das Grundbuch einzutragen.

a) Diese Bestimmung ist grundbuchrechtlich etwas vollkommen Neues, da das Grundbuch bisher ausschließlich der Eintragung von Privatrechten diente. Daraus, daß es sich vorliegend um etwas bisher nicht Dagewesenes handelt, werden sich Schwierigkeiten ergeben, die aus der Frage erwachsen, wieweit das auf Privatrechtsverhältnisse zugeschnittene Grundstücks- und Grundbuchrecht auf den Reichsnotzins anzuwenden ist. Man wird sich grundsätzlich für eine — mindestens analoge — Anwendung zu entscheiden haben, da die Eintragung des Reichsnotzinses den Sinn haben muß, die für das Grundstücks- und Grundbuchrecht entwickelten Rechtssätze dem neuen Rechtsbegriff des Reichsnotzinses dienstbar zu machen. Insbesondere werden also die privatrechtlichen Bestimmungen zum Schutz gutgläubigen Erwerbs Anwendung zu finden haben, d. h. wer ein Grundstück, auf dem kein Reichsnotzins eingetragen ist, erwirbt, wird sich darauf verlassen dürfen, daß eine Belastung durch Reichsnotzins nicht besteht.

b) Rangordnung. Daraus, daß Abs. 4 des Regierungsentwurfs („Der Reichsnotzins geht allen anderen Lasten im Range vor") nicht in das Gesetz übernommen ist, darf nicht geschlossen werden, daß kein Vorrang bestehe und der Zins entsprechend dem Datum der Eintragung rangiere. Wie der Kommissionsbericht (vgl. oben Anm. 1) ergibt, beruht die Fortlassung von Abs. 4 des Regierungsentwurfs darauf, daß man die Bezeichnung „als öffentliche Last" für ausreichend und Abs. 4 für unnötig hielt, weil der Reichsnotzins „als öffentliche Last den privaten Belastungen der Grundstücke vorgehe". Der hier einschlägige § 10 ZVG. lautet:

> Ein Recht auf Befriedigung aus dem Grundstücke gewähren nach folgender Rangordnung, bei gleichem Range nach dem Verhältnis ihrer Beträge:
>
> 1. der Anspruch eines die Zwangsverwaltung betreibenden Gläubigers auf Ersatz seiner Ausgaben zur Erhaltung oder nötigen Verbesserung des Grundstücks, im Falle der Zwangsversteigerung jedoch nur, wenn die Verwaltung bis zum Zuschlage fortdauert und die Ausgaben nicht aus den Nutzungen des Grundstücks erstattet werden können;
> 2. (gewisse Lohnforderungen);
> 3. die Ansprüche auf Entrichtung der öffentlichen Lasten des Grundstücks wegen der laufenden und der aus den letzten zwei Jahren rückständigen Beträge;

usw.

Erst unter Ziff. 4 folgen dann die Ansprüche aus Rechten an dem Grundstück (z. B. Hypotheken). Der Reichsnotzins geht sonach den sonstigen im Grundbuch eingetragenen Rechten im Range vor, es sei denn, daß es sich um Rentenbeträge handelt, die mit mehr als zwei Jahren rückständig sind.

c) Da es sich, wie oben unter a ausgeführt, um eine dem Grundbuchrecht bisher unbekannte Art der Eintragung handelt, ist die Frage, in welcher Abteilung des Grundbuchs der Reichsnotzins einzutragen sei, aus dem Gesetz nicht beantwortbar. Ausführungsbestimmungen müssen die Art der Eintragung regeln. Die Ähnlichkeit des Reichsnotzinses mit der privatrechtlichen „Rentenschuld" legt nahe, ihn wie diese zu behandeln. Eintragung an einer falschen Stelle des richtigen Grundbuchblatts würde materiellrechtlich ohne Bedeutung sein.

d) Auf die Eintragung des Reichsnotzinses findet folgende Bestimmung der Grundbuchordnung (§ 55) Anwendung: „Jede Eintragung soll dem Antragsteller und dem eingetragenen Eigentümer sowie im übrigen allen aus dem Grundbuch ersichtlichen Personen bekanntgemacht werden, zu deren Gunsten die Eintragung erfolgt ist oder deren Recht durch sie betroffen wird . . ."

8. **Kapitalwert** des Reichsnotzinses ist der Betrag, von dem die 5,5prozentige Rente berechnet ist (vgl. oben Anm. 3).

9. **Mindert sich die Abgabe.**

Die persönliche Haftung des Abgabepflichtigen erlischt im Augenblick der Eintragung des Reichsnotzinses in das Grundbuch. Wenn etwa das Reich bei einer Zwangsversteigerung des Grundstücks einen Ausfall erleidet, so kann es sich nicht an den Abgabepflichtigen halten.

10. **Entrichtung.**

Nach Wahl des Pflichtigen jährlich, halbjährlich oder vierteljährlich. Ändert er nachträglich die Wahl der Zahlungsperiode (vgl. Anm. 6 zu § 31), so wird es einer Änderung der Grundbucheintragung bedürfen.

§ 34. Die in §§ 31, 33 bezeichneten Tilgungsrenten können zum ersten Tage eines jeden Kalendervierteljahrs ganz oder in Teilbeträgen abgelöst werden[1]).

Die Teilbeträge dürfen nicht weniger als zweihundert Mark betragen. Der nach einer Teilzahlung verbleibende Abgabebetrag muß durch einhundert Mark teilbar sein.

Die Tilgungsrente ist ohne Verkürzung der Rentenfrist[2]) neu zu berechnen.

1. **Durch einhundert Mark teilbar sein.**

Beispiel: Jemand ist zu 100000 ℳ Abgabe veranlagt und will, nachdem er bis dahin jährlich am 1. Oktober 6,5prozentige Tilgungsrenten gezahlt hat, zum 1. Januar 1931 einen Teilbetrag ablösen. Alsdann würde zunächst festzustellen sein, daß sich am 1. Januar 1931 die noch geschuldete Abgabe durch Amortisation auf 78689,81 ℳ ermäßigt hat. Der Pflichtige müßte hiernach bei einer Ablösung zunächst die geschuldete Summe durch Zahlung von 89,81 ℳ auf den nächstniedrigeren durch 100 teilbaren Betrag abrunden, so daß der geringste in Frage kommende Ablösungsbetrag 289,81 ℳ sein würde. Hierzu kämen 5 v. H. Zinsen von 78689,81 ℳ für die Zeit vom 1. Oktober bis 31. Dezember 1930.

2. **Ohne Verkürzung der Rentenfrist.**

a) Der Pflichtige soll also den Vorteil haben, daß sich nach der Teilzahlung die Höhe der Rente ermäßigt; die Frist soll konstant bleiben. Falls dem Pflichtigen selbst nicht an einer Herabsetzung der Rentenhöhe, sondern an beschleunigter Abtragung gelegen ist, so kann er sich helfen, indem er immer wieder höhere als die pflichtgemäßen Beträge zahlt, mit anderen Worten immer wieder teilweise Ablösungen vornimmt.

b) Bei der Frage, welche Dauer der Rentenfrist der Neuberechnung zugrunde zu legen ist, ergibt sich eine Schwierigkeit, die bei der endgültigen Fassung des Gesetzes entweder übersehen oder wegen ihrer Geringfügigkeit absichtlich ungelöst geblieben ist. Der Satz „Die Tilgungsrente ist ohne Verkürzung der Rentenfrist neu zu berechnen" ist unverändert aus der Regierungsvorlage in das Gesetz übergegangen. Der Regierungsentwurf sah nun aber für die gewöhnliche Tilgungsrente eine Frist von genau 30 Jahren, für den Reichsnotzins von genau 50 Jahren vor (vgl. Anm. 1 u. 5a zu § 31 sowie 1b u. 6b zu § 33). Der Satz „Die Tilgungsrente ist ohne Verkürzung der Rentenfrist neu zu berechnen" bedeutete mithin nach dem Regierungsentwurf, die Rente solle so neu berechnet werden, daß die Amortisation nach insgesamt 30 bzw. 50 Jahren vollendet sei. Dadurch jedoch, daß nunmehr abweichend von der Regierungsvorlage in den §§ 31, 33 die Rentenfrist nicht mehr festgelegt ist, ergeben sich Rentenfristen, die zwar rund, aber nicht genau 30 bzw. 50 Jahre ausmachen (vgl. die Tabellen in Anm. 5c zu § 31 und 6d zu § 33). Es wird jedoch trotz der geringfügigen ziffermäßigen Ungenauigkeit als zulässig erachtet werden dürfen, die Neuberechunug der Renten so vorzunehmen, daß die Amortisation nach 30 bzw. 50 Jahren vollendet ist, da einmal die Entstehungsgeschichte des Gesetzes dafür spricht und andererseits ein Zugrundelegen der genauen Rentenfristen kaum überwindbare rechnerische Schwierigkeiten bereiten würde.

§ 35. Im Falle der Teilung[1]) eines mit dem Reichsnotzins belasteten Grundstücks wird der Reichsnotzins entsprechend dem von dem Finanzamt[2]) für den Zeitpunkt der Teilung festzustellenden Werte der Teilstücke auf diese verteilt.

Das Finanzamt[2]) kann genehmigen, daß Grundstücke frei vom Reichsnotzins abgeschrieben werden.

Die Eintragungen im Grundbuch sind auf Antrag des Eigentümers[3]) gegen Beibringung einer Bescheinigung des Finanzamts entsprechend abzuändern.

1. Teilung.

Gleichviel ob mit oder ohne Übergang eines Teils an einen neuen Eigentümer.

2. Finanzamt.

Gegen dessen Entscheidung Beschwerde gemäß §§ 281 ff. RAbgO.

3. Antrag des Eigentümers.

Es handelt sich hier um den Antrag an das Grundbuchamt in der grundbuchrechtlich vorgeschriebenen Form (Erklärung zu gerichtlichem Protokoll oder in einer öffentlichen oder öffentlich beglaubigten Urkunde).

§ 36.[1]) Falls ein Abgabepflichtiger, um den dem Reichsnotzins zugrunde liegenden Abgabebetrag[2]) bar zu zahlen[3]), ein in höchstens 50 Jahren rückzahlbares Tilgungsdarlehn bei der öffentlichen oder unter Staatsaufsicht stehenden Kreditanstalt aufnimmt, welche das Grundstück an erster Stelle beliehen hat, so geht die dafür zu bestellende Hypothek, deren Eintragung kosten-, stempel- und gebührenfrei zu erfolgen hat, allen andern Lasten im Range vor[4]).*)

---

*) S. Fußnote auf S. 109.

Der Reichsminister der Finanzen bestimmt, welche Anstalten im Sinne dieser Vorschrift als öffentliche oder unter Staatsaufsicht stehende anzusehen sind.*)

1. Allgemeines.

Zweck der Bestimmung ist im Interesse des Reichs die Barzahlung der Abgabe zu fördern. Der Abgabepflichtige seinerseits hat aus doppeltem Grund ein Interesse daran, statt des Reichsnotzinses eine Hypothek gemäß § 36 aufzunehmen; einmal wird er die Hypothek vielfach zu einem billigeren Zinsfuß als 5 v. H. bekommen, ferner kann er die Vergünstigung des § 41 Abs. 3 erlangen.

2. Zugrunde liegender Abgabebetrag.

Vgl. Anm. 8 zu § 33.

3. Bar zu zahlen.

Vgl. Anm. 3 zu § 41.

4. Allen andern Lasten im Range vor.

a) Die Hypothek gemäß § 36 geht also auch anderen öffentlichen Lasten vor; sie rangiert zwischen Ziff. 2 u. 3 des § 10 ZVG.

b) Die Frage, ob der Vorrang im Grundbuch ersichtlich zu machen ist, wird vom Gesetz nicht beantwortet. Sie wird nach allgemeinen grundbuchrechtlichen Grundsätzen zu bejahen sein, obwohl es dann Sache des Gesetzgebers gewesen wäre, die Unterlagen, auf Grund deren das Grundbuchamt die Eintragung des Vorrangs vornimmt, zu präzisieren; jedenfalls kann es nicht Aufgabe des Grundbuchrichters sein, nachzuprüfen, ob die Voraussetzungen des § 36 vorliegen, ob also insbesondere die Hypothekenaufnahme tatsächlich den Zweck der Barzahlung der Abgabe verfolgt. Bei Unterlassung der Eintragung des Vorrangs wird das Grundbuch falsch und kann seine Berichtigung nach zivilrechtlichen Grundsätzen verlangt werden; die sachenrechtlichen Grundsätze über den Schutz des guten Glaubens beim Vertrauen auf die Richtigkeit des Grundbuchinhalts finden Anwendung.

§ 37.[1]) Auf Antrag[2]) des Abgabepflichtigen ist der Teil der Abgabe[3]), welcher auf Vermögenswerte in ausländischer Währung entfällt, auch in der jeweils in Betracht kommenden ausländischen Währung festzusetzen. Dieser Teil der Abgabe sowie jeder einzelne im Falle des § 31 auf ihn zu zahlende Rentenbetrag kann[4]) von dem Abgabepflichtigen in der betreffenden ausländischen Währung entrichtet werden. Die näheren Bestimmungen zur Ausführung dieser Vorschriften erläßt der Reichsminister der Finanzen.

---

*) Der § 36 ist abgeändert bzw. ergänzt durch § 2 des Ges., betr. Veranlagung der Besitzsteuer vom 31. Dez. 1919, vom 30. April 1920 (RGBl. S. 875). Demnach erlischt mit der Forderung die Hypothek; der § 1163 Abs. 1 Satz 2 des BGB. findet keine Anwendung. Also entsteht keine Eigentümerhypothek.

1. Allgemeines.

Der Sinn der Bestimmung ist der, daß der Abgabepflichtige die Gefahr ausschalten kann, die für ihn mit einer Besserung der deutschen Valuta nach dem Stichtag (§ 22) verbunden ist. Beispiel: Das abgabepflichtige Vermögen einer natürlichen Person ist auf den 31. Dezember 1919 in seinen sonstigen Werten auf 100000 ℳ und außerdem auf 1000 holländische Gulden festgestellt worden. Angenommen, die 1000 Gulden würden per 31. Dezember 1919 auf 25000 ℳ umgerechnet, so ergäbe sich also ein abgabepflichtiges Vermögen von 125000 ℳ. Hierauf entfiele nach § 24 eine Abgabe von 14750 ℳ. Bessert sich in späterer Zeit der Stand der deutschen Valuta dahin, daß die 1000 Gulden beispielsweise nur noch einen Wert von 10000 ℳ haben, so würde dadurch eine Härte für den Abgabepflichtigen entstehen; zu ihrer Ausschaltung bietet § 37 eine Handhabe. Stellt der Abgabepflichtige den Antrag aus § 37, so ist folgende Proportion aufzustellen. Das gesamte abgabepflichtige Vermögen verhält sich zu dem Teil desselben, der auf Werte in ausländischer Valuta entfällt, wie der Gesamtbetrag der Abgabe zu dem zu errechnenden Teil derselben, der auf die Werte in ausländischer Valuta entfällt. Auf obiges Beispiel angewandt würde sich also die Proportion ergeben 125000 : 25000 = 14750 : x. Es ergibt sich x = 2950, d. h. diese 2950 ℳ würden in holländischer Währung festzustellen sein, also, wenn man wieder den Umrechnungskurs von 2500 ℳ für 100 Gulden zugrunde legt, 118 Gulden; die Veranlagung würde mithin auf eine Abgabe von 11800 ℳ und 118 Gulden lauten. Nunmehr bleibt es dem Abgabepflichtigen, der den Antrag aus § 37 gestellt hat, bei jedem Fälligkeitstermin überlassen, ob er die 6,5 v. H. von 118 Gulden in holländischer oder deutscher Währung (zum Kurs des Fälligkeitstermins) zahlen will. Er wird also in der Regel, wenn holländisches Geld zur Zeit der Zahlung teuer ist, lieber in deutscher, wenn holländisches Geld billig ist, lieber in holländischem Geld zahlen.

2. Antrag.

Vgl. Anm. 6 zu § 27. Der Abgabepflichtige wird gut tun, den Antrag auf jeden Fall zu stellen; er kann dann gemäß Satz 2 in der ausländischen Währung zahlen, braucht es aber nicht.

3. Der Teil der Abgabe, welcher . . . entfällt.

Wegen der aufzustellenden Proportion vgl. oben Anm. 1.

4. „Kann" in der ausländischen Währung entrichtet werden.

Vgl. oben Anm. 1 am Schluß und Anm. 2.

§ 38. Stirbt der Abgabepflichtige, so ist der durch die im § 31 bezeichnete Rente[1]) noch nicht getilgte Betrag[2]) der Vermögensabgabe in voller Höhe als Nachlaßverbindlichkeit[3]) fällig.

Das Finanzamt[4]) kann den Erben die Fortzahlung der Rente gestatten. Dies muß geschehen, wenn die Sicherheit der Rente nicht als gefährdet anzusehen ist. Die Erben können gemäß § 33 die Eintragung eines Reichsnotzinses auf den Nachlaßgrundstücken verlangen.

1. Die im § 31 bezeichnete Rente.

Also nicht etwa auch der Reichsnotzins des § 33. Die Nichterwähnung des Reichsnotzinses ist die selbstverständliche Folge davon, daß bei ihm die persönliche Haftung des Abgabepflichtigen erlischt (vgl. Anm. 9 zu § 33).

2. Der noch nicht getilgte Betrag.

Vgl. Anm. 5c zu § 31.

3. Als Nachlaßverbindlichkeit.

Der noch nicht amortisierte Betrag der Tilgungsrente des § 31 ist bei Berechnung der Nachlaßsteuer und der Erbanfallsteuer vom Aktivbestand des Nachlasses abzuziehen. Der Kapitalbetrag des Reichsnotzinses des § 33 vermindert natürlich, soweit noch keine Amortisation stattgefunden hat, ebenso den Aktivbestand des Nachlasses, vorausgesetzt, daß der verstorbene Abgabepflichtige noch Eigentümer des mit dem Reichsnotzins belasteten Grundstücks war.

4. Finanzamt.

Gegen dessen Entscheidung Beschwerde gemäß §§ 281 ff. RAbgO.

§ 39. Gibt der Abgabepflichtige[1]) seinen dauernden Aufenthalt im Inland auf, so wird die noch geschuldete Vermögensabgabe, soweit sie nicht als Reichsnotzins im Grundbuch eingetragen ist, sofort fällig, sofern nicht der Abgabepflichtige für den geschuldeten Betrag Sicherheit[2]) leistet.

Diese Vorschrift findet im Falle der Liquidation, Auflösung[3]) oder Aufhebung einer abgabepflichtigen juristischen Person, Gesellschaft oder Vermögensmasse entsprechende Anwendung.

1. Der Abgabepflichtige.

Ist der Abgabepflichtige ein nach § 2 Abs. 1 Nr. 3 abgabepflichtiger Ausländer, so kommt die Spezialbestimmung in § 48 zur Anwendung.

2. Sicherheit.

Siehe §§ 109 bis 119, 354 RAbgO.

3. Auflösung.

Wegen des Spezialfalles der Auflösung durch Konkurs siehe Anm. 1 zu § 40.

§ 40. Im Falle des Konkurses[1]) stehen die rückständigen und die für das Jahr[2]) der Konkurseröffnung laufenden Beträge der Tilgungsrente den im § 61 Ziffer 2 der Konkursordnung[3]) vom 20. Mai 1898 (Reichs-Gesetzbl. S. 612) bezeichneten Forderungen der Reichskasse gleich.

1. Konkurs.

Der Konkurs hat zunächst die Wirkung, daß der zur Zeit seiner Eröffnung noch restierende Kapitalbetrag der Tilgungsrente sofort fällig wird (§ 65 KO.). Da sich diese Wirkung schon aus der Konkursordnung ergibt, war es überflüssig, sie in §§ 39 oder 40 des Gesetzes noch besonders hervorzuheben. Wegen der Rangordnung siehe unten Anm. 3. Vgl. im übrigen § 57.

2. Das Jahr der Konkurseröffnung.

Maßgebend ist das Kalenderjahr, nicht etwa das für die Zahlung der Tilgungsrente maßgebende Jahr oder das Geschäftsjahr des Gemeinschuldners. Die Konkurseröffnung datiert von dem Zeitpunkt des gerichtlichen Eröffnungsbeschlusses, der gemäß § 108 KO. die Stunde der Eröffnung genau anzugeben hat.

3. § 61 Ziff. 2 der Konkursordnung.

§ 61 KO. lautet bis einschließlich Ziff. 2:

„Die Konkursforderungen werden nach folgender Rangordnung, bei gleichem Range nach dem Verhältnis ihrer Beträge, berichtigt:

1. die für das letzte Jahr vor der Eröffnung des Verfahrens oder dem Ableben des Gemeinschuldners rückständigen Forderungen an Lohn, Kostgeld oder anderen Dienstbezügen der Personen, welche sich dem Gemeinschuldner für dessen Haushalt, Wirtschaftsbetrieb oder Erwerbsgeschäft zur Leistung von Diensten verdungen hatten;
2. die Forderungen der Reichskasse, der Staatskassen und der Gemeinden, sowie der Amts-, Kreis- und Provinzialverbände wegen öffentlicher Abgaben, welche im letzten Jahre vor der Eröffnung des Verfahrens fällig geworden sind oder nach § 65 als fällig gelten; es macht hierbei keinen Unterschied, ob der Steuererheber die Abgabe bereits vorschußweise zur Kasse entrichtet hat."

Nur die rückständigen und für das Jahr der Konkurseröffnung laufenden Beträge der Tilgungsrente stehen den in Ziff. 2 genannten Forderungen der Reichskasse gleich; im übrigen ist der noch nicht getilgte Kapitalbetrag der Tilgungsrente eine gewöhnliche Konkursforderung, rangiert also an letzter Stelle, d. h. mit allen anderen nicht bevorrechtigten Forderungen zusammen.

§ 41. Der Abgabepflichtige ist berechtigt, Vorauszahlungen[1]) auf die noch nicht veranlagte Abgabe zu leisten. Von dem im voraus bezahlten Betrage sind sechs vom Hundert Jahreszinsen vom Tage der Einzahlung bis zum 1. Januar 1920 zugunsten des Abgabepflichtigen zu berechnen. Die Zinsbeträge werden auf volle Mark nach unten abgerundet.

Die Vorauszahlungen müssen durch hundert Mark teilbar sein.

Für die bis zum 30. Juni 1920[2]) in bar[3]) gezahlten Beträge werden acht vom Hundert, für die in der Zeit vom 1. Juli bis 31. Dezember 1920 bar gezahlten Beträge vier vom Hundert als Vergütung[4]) gewährt.

Der vor dem 1. Januar 1920 auf die Abgabe vorausgezahlte Betrag tritt dem auf den 31. Dezember 1919 festgestellten Vermögen hinzu.

1. **Vorauszahlungen vor dem 1. Januar 1920** dürften bei der späten Veröffentlichung des Gesetzes und der am 1. Januar 1920 noch nicht durchgeführten

Behördenorganisation nicht geleistet worden sein; die Bestimmung ist somit gegenstandslos.

2. Bis zum 30. Juni 1920 bzw. 31. Dezember 1920.

Maßgebend ist das Datum des Eingangs bei der Steuerkasse.

3. In bar.

Für andere Arten von Zahlung, insbesondere durch Kriegsanleihe, gilt die Zinsvergütung nicht. Hingabe unverzinslicher Schatzanweisungen (Schatzwechsel) gilt als Barzahlung (§ 42 Abs. 2). Der Barzahlung muß auch die nach § 103 RAbgO. zugelassene Aufrechnung mit unbestrittenen oder rechtskräftig festgestellten Gegenforderungen des Abgabepflichtigen gleich geachtet werden, da es sinnlos wäre, die Vergütung davon abhängig zu machen, daß der Pflichtige die Abgabe leistet und dann unmittelbar das Geleistete wieder zurückverlangt.

4. Acht bzw. vier vom Hundert als Vergütung.

a) Die Bestimmung dient dem bei Beratung des Gesetzes immer wieder betonten Zweck, dem Reich möglichst schnell möglichst große Barbeträge zufließen zu lassen. Der Kaufmann, der Aussicht hat, mit seinem Kapital mehr als 5 v. H. Verzinsung zu erzielen und für den eine plötzliche Kapitalentziehung besonders störend ist, wird in der Regel trotz der Vergütung der 8 bzw. 4 v. H. die Form der Tilgungsrente wählen, beim Nichtkaufmann dagegen wird der Anreiz der Vergütung vielfach zur Barzahlung führen, soweit ihm nicht die Hingabe von Kriegsanleihe gemäß § 43 möglich ist und vorteilhafter erscheint.

b) Die Vergütung wird von dem geleisteten, nicht dem zu leistenden Betrag berechnet; es kommt also stets nur eine Addition, keine Subtraktion der 8 bzw. 4 v. H. in Betracht (im Gegensatz zu der Zinsvergütung gemäß § 24 des Vermögenszuwachssteuergesetzes, wo es heißt, daß „Zwischenzinsen abgezogen" werden). Beispiel: Jemand ist zu 5000 ℳ Abgabe veranlagt und will die ganze Abgabe Ende Juni 1920 entrichten. Er hat alsdann 4745,38 ℳ zu zahlen, denn diese Summe zuzüglich 8 v. H. ergibt den per 30. Juni 1920 geschuldeten Betrag von 5125 ℳ (5000 Abgabe plus 5 v. H. Zinsen davon für die Zeit vom 1. Januar bis 30. Juni 1920). Berechnet man die Vergütung als Prozentsatz von der zu zahlenden Summe, so ergibt sich rund 7,4 bzw. 3,7 v. H.

§ 42. Die Abgabe kann außer in bar[1]) durch Hingabe anderer Vermögenswerte nach Maßgabe der Vorschriften in §§ 43 bis 46 entrichtet werden.

Als bare Zahlung gilt auch die Hingabe von unverzinslichen Schatzanweisungen (Schatzwechseln)[2]).

1. Außer in bar.

Wegen der Aufrechnung vgl. Anm. 3 zu § 41.

2. Abs. 2 ist wichtig für die Vergütung des § 41 Abs. 3.

§ 43.[1]) Nachweislich selbstgezeichnete[2]) Schuldverschreibungen, Schuldbuchforderungen und Schatzanweisungen der Kriegsanleihen des Deutschen Reichs werden bis zum 31. Dezember 1920, und zwar die fünfprozentigen Schuldverschreibungen, Schuldbuchforderungen und Schatzanweisungen mit Zinsenlauf vom 1. Januar 1920[3]) zum Nennwert, die viereinhalbprozentigen Schatzanweisungen unter Zugrundelegung des gleichen Zinsenlaufs zu einem vom Reichsminister der Finanzen festzusetzenden und bekanntzumachenden Kurse an Zahlungs Statt angenommen.

Als selbstgezeichnet gelten die Schuldverschreibungen, Schuldbuchforderungen und Schatzanweisungen, die der Abgabepflichtige oder im Falle des § 16 seine Ehefrau infolge einer Zeichnung von Kriegsanleihe für sich oder für den Bedachten (§ 13) erworben hat oder die der Abgabepflichtige oder seine Ehefrau aus dem Nachlaß eines Verstorbenen von Todes wegen erworben oder von einer offenen Handelsgesellschaft, Kommanditgesellschaft, Gesellschaft mit beschränkter Haftung, Genossenschaft oder von einem Syndikat als deren Gesellschafter, Genosse oder Mitglied empfangen und der Erblasser, die Gesellschaft, Genossenschaft oder das Syndikat diese Schuldverschreibungen, Schuldbuchforderungen oder Schatzanweisungen infolge einer Zeichnung von Kriegsanleihe erworben hat oder die Zeichnung für eine Erbengemeinschaft erfolgt ist, an der der Abgabepflichtige oder dessen Ehegatte beteiligt war.

Die Vorschrift des Abs. 2 findet entsprechende Anwendung, wenn der Abgabepflichtige von einer Genossenschaft, deren Mitglied er mindestens seit dem 1. Juli 1919 ist, die Schuldverschreibungen, Schuldbuchforderungen oder Schatzanweisungen käuflich erworben hat, sofern der dafür entrichtete Erwerbspreis nicht den Betrag des am 31. Dezember 1919 vorhandenen Guthabens des Abgabepflichtigen (Genossen) überstiegen und die Genossenschaft die Schuldverschreibungen, Schuldbuchforderungen oder Schatzanweisungen infolge einer Zeichnung erworben hat.

Als selbstgezeichnet gelten ferner die Schuldverschreibungen, Schuldbuchforderungen und Schatzanweisungen, die ein Abgabepflichtiger[4]) an Stelle einer auf gesetzlicher Verpflichtung beruhenden Aussteuer[5]) erhalten hat, falls der Aussteuernde die Schuldverschreibungen, Schuldbuchforderungen und Schatzanweisungen infolge einer Zeichnung erworben hat.

Es bleibt dem Reichsminister der Finanzen vorbehalten, für spätere Zeiten[6]) Anleihestücke vorgenannter Art[7]) zu einem von ihm zu bestimmenden Kurse in Zahlung zu nehmen.

Andere Schuldverschreibungen[8]), Schuldbuchforderungen und Schatzanweisungen des Deutschen Reichs werden bis zum 31. Dezember 1920 unter Zugrundelegung eines Zinsenlaufs vom 1. Januar 1920 ab zum festgestellten Steuerkurse an Zahlungs Statt angenommen.

1. Allgemeines.

§ 43 stimmt seinem wesentlichen Inhalt nach mit § 32 des Ges. über eine außerordentliche Kriegsabgabe für 1919 und § 25 VermZuwG. überein. Das zu diesen Bestimmungen in Band I (S. 156 ff. und 260 ff.) des vorliegenden Kommentars Gesagte ist auch hier von Bedeutung.

2. Selbstgezeichnet.

Anleihestücke, die bei Banken gekauft sind, ohne daß der Erwerber unmittelbar als Zeichner auftrat, gelten nicht als selbstgezeichnet, und zwar auch dann nicht, wenn der Erwerb etwa zur Zeichnungszeit und zum Zeichnungskurs erfolgt ist. Dagegen gelten als selbstgezeichnet solche Anleihen, die der Abgabepflichtige oder seine Ehefrau nachweislich gegen selbstgezeichnete getauscht haben. Bei der Kommissionsberatung über die Vergünstigung des § 43 (d. i. § 37 des Regierungsentwurfs) lag der Kommission ein Antrag (Nr. 198b u. c) vor, der die Vergünstigung auf andere Personen als die Zeichner ausdehnen wollte. Dieser Antrag wurde jedoch abgelehnt und ist auch in das Gesetz nicht übergegangen. Es heißt dazu im Kommissionsbericht:

„Von den Antragstellern und anderen Rednern wurde darauf hingewiesen, daß es unbillig sei, nur den Zeichnern von Kriegsanleihen das Recht, diese zum Nennwert in Zahlung zu geben, zuzugestehen. Eine größere Anzahl von Personen hätte nicht die Möglichkeit gehabt, sich an den Zeichnungen zu beteiligen und hätte später aus patriotischen Beweggründen die Anlagestücke zu dem Zeichnungskurse oder sogar noch einem höheren erworben. Der Unterstaatssekretär Moesle bekämpfte diesen Antrag. Er wies darauf hin, daß die Erweiterung des den Zeichnern im Gesetzentwurf gegebenen Rechtes zu großen finanziellen Ausfällen führen würde, die das Reich nicht mehr tragen könne. Ohne die Härten, die in der vorgesehenen Regelung lägen, zu verkennen, müsse er doch darauf hinweisen, daß eine Ausdehnung des Rechtes zu bedeutsamen technischen Schwierigkeiten führen würde, und daß das Reich nur den Zeichnern selbst gegenüber die Verpflichtung eingegangen wäre, die Kriegsanleihen zum Nennwert in Zahlung zu nehmen. Hier läge die Scheidegrenze, die die Regierung nicht überschreiten könne. Soweit der Antrag 198 übrigens als selbstgezeichnet auch die Schuldverschreibungen ansehen will, die der Abgabepflichtige oder seine Ehefrau nachweislich im Austausch gegen selbst gezeichnete erworben hat, sei er überflüssig, da die Regierung bereits bei dem Gesetz über die Kriegsabgabe vom Vermögenszuwachs erklärt habe, daß derartige Umtauschstücke als selbstgezeichnet gelten."

3. Mit Zinsenlauf vom 1. Januar 1920.

Die Fassung des Gesetzes ist hier nicht ganz klar. Sie läßt den Zweifel entstehen, ob der Zinsenlauf vom 1. Januar 1920 ab die in § 30 vorgesehene Verzinsung vom 1. Januar 1920 ab ersetzt, oder ob die Zinsen des § 30 zu dem Zinsenlauf des § 43 hinzukommen, so daß also in letzterem Fall eine doppelte Zinsleistung des Abgabepflichtigen entstehen würde. Die nächstliegende Annahme ist die, daß die Zinsvorschrift des § 43 diejenige des § 30 ersetzt. Aber auch die andere Auffassung ist nicht ausgeschlossen; denn § 32 des Ges. über eine außerordentliche Kriegsabgabe für 1919 und § 25 VermZuwG. trifft auch Bestimmungen über den Zinsenlauf von an Zahlungs Statt hingegebenen Kriegsanleihen, die dem vorliegenden § 43 sehr ähnlich sind, aber keine allgemeine Verzinsungsvorschrift enthalten, die der des § 30 RNOG. entspräche; daraus könnte gefolgert werden, daß die Zinsvorschrift des § 30 zu der Zinsvorschrift des § 43 hinzukommt. Vgl. auch den letzten Absatz des vorliegenden § 43 selbst. Dort ist ebenfalls von einer „Zugrundelegung eines Zinsenlaufes vom 1. Januar 1920 ab" die Rede, aber es kann kaum angenommen werden, daß diese Zinsen gerade 5 v. H. des festgestellten Steuerkurses ergeben, so daß also hier ein anderer Zinsfuß als der des § 30 in Frage steht. Hiernach wäre als Sinn des § 43 der anzunehmen, daß die Vergütung des Nennwertes bzw. des besonderen festzustellenden Kurses nicht für die Kriegsanleihestücke (bzw. Schuldbuchforderungen usw.) allein, sondern für die Anleihestücke einschließlich der Zinsscheine (Kupons) erfolgt, daß mit anderen Worten der Abgabepflichtige, um der Vergünstigung des guten Kurses teilhaftig zu werden, die Zinsscheine vom 1. Januar 1920 mit hinzugeben muß. Sind etwa Kupons, die für die Zeit vom 1. Januar 1920 ab laufen, bereits abgetrennt, so wird nichts im Wege stehen, daß der Abgabepflichtige ihren Wert in Geld zuzahlt und dadurch der Vergünstigung des guten Kurses teilhaftig wird.

Die Wirkung der letzteren Auffassung zeigt sich an folgendem Beispiel: Jemand ist auf Grund eines abgabepflichtigen Vermögens von 50000 *M* zu 5000 *M* Abgabe veranlagt und will zum 1. Oktober 1920 die gesamte Abgabe zahlen und dazu 5prozentige selbstgezeichnete Kriegsanleihe verwenden. Er hat alsdann folgende Leistungen zu bewirken: 1. Kriegsanleihen im Nennwerte von 5000 *M*, 2. die Kupons dazu vom 1. Januar 1920 ab (evtl. deren Wert in Geld, also 187,50 *M*), 5 v. H. Zinsen von 5000 *M* für die Zeit vom 1. Januar 1920 bis 30. September 1920 (gemäß § 30) gleich 187,50 *M*.

4. Ein Abgabepflichtiger.

Der Zusatz „oder im Falle des § 16 seine Ehefrau" fehlt hier. Es kann jedoch nach dem Sinn der Vorschrift nicht zweifelhaft sein, daß dieser Zusatz zu ergänzen ist, da der Fall der Aussteuer den Fällen des Abs. 2 des vorliegenden Paragraphen hinsichtlich der gesetzgeberischen Grundidee völlig gleich liegt und zudem überhaupt nur Töchter aussteuerberechtigt sind.

5. An Stelle einer auf gesetzlicher Verpflichtung beruhenden Aussteuer.

Der zivilrechtliche Begriff der Aussteuer, der im BGB. nicht definiert ist, ist zu fassen als „Inbegriff der zur Einrichtung des Haushalts einer heiratenden Tochter erforderlichen beweglichen Gegenstände" (Staudinger BGB.-Kommentar). Nicht zur Aussteuer gehört also eine über die genannten Gegenstände hinausgehende Mitgift. Über die gesetzliche Verpflichtung zur Gewährung einer Aussteuer schreiben vor:

§ 1620 Abs. 1 BGB. **Der Vater ist verpflichtet, einer Tochter im Falle ihrer Verheiratung zur Einrichtung des Haushalts eine angemessene Aussteuer** zu gewähren, soweit er bei Berücksichtigung seiner sonstigen Verpflichtungen ohne Gefährdung seines standesgemäßen Unterhalts dazu imstande ist und nicht die Tochter ein zur Beschaffung der Aussteuer ausreichendes Vermögen hat. Die gleiche Verpflichtung trifft die Mutter, wenn der Vater zur Gewährung der Aussteuer außerstande oder wenn er gestorben ist.

§ 1622 BGB. Die Tochter kann eine Aussteuer nicht verlangen, wenn sie für eine frühere Ehe von dem Vater oder der Mutter eine Aussteuer erhalten hat.

6. Für spätere Zeiten.

D. h. nach dem 31. Dezember 1920.

7. Anleihestücke vorgenannter Art.

Der Ausdruck ist unklar. Er kann seinem Wortlaut nach dahin verstanden werden, daß „Kriegsanleihen" schlechthin gemeint seien, oder aber dahin, daß „selbstgezeichnete Kriegsanleihen" gemeint seien. Man wird sich für letztere Alternative entscheiden, da in den vorhergehenden Absätzen immer von selbstgezeichneten Kriegsanleihen die Rede ist.

8. „Andere" Schuldverschreibungen usw.

D. h. solche, die nicht Kriegsanleihen sind, und solche Kriegsanleihen, die nicht „selbstgezeichnet" sind.

§ 44. Der Reichsminister der Finanzen ist ermächtigt, die Vergünstigungen des § 43 Abs. 2 und 3 auch denjenigen Anstalten und Personenvereinigungen sowie deren Mitgliedern zu gewähren, die, ohne die rechtliche Form der eingetragenen Genossenschaften zu haben, nach Art ihres Geschäftsbetriebs wirtschaftlich den eingetragenen Genossenschaften gleichzustellen sind.

§ 45. Um dem Abgabepflichtigen die Entrichtung der Abgabe erleichtern, kann eine Anstalt mit eigener Rechtspersönlichkeit gegründet werden.

Die Rechtsverhältnisse dieser Anstalt werden durch eine Satzung geregelt, die von der Reichsregierung mit Zustimmung eines von der Nationalversammlung aus ihren Mitgliedern gewählten Ausschusses von zehn Personen festgestellt wird.

§ 46. Wenn die Anstalt Vermögenswerte annimmt, wird der Abgabepflichtige in Höhe des Annahmewerts von der Abgabe befreit. In diesem Falle tritt die Anstalt dem Reiche gegenüber an die Stelle des Abgabeschuldners. Die Anstalt ist verpflichtet, unter den gleichen Bedingungen, unter denen sie Vermögenswerte für das Reichsnotopfer annimmt, diese auch für die Entrichtung der Kriegsabgabe vom Vermögenszuwachs entgegenzunehmen.

Anmerkung zu §§ 45 und 46.

Die Bestimmungen stehen im Zusammenhang mit § 26 VermZuwG., der folgenden Wortlaut hat:

„Inwieweit die Entrichtung der Abgabe in anderer Weise als durch Barzahlung oder Hingabe von Schuldverschreibungen, Schuldbuchforderungen oder Schatzanweisungen der im § 25 Abs. 1 bezeichneten Art erfolgen kann, bleibt gesetzlicher Regelung vorbehalten."

Schon in der amtlichen Begründung zum Vermögenszuwachssteuergesetz (S. 27) war erwähnt, daß die in seinem § 26 vorgesehene gesetzliche Regelung dem Reichsnotopfergesetz vorbehalten werde. Aus diesem Zusammenhang erklärt sich der Schlußsatz des vorliegenden § 46, der ohne diesen Zusammenhang schwer verständlich wäre und streng genommen in das Zuwachssteuergesetz hineingehörte.

Von besonderem Interesse ist noch folgender Satz aus dem Kommissionsbericht: „Der Unterstaatssekretär Moesle betonte, daß es beabsichtigt sei, auch für Forderungen von Deutschen an das feindliche Ausland eine Annahmepflicht unter bestimmten Voraussetzungen für die Anstalt festzulegen" (nämlich in den Satzungen der Anstalt).

§ 47.[1]) Erwirbt ein Land[2]), eine Gemeinde, ein Gemeindeverband, eine gemeinnützige Siedlungsgesellschaft oder Baugenossenschaft ein Grundstück eines Abgabepflichtigen, so kann der Erwerber bis zur Höhe des bar zu entrichtenden Kaufpreises die vom Veräußerer noch nicht entrichtete Abgabe übernehmen. In Höhe der übernommenen Schuld wird der Veräußerer von der Abgabeschuld befreit.

Der Erwerber tritt dem Reiche gegenüber an die Stelle des Abgabepflichtigen.

1. Allgemeines.

Es handelt sich hier, wirtschaftlich betrachtet, um eine Art Hingabe eines Grundstücks an Zahlungs Statt, ohne daß jedoch die Hingabe an das Reich oder an die in §§ 45, 46 vorgesehene Anstalt erfolgt.

2. Land.

Der Regierungsentwurf enthielt hier das Wort „Gliedstaat". Gemeint sind die einzelnen Bundesstaaten des Deutschen Reiches.

§ 48.[1]) Verlegt ein nach § 2 Abs. 1 Nr. 3 abgabepflichtiger Ausländer seinen dauernden Aufenthalt nach dem Ausland, so erlischt seine Verpflichtung zur Zahlung der im § 31 bezeichneten Rente[2]) am Ende des Jahres, in dem er seinen dauernden Aufenthalt verlegt. Kehrt der Ausländer zu dauerndem Aufenthalte des Erwerbes wegen wieder ins Inland zurück, so lebt die Verpflichtung zur Zahlung des

Teiles der Tilgungsrente wieder auf, den er beim ununterbrochenen Verbleib im Inland vom Zeitpunkt der Rückkehr ab noch zu zahlen hätte.

Die Vorschrift im Abs. 1 gilt nicht für den Teil der Rente, der auf den verhältnismäßigen Teil der Abgabe für das am 31. Dezember 1919 vorhanden gewesene inländische Grund- und Betriebsvermögen des Abgabepflichtigen entfällt[3]).

1. Allgemeines.

§ 48 geht von dem Grundgedanken aus, daß bei nachträglichem Fortfall der subjektiven Steuerpflicht eines Ausländers der noch nicht gezahlte Teil der Abgabe nicht mehr zur Erhebung gelangen soll.

2. Der im § 31 bezeichneten Rente.

Eine Erstattung bereits geleisteter Zahlungen findet nicht statt, und zwar auch dann nicht, wenn mehr als die jeweils fällige Rente (z. B. die ganze Abgabe auf einmal) gezahlt ist. Ebenso bleibt ein nach § 33 eingetragener Reichsnotzins unverändert bestehen. Für Ausländer, die sich des Erwerbs wegen dauernd in Deutschland aufhalten, wird es sich daher stets empfehlen, die Abgabe ausschließlich in Form der Tilgungsrente gemäß § 31 zu leisten.

3. Absatz 2 will die Vorschrift in Abs. 1 mit der Bestimmung des § 3 in Einklang bringen.

Bei der Berechnung der nach Abs. 2 zur Erhebung gelangenden Teilrente ergibt sich eine aus § 19 entspringende Schwierigkeit, die an folgendem Beispiel dargelegt werden soll. Ein Ausländer, der sich dauernd des Erwerbs wegen in Deutschland aufhält, hat ein reines Vermögen (Aktiva nach Abzug der Passiva) von 280000 M; hiervon sind 200000 M Grund- und Betriebsvermögen, werden also nach § 19 nur mit 160000 M angesetzt. Verlegt nunmehr der Ausländer seinen dauernden Aufenthalt nach dem Ausland, so ergibt sich die Frage, ob für die Berechnung der weiterhin zur Erhebung gelangenden Teilrente das Grund- und Betriebsvermögen mit 160000 M angesetzt bleibt oder nunmehr mit 200000 M anzusetzen ist. Für letztere Alternative spricht der Umstand, daß gemäß § 3 in Verbindung mit §§ 19 u. 25 das volle Grund- und Betriebskapital in Ansatz zu bringen gewesen wäre, wenn der Ausländer seinen dauernden Aufenthalt von vornherein außerhalb Deutschlands gehabt hätte; und es ist kein innerer Grund ersichtlich, denjenigen Ausländer, der erst nach dem Stichtag seinen dauernden Aufenthalt ins Ausland verlegt, besser zu stellen als denjenigen, der ihn bereits am Stichtag im Ausland hatte. Trotz dieses Arguments wird man sich jedoch dahin zu entscheiden haben, daß es bei dem einmal getroffenen Ansatz des Grund- und Betriebsvermögens verbleibt. Hätte nämlich das Gesetz eine anderweitige neue Festsetzung vorschreiben wollen, so hätte es dies deutlich zum Ausdruck bringen und eine Neuveranlagung vorschreiben müssen; zudem wirkt der hiernach unvermeidlichen Bevorzugung desjenigen Ausländers, der seinen dauernden Aufenthalt nachträglich ins Ausland verlegt, andererseits wieder die Tatsache entgegen, daß er vielfach infolge der Erfassung seines gesamten Vermögens bei der Veranlagung in eine höhere Steuerstaffel gekommen ist als derjenige, bei dem nur Grund- und Betriebsvermögen der Veranlagung zugrunde gelegt ist. Hiernach würde in dem oben angeführten Beispiel der Ausländer nach der Verlegung seines dauernden Aufenthalts ins Ausland zwei Drittel (160/240) der bisherigen Tilgungsrente weiterzuzahlen haben.

§ 49.[1]) Ist der Nachlaß eines vor dem 31. Dezember 1919 verstorbenen inländischen Erblassers am Stichtag[2]) noch unverteilt, weil noch nicht ermittelt ist, wer der Berechtigte ist, so ist die Vermögensabgabe zunächst aus dem Nachlaß nach dem Steuersatze zu zahlen, der maßgebend wäre, wenn der Nachlaß einem einzigen Abgabepflichtigen angefallen wäre[3]).

Wird später ermittelt, wer der Berechtigte ist, und stellt sich dabei heraus, daß er nicht abgabepflichtig ist, weil er nicht zu den der Abgabe unterliegenden Personen gehört oder weil sein Vermögen zuzüglich des Anteils am Nachlaß die abgabepflichtige Höhe nicht erreicht, oder daß er von seinem Anteil am Nachlaß unter Berücksichtigung seines eigenen Vermögens eine niedrigere Abgabe[4]) zu zahlen gehabt hätte, als auf seinen Anteil aus dem Nachlaß verhältnismäßig gezahlt ist, so ist ihm die Abgabe ganz oder teilweise zu erstatten[5]) oder die Tilgungsrente oder der Reichsnotzins entsprechend zu ermäßigen.

1. Allgemeines.

§ 49 enthält nur eine Vorschrift für den Spezialfall, daß bei ungeteiltem Nachlaß der Berechtigte (Erbe, Vermächtnisnehmer) nicht ermittelt ist, dagegen ist die allgemeine Frage, wie überhaupt ungeteilte Nachlässe zu behandeln sind, im Reichsnotopfergesetz nicht geregelt. Ihre Beantwortung ergibt sich aus § 80 RAbgO. (abgedruckt Anm. 3 zu § 50). Danach erfolgt die Besteuerung ungeteilter Nachlässe regelmäßig bei jedem einzelnen Berechtigten entsprechend dem Bruchteil, der bei einer Teilung auf ihn entfallen würde. Nachlaß- und Erbanfallsteuer sind bei dieser Berechnung als Passivum abzuziehen. Diese Regelung ist aber nicht möglich, wenn der Berechtigte nicht ermittelt ist; daher für diesen Spezialfall die Sonderregelung des vorliegenden Paragraphen.

2. Stichtag.

Siehe § 22.

3. Einem einzigen Abgabepflichtigen angefallen wäre.

Der Nachlaß wird also als eine gesonderte Vermögensmasse besteuert. Die Nachlaßsteuer ist als Passivum vom Nachlaß abzuziehen, ebenso die Erbanfallsteuer unter Zugrundelegung des Anfalls an eine einzige Person. Die Zahlung der Abgabe liegt demjenigen ob, der den Nachlaß verwaltet.

4. Eine niedrigere Abgabe.

Für den umgekehrten Fall, daß der Berechtigte, wenn er am Stichtag bekannt gewesen wäre, eine höhere Abgabe zu zahlen gehabt hätte (weil er nämlich durch

Hinzurechnung des ererbten zu bereits vorhandenem Vermögen in eine höhere Steuerstaffel gekommen wäre) sieht § 48 eine Erhöhung der Abgabe nach Ermittlung des Berechtigten nicht vor. Sie ist jedoch innerhalb von 3 Jahren gemäß § 56 Abs. 1 zulässig, später dagegen unzulässig.

5. Zu erstatten.

Die Frage, ob die zu erstattenden Beträge seitens des Reichs zu verzinsen sind, dürfte auf Grund der §§ 128—130, 132 RAbgO. zu verneinen sein.

§ 50.[1]) Der Inhaber eines Hausguts, Familienfideikommisses, Lehens- oder Stammguts oder eines sonstigen auf Grund von Vorschriften gebundenen Vermögens, die nach den Artikeln 57, 58, 59 des Einführungsgesetzes zum Bürgerlichen Gesetzbuch[2]) vom 18. August 1896 (Reichs-Gesetzbl. S. 604) unberührt geblieben sind, ist mit Genehmigung der Aufsichtsbehörde befugt, den Betrag der Abgabe aus dem gebundenen Vermögen zu entnehmen und zu diesem Zwecke über die zu dem Vermögen gehörenden Gegenstände zu verfügen.

Durch die Vorschrift des Abs. 1 wird die Befugnis des Inhabers nicht berührt, auf Grund solcher gesetzlicher oder stiftungsmäßiger Vorschriften, welche die Verfügung unter anderen Voraussetzungen zulassen, über das gebundene Vermögen zu verfügen.

Fehlt eine Aufsichtsbehörde oder ist ungewiß, welche Behörde zur Aufsicht berufen ist, so gilt als Aufsichtsbehörde im Sinne des Abs. 1 das Oberlandesgericht, in dessen Bezirk das gebundene Vermögen sich seinem Hauptbestande nach befindet. Ist die Genehmigung von einem Oberlandesgericht erteilt, so kann nicht geltend gemacht werden, daß das Oberlandesgericht für die Genehmigung nicht zuständig gewesen sei. Die Landeszentralbehörde kann bestimmen, daß an Stelle des Oberlandesgerichts eine andere Behörde tritt.

Im Falle der Gesamtveranlagung gemäß § 80 der Reichsabgabenordnung[3]) gilt für die vermögensrechtlichen Beziehungen und die Auseinandersetzung zwischen dem gebundenen Vermögen und dem Inhaber jeder Teil als Schuldner des Abgabeanteils, der nach den Verhältniszahlen berechnet wird, die sich ergeben, wenn gebundenes Vermögen und Inhaber getrennt veranlagt worden wären. Nach diesen Zahlen ist auch die Befugnis gemäß Abs. 1 zu bemessen.

1. Allgemeines.

Die drei ersten Absätze des § 50 stimmen wörtlich mit den Bestimmungen in Abs. 1 Satz 1, Abs. 2 u. 3 des § 19 VermZuwG. überein. Zu diesem führte die amtliche Begründung folgendes aus:

„Der § 19 will die Schwierigkeiten beseitigen, die sich bei gebundenem Vermögen für die Aufbringung der Steuer infolge der Verfügungsbeschränkungen ergeben, denen der Inhaber des gebundenen Vermögens durch die für dieses Vermögen geltenden Bestimmungen unterworfen ist. Der Abs. 1 entspricht im wesentlichen der Fassung des § 11 KrStG., der seinerseits auf § 8 des Ges. über einen einmaligen außerordentlichen Wehrbeitrag vom 3. Juli 1913 (RGBl. S. 505) zurückgeht. Von seiner Vorlage unterscheidet sich Abs. 1 dadurch, daß er, um alle gebundenen Vermögen ohne Ausnahme zu treffen, neben der Sonderaufzählung von vier Gruppen des gebundenen Vermögens (landes- und standesherrliche Hausgüter, Familienfideikommisse, Lehen und Stammgüter) besonders auf die Art. 57—59 EGBGB. verweist, ferner dadurch, daß er nicht bloß in den Fällen, in denen eine Aufsichtsbehörde vorhanden ist, sondern in allen Fällen die Genehmigung der Aufsichtsbehörde verlangt, letzteres aus dem Grunde, weil es sich bei der Kriegsabgabe vom Vermögenszuwachs um sehr bedeutende Abgaben handeln kann. Dem Besitzer des gebundenen Vermögens kann nicht die mit der Idee und dem Zwecke der Erhaltung des gebundenen Vermögens in Widerspruch stehende volle Selbständigkeit zur Verfügung über dieses Vermögen gegeben werden. Es darf nicht möglich sein, daß der Besitzer zum Zwecke der Aufbringung der Abgabe ohne jede Kontrolle, ob die Verfügung notwendig ist, z. B. Familienstücke oder das alte Stammgut veräußert.

§ 19 soll dem Inhaber des gebundenen Vermögens die Verfügung zum Zwecke der Aufbringung der Steuer erleichtern, nicht erschweren. Es versteht sich daher von selbst, wird aber im Abs. 2 noch besonders hervorgehoben, daß da, wo auf Grund gesetzlicher, hausgesetzlicher oder stiftungsmäßiger Vorschriften der Inhaber unter anderen insbesondere erleichterten Voraussetzungen (z. B. mit Zustimmung der nächsten beiden Anwärter eines Kurators oder Familienrats) über das Vermögen verfügen kann, es ihm unbenommen bleibt, die Verfügung auch nach diesen Vorschriften zu treffen.

Abs. 3 regelt den Fall, daß eine Aufsichtsbehörde fehlt oder ungewiß ist, welche Behörde zur Aufsicht berufen ist. In Preußen ist in den landrechtlichen Gebieten und im Bezirk des Oberlandesgerichts Kiel das Oberlandesgericht Aufsichtsbehörde. Im übrigen Gebiet fehlt es bei Fideikommissen in der Regel an einer Aufsichtsbehörde. Das gleiche gilt in der Regel auch für Hausgüter, Lehen und Stammgüter. Wo sie fehlt, soll das Oberlandesgericht, in dessen Bezirk sich das gebundene Vermögen seinem Hauptbestande nach befindet, als diejenige Behörde, die mit den rechtlichen Verhältnissen gebundener Vermögen am besten vertraut ist, an ihre Stelle treten. Eine gleiche Bestimmung ist bereits in der preuß. VO. vom 14. Sept./30. Aug. 1916 über den Erwerb von Reichskriegsanleihe für Stiftungen, standesherrliche Hausgüter, Familienfideikommisse, Lehen und Stammgüter getroffen worden und hat sich dort bewährt. Die Landeszentralbehörden können jedoch im Einzelfall oder für alle Fälle die Zuständigkeit abweichend regeln, insbesondere z. B. bestimmen, daß für Thronlehen die Thronlehnskurie, für ritterschaftliche Stammgüter das Präsidium der Ritterschaft an die Stelle der Aufsichtsbehörde tritt. Um Bedenken abzuschneiden, die sich aus Zweifeln über die Zuständigkeit eines Oberlandesgerichts im Einzelfalle bezüglich der Rechtswirksamkeit der Genehmigung ergeben könnten, ist im Interesse der Rechtssicherheit bestimmt, daß, wenn ein Oberlandesgericht die Genehmigung erteilt hat, die Frage der Zuständigkeit nicht mehr in Zweifel gezogen werden kann."

2. Die Art. 57—59 EGBGB. lauten:

Art. 57. In Ansehung der Landesherren und der Mitglieder der landesherrlichen Familie sowie der Mitglieder der Fürstlichen Familie Hohenzollern finden die Vorschriften des Bürgerlichen Gesetzbuches nur insoweit Anwendung, als nicht besondere Vorschriften der Hausverfassungen oder der Landesgesetze abweichende Bestimmungen enthalten.

Das gleiche gilt in Ansehung der Mitglieder des vormaligen Hannoverschen Königshauses, des vormaligen Kurhessischen und des vormaligen Herzoglich Nassauischen Fürstenhauses.

Art. 58. In Ansehung der Familienverhältnisse und der Güter derjenigen Häuser, welche vormals reichsständig gewesen und seit 1806 mittelbar geworden sind, oder welche diesen Häusern bezüglich der Familienverhältnisse und der Güter durch Beschluß der vormaligen deutschen Bundesversammlung oder vor dem Inkrafttreten des Bürgerlichen Gesetzbuches durch Landesgesetz gleichgestellt worden sind, bleiben die Vorschriften der Landesgesetze und nach Maßgabe der Landesgesetze die Vorschriften der Hausverfassungen unberührt.

Das gleiche gilt zugunsten des vormaligen Reichsadels und derjenigen Familien des landsässigen Adels, welche vor dem Inkrafttreten des Bürgerlichen Gesetzbuchs dem vormaligen Reichsadel durch Landesgesetz gleichgestellt worden sind.

Art. 59. Unberührt bleiben die landesgesetzlichen Vorschriften über Familienfideikommisse und Lehen, mit Einschluß der allodifizierten Lehen, sowie über Stammgüter.

3. Gesamtveranlagung gemäß § 80 RAbgO.

Der § 80 lautet:

„Wer einen Gegenstand als ihm gehörig besitzt, wird im Sinne der Steuergesetze wie ein Eigentümer behandelt. Soweit nichts anderes vorgeschrieben ist, ist der Vorerbe und nach Aushändigung des Vermächtnisses der Vermächtnisnehmer dem Eigentümer gleich zu behandeln; ebenso der Inhaber eines Fideikommisses, Lehens oder Stammguts, eines Hausguts oder eines sonstigen nach landesgesetzlichen Vorschriften (Art. 57—59 EGBGB.) gebundenen Vermögens.

Steht ein Gegenstand mehreren zur gesamten Hand zu, so sind die Beteiligten so zu besteuern, wie wenn sie nach Bruchteilen berechtigt wären. Die Höhe der Bruchteile ist nach den Anteilen zu bestimmen, zu denen die Beteiligten an dem Vermögen zur gesamten Hand berechtigt sind, oder nach dem Verhältnis dessen, was ihnen bei Auflösung der Gemeinschaft zufallen würde."

Die Veranlagung des gebundenen Vermögens geschieht also so, daß dieses Vermögen und das sonstige (Allodial-) Vermögen des Inhabers als einheitliche Vermögensmasse der Veranlagung zugrunde gelegt wird. Die Verteilung der Abgabe auf das gebundene und das Allodialvermögen des Inhabers geschieht in folgender Weise. Es ist zunächst zu ermitteln, welche Abgabe auf das gebundene und welche auf das Allodialvermögen zu leisten gewesen wäre, wenn *nur* das gebundene oder *nur* das Allodialvermögen vorhanden wäre. Bezeichnet man nunmehr den Gesamtbetrag des in Wirklichkeit zur Erhebung gelangenden Reichsnotopfers mit R, die Abgabe, die auf das Allodialvermögen erhoben werden würde, wenn dieses allein vorhanden wäre, mit A, die Abgabe, die auf das gebundene Vermögen erhoben werden würde, wenn dieses allein vorhanden wäre, mit G und den zu errechnenden Anteil des gebundenen Vermögens an dem wirklich zu erhebenden Reichsnotopfer mit X, so erhält man folgende Proportion. G verhält sich zu A plus G wie X zu R. Mithin $X = \frac{R \times G}{A + G}$.

§ 51. Die Abgabe wird von Renten und anderen wiederkehrenden Nutzungen und Leistungen[1]) in der Form der Tilgungsrente bei den Berechtigten erhoben[2]). Fällt die wiederkehrende Nutzung oder Leistung fort, so erlischt die Tilgungsrente.

Bei demjenigen, zu dessen Gunsten die wiederkehrende Nutzung oder Leistung fortfällt, ist eine Neuveranlagung zum Reichsnotopfer vorzunehmen; dabei ist seinem nach dem Stichtag für das Reichsnotopfer ermittelten Vermögen der Betrag hinzuzurechnen, der bei der Veranlagung des früher Bezugsberechtigten für die wiederkehrende Nutzung oder Leistung als Kapitalwert festgestellt ist. Auf den Mehrbetrag der Abgabe ist die von dem Berechtigten auf den Kapitalwert der wiederkehrenden Nutzung oder Leistung entrichtete Abgabe anzurechnen[3]).

1. **Renten und andere wiederkehrende Nutzungen und Leistungen.**

Sie werden, soweit sie überhaupt abgabepflichtig sind, bei der Veranlagung zu ihrem Kapitalwert angesetzt (siehe § 9 Ziff. 5 und § 10). Die Vorschriften über die Ermittlung des Kapitalwerts finden sich in den nachstehend wiedergegebenen §§ 144—146 RAbgO.

§ 144. Der Gesamtwert von Nutzungen oder Leistungen, die auf bestimmte Zeit beschränkt sind, ist durch Zusammenzählen der einzelnen Jahreswerte unter Abrechnung der Zwischenzinsen zu berechnen. Der Gesamtwert darf den zum gesetzlichen Zinssatz kapitalisierten Jahreswert nicht übersteigen. Ist die Dauer des Rechtes außerdem durch das Leben einer oder mehrerer Personen bedingt, so darf der nach § 145 zu berechnende Kapitalwert nicht überschritten werden.

Immerwährende Nutzungen oder Leistungen sind mit dem Fünfundzwanzigfachen des Jahreswerts, Nutzungen oder Leistungen von unbestimmter Dauer vorbehaltlich des § 145 mit dem Zwölfundeinhalbfachen des Jahreswerts zu veranschlagen.

Ist der gemeine Wert des Gesamtbezugs der Nutzungen oder Leistungen nachweislich geringer oder höher, so ist der gemeine Wert zugrunde zu legen.

§ 145. Der Wert von Renten oder anderen auf die Lebenszeit einer Person beschränkten Nutzungen und Leistungen bestimmt sich nach dem Lebensalter dieser Person.

Als Wert wird angenommen bei einem Alter

1.	. . . .			bis zu	15	Jahren	das	18fache,
2.	von	mehr	als 15	bis zu	25	Jahren	das	17fache,
3.	„	„	„ 25	„ „	35	„	„	16 „
4.	„	„	„ 35	„ „	45	„	„	14 „
5.	„	„	„ 45	„ „	55	„	„	12 „
6.	„	„	„ 55	„ „	65	„	„	8½ „
7.	„	„	„ 65	„ „	75	„	„	5 „
8.	„	„	„ 75	„ „	80	„	„	3 „
9.	„	„	„ 80	. . . .		„	„	2 „

des Wertes der einjährigen Nutzung.

Hat jedoch eine nach Abs. 2 bewertete Nutzung oder Leistung im Falle der

Nr.	1	nicht	mehr	als	9	Jahre
„	2, 3	„	„	„	8	„
„	4	„	„	„	7	„
„	5	„	„	„	6	„
„	6	„	„	„	4	„
„	7—9	„	„	„	2	„

bestanden, so ist die Veranlagung auf Antrag nach der wirklichen Dauer der Nutzung oder Leistung zu berichtigen. Handelt es sich um den Wegfall einer Last, so ist in gleicher Weise eine Nachveranlagung vorzunehmen.

Hängt die Dauer der Nutzung oder Leistung von der Lebenszeit mehrerer ab, so entscheidet, je nachdem das Recht mit dem Tode des zuerst oder des zuletzt Sterbenden erlischt, das Lebensalter des Ältesten oder Jüngsten.

§ 146. Der einjährige Betrag der Nutzung einer Geldsumme ist, wenn kein anderer Wert feststeht, zu vier vom Hundert anzunehmen.

Bei Nutzungen oder Leistungen, die ihrem Betrage nach ungewiß sind oder schwanken, ist als Jahreswert der Betrag zugrunde zu legen, der voraussichtlich für die Zukunft durchschnittlich erzielt werden wird."

2. In Form der Tilgungsrente bei dem Berechtigten erhoben.

Da keine näheren Vorschriften über die Art der Berechnung der Tilgungsrente erlassen sind, wird anzunehmen sein, daß sie von dem Teil der Abgabe zu berechnen ist, der sich zu der Gesamtabgabe verhält wie der Kapitalwert der wiederkehrenden Nutzung zu dem Gesamtbetrag des Vermögens. Beispiel: Ein verstorbener Ehemann hat seiner überlebenden Frau die lebenslängliche Nutznießung eines Vermögens von 100000 *M*, das sich durchschnittlich mit 4 v. H. verzinst, vermacht; die Witwe ist am 31. Dezember 1919 40 Jahre alt; der Kapitalwert der Nutznießung ist dann gemäß §§ 145, 146 RAbgO. 56000 *M*. Angenommen weiter, die Witwe hätte 2 Kinder, und ihr gesamtes Vermögen betrüge einschließlich der 56000 *M* Kapitalwert der Nutznießung 280000 *M*, so würde folgende Berechnung aufzumachen sein. 280000 *M* Vermögen bedingen für eine Witwe mit 2 Kindern eine Abgabe von 39000 *M* (unter Berücksichtigung der §§ 21, 26). Da die 56000 *M* sich zu dem Gesamtvermögen von 280000 *M* wie 1 zu 5 verhalten, so entfällt auf die Nutznießung eine Abgabe von 7800 *M*; diese ist zu entrichten durch Zahlung einer jährlichen Tilgungsraten von 507 *M*.

3. Zu Absatz 2.

Für das durch die wiederkehrende Nutzung oder Leistung belastete Vermögen bildet ihr Kapitalwert zunächst ein abzugsfähiges Passivum (§§ 150, 151 RAbgO.). Fällt dieses Passivum fort, so schreibt Abs. 2 eine Neuveranlagung zum Reichsnotopfer vor. Die Art der Neuberechnung mag an folgendem Beispiel gezeigt werden. Wenn in dem oben in Anm. 2 gesetzten Fall die der Nutznießung der Witwe unterliegenden 100000 ℳ den Kindern jedem zur Hälfte zustanden und außerdem jedes Kind ein Vermögen von 38000 ℳ besaß, so war bei jedem der beiden Kinder für die Veranlagung zum Reichsnotopfer zunächst ein steuerbares Vermögen von $38000 + \frac{100000 - 56000}{2} = 60000$ ℳ zugrunde zu legen. Das „abgabepflichtige" Vermögen betrug also (vorausgesetzt, daß die Kinder unverheiratet waren) bei jedem Kind 55000 ℳ (§ 23), die Abgabe 5600 ℳ (§ 24). Stirbt nunmehr die Witwe, nachdem sie 10 Jahre lang die Tilgungsrente von jährlich 507 ℳ gezahlt hat, und werden dadurch die 100000 ℳ für die beiden Kinder von der Belastung durch die Nutznießung frei, so fällt die Tilgungsrente von 507 ℳ fort (Abs. 1 Satz 2), und für jedes der beiden Kinder ergibt sich folgende Neuveranlagung: $55000 + \frac{56000}{2} = 83000$ ℳ abgabepflichtiges Vermögen, mithin 8960 ℳ Abgabe, also 3360 mehr als bei der ursprünglichen Veranlagung. Von dieser Summe ist jedoch der Betrag abzuziehen, der durch die zehnjährige Zahlung der Tilgungsrente von 507 ℳ bereits amortisiert war, nämlich $7800 - 6328{,}37 = 1471{,}63$ ℳ für beide Kinder zusammen (vgl. die Tabelle Anm. 5c zu § 31). Für jedes Kind ergibt sich also bei der Neuveranlagung eine Mehrabgabe gegen die ursprüngliche Veranlagung von $3360 - \frac{1471{,}63}{2} = 2624{,}19$ ℳ.

§ 52.[1]) Hat der Erblasser vor dem Inkrafttreten dieses Gesetzes[2]) ein Vermächtnis[3]) angeordnet, ohne dabei die durch die Abgabepflicht zum Reichsnotopfer entstehende Verminderung seines Vermögens zu berücksichtigen, so kann der Erbe die Erfüllung des ihm auferlegten Vermächtnisses soweit verweigern, daß die Abgabe bei einer Beschränkung der Veranlagung auf dieses Vermögen von ihm und vom Vermächtnisnehmer verhältnismäßig getragen wird[4]).

Das gleiche gilt von einer Auflage[5]).

Wird die einem Vermächtnisnehmer gebührende Leistung auf Grund der Absätze 1 oder 2 gekürzt, so kann der Vermächtnisnehmer die ihm auferlegten Beschwerungen verhältnismäßig kürzen.

Die Vorschrift des § 51 bleibt unberührt[6]).

1. Allgemeines.

Die Bestimmung hat, ebenso wie die der beiden folgenden Paragraphen, rein bürgerlich-rechtlichen Charakter.

2. Vor dem Inkrafttreten dieses Gesetzes.

Das Gesetz ist am 14. Januar 1920 in Kraft getreten. Es muß sich mithin um ein spätestens an diesem Tage errichtetes Testament handeln, wenn § 52 Platz greifen soll. Es genügt also nicht etwa, wenn das Testament vor der Veranlagung zum Reichsnotopfer gemacht ist und der Testator das Reichsnotopfer außer acht gelassen hat, weil er z. B. nicht daran gedacht hat; auch eine Anfechtung des Testaments auf Grund von §§ 2078, 2079 BGB. ist in diesem Fall nicht gegeben.

3. „Vermächtnis".

Der die Begriffsbestimmung des Vermächtnisses enthaltende § 1939 BGB. lautet: „Der Erblasser kann durch Testament einem anderen, ohne ihn als Erben einzusetzen, einen Vermögensvorteil zuwenden (Vermächtnis)."

4. So weit verweigern, daß ... verhältnismäßig getragen wird.

a) Es ist folgende Proportion aufzustellen. Das gesamte hinterlassene Vermögen verhält sich zu der auf ein Vermögen dieser Höhe entfallenden Abgabe wie der Betrag des Vermächtnisses zu dem zu errechnenden Betrag, um den das Vermächtnis gekürzt werden kann.

b) Hat der Erbe das Vermächtnis in Unkenntnis der vorliegenden Gesetzesbestimmung ganz ausgezahlt, so kann er den zuviel gezahlten Betrag nach den Vorschriften des bürgerlichen Rechts über die ungerechtfertigte Bereicherung zurückverlangen.

c) Betrifft das Vermächtnis nicht eine Geldsumme, sondern bestimmte Gegenstände (z. B. ein Haus, Schmucksachen), so wird der Ausdruck „soweit verweigern" dahin zu verstehen sein, daß der Erbe den Gegenstand nur gegen Bezahlung des entsprechenden Teils der Abgabe an den Vermächtnisnehmer auszuhändigen braucht.

5. „Auflage".

Der die Begriffsbestimmung der Auflage enthaltende § 1940 BGB. lautet: „Der Erblasser kann durch Testament den Erben oder einen Vermächtnisnehmer zu einer Leistung verpflichten, ohne einem anderen ein Recht auf die Leistung zuzuwenden (Auflage)."

6. Die Vorschrift des § 51 bleibt unberührt.

D. h. wenn der Erblasser wegen einer ihm zustehenden Rente oder wiederkehrenden Nutzung oder Leistung zum Reichsnotopfer veranlagt war, so ist zuerst die aus § 51 notwendig werdende Berechnung durchzuführen, dann erst eine etwa erforderlich werdende Kürzung von seitens des Erblassers hinterlassenen Renten gemäß § 52.

§ 53. Der an einer fortgesetzten Gütergemeinschaft beteiligte Abkömmling kann von dem überlebenden Ehegatten verlangen, daß der auf seinen Anteil am Gesamtgut entfallende Abgabebetrag aus seinem Anteil am Gesamtgut gezahlt oder ihm ersetzt wird.

Der überlebende Ehegatte ist neben dem Abkömmlinge für den

auf dessen Anteil am Gesamtgut entfallenden Abgabebetrag der Staatskasse als Gesamtschuldner verpflichtet.

Anmerkung. Der an einer fortgesetzten Gütergemeinschaft beteiligte Abkömmling ist mit seinem Anteil am Gesamtgut abgabepflichtig, ohne im Besitz dieses Anteils zu sein, denn Verwaltung und Nutznießung steht dem überlebenden Ehegatten allein zu. Das Gesetz will daher dem Abkömmling das Recht geben, von dem überlebenden Ehegatten zu verlangen, daß die unmittelbare Zahlung des auf seinen Anteil entfallenden Abgabebetrags oder Ersatz des etwa von ihm gezahlten Betrags aus seinem Anteil am Gesamtgut geleistet wird. Der überlebende Ehegatte soll dabei zugleich für den Abgabebetrag als Gesamtschuldner haften. Die Bestimmung stimmt wörtlich mit § 20 VermZuwG. überein; sie trägt rein zivilrechtlichen Charakter.

§ 54.[1]) Der Vorerbe ist berechtigt, den auf die Vorerbschaft entfallenden Teil der Abgabe aus dem Vermögen der Vorerbschaft nach dem auf sein Gesamtvermögen entfallenden Abgabesatze zu entnehmen.

§ 16 Abs. 2 findet entsprechende Anwendung[2]).

1. **Allgemeines.**

Die Vorerbschaft wird für die Abgabe dem sonstigen Vermögen des Abgabepflichtigen gleichgestellt, die Abgabe also von seinem Gesamtvermögen einschließlich der Vorerbschaft erhoben (§ 80 RAbgO.; abgedruckt Anm. 3 zu § 50). § 54, der ebenso wie die §§ 52 u. 53 rein zivilrechtlichen Charakter hat, entspringt nun einer ähnlichen Erwägung wie § 53. Der Vorerbe ist nach den Grundsätzen des bürgerlichen Rechts in der Verfügung über die Vorerbschaft beschränkt; es wäre eine unbillige Härte, wenn das Gesetz ihm nicht gestattete, den auf die Vorerbschaft entfallenden Abgabenteil aus der Vorerbschaft zu entnehmen.

2. **Zu Absatz 2.**

Während Abs. 1 nur die Durchbrechung der zivilrechtlichen Grundsätze über die Verfügungsmacht des Vorerben über die Vorerbschaft enthält, regelt Abs. 2 die interne Verteilung der Abgabe zwischen der Vorerbschaft und dem sonstigen Vermögen des Vorerben. Bei der „entsprechenden" Anwendung des § 16 Abs. 2 entspricht den beiden Ehegatten der Betrag der Vorerbschaft einerseits und der Betrag des sonstigen Vermögens des Vorerben andererseits. Die gleiche Berechnung, wie sie hier notwendig wird, findet sich auch noch bei § 50 Abs. 4 (vgl. dort Anm. 3 am Schluß).

§ 55. Die Aktiengesellschaften, Kommanditgesellschaften auf Aktien und Gesellschaften mit beschränkter Haftung sowie eingetragene Genossenschaften dürfen die zur Barzahlung[1]) der Abgabe oder eines Teiles derselben erforderlichen Mittel aus dem gesetzlichen Reservefonds[2]) entnehmen.

1. Barzahlung.

Der Ausdruck muß seinem Wortlaut nach dahin verstanden werden, daß jede Zahlung in barem Geld gemeint ist, nicht etwa dahin, daß nur Zahlungen alsbald nach der Veranlagung gemeint seien. Es wird also auch die Tilgungsrente, solange der Reservefonds reicht, aus ihm entnommen werden können; ob hierbei allerdings auch die in der Tilgungsrente enthaltene Zinsquote dem Reservefonds entnommen werden darf oder nur die darin enthaltene Amortisationsquote, erscheint zweifelhaft, doch wird man sich dahin zu entscheiden haben, daß die Befugnis auch für die Zinszahlung gilt.

2. Gesetzlicher Reservefonds.

Hierzu schreibt § 262 HGB. vor:

„Zur Deckung eines aus der Bilanz sich ergebenden Verlustes ist ein Reservefonds zu bilden. In diesen ist einzustellen:

1. von dem jährlichen Reingewinne mindestens der zwanzigste Teil so lange, als der Reservefonds den zehnten oder den im Gesellschaftsvertrage bestimmten höheren Teil des Grundkapitals nicht überschreitet;
2. der Betrag, welcher bei der Errichtung der Gesellschaft oder bei einer Erhöhung des Grundkapitals durch Ausgabe der Aktien für einen höheren als den Nennbetrag über diesen und über den Betrag der durch die Ausgabe der Aktien entstehenden Kosten hinaus erzielt wird;
3. der Betrag von Zuzahlungen, die ohne Erhöhung des Grundkapitals von Aktionären gegen Gewährung von Vorzugsrechten für ihre Aktien geleistet werden, soweit nicht eine Verwendung dieser Zahlungen zu außerordentlichen Abschreibungen oder zur Deckung außerordentlicher Verluste beschlossen wird."

Wenn eine Gesellschaft von der Befugnis des § 55 Gebrauch gemacht hat, so wird sie in den künftigen Jahren, sobald sie keine Beträge mehr zwecks Barzahlung auf das Reichsnotopfer aus dem Reservefonds entnimmt, den Reservefonds wieder auffüllen müssen, und zwar durch Einstellung der in Nr. 1 des § 262 HGB. bezeichneten Beträge und der *später* gemäß Nr. 2 u. 3 erzielten Beträge, nicht dagegen ist eine Wiederauffüllung der früher in den Reservefonds gemäß Nr. 2 u. 3 eingestellt gewesenen Beträge erforderlich.

Der Vorteil für die Gesellschaft, die von der Befugnis des § 55 Gebrauch macht, besteht darin, daß sie durch Entnahme aus dem Reservefonds die Herabdrückung des bilanzmäßigen Gewinns und damit der Dividende vermeiden kann, auch wäre ohne die Vorschrift des § 55 mit Rücksicht auf die Bestimmungen des Handelsgesetzbuchs eine Bezahlung des Reichsnotopfers oft überhaupt unmöglich.

§ 56.[1]) Im Falle einer zu hohen oder zu niedrigen Veranlagung zur Vermögensabgabe können[2]) innerhalb dreier Jahre[3]) Berichtigungen und Neuveranlagungen erfolgen, und zwar auch ohne daß neue Tatsachen oder Beweismittel, die eine Neuveranlagung rechtfertigen, ermittelt werden.

Die auf den 31. Dezember 1919 festgesetzten und veröffentlichten Steuerkurse und Steuerwerte[4]) gelten nur als einstweilige. Innerhalb des im Abs. 1 bezeichneten dreijährigen Zeitraums werden die Steuerkurse und Steuerwerte nach näherer Bestimmung des Reichsrats nachgeprüft und festgesetzt. Soweit die erneute Festsetzung von der einstweiligen abweicht, ist sie alsbald bekanntzumachen.

1. **Allgemeines.**

a) Die grundsätzliche Regelung der Frage, wieweit nachträgliche Berichtigungen von ursprünglich objektiv falsch bemessenen Steuerforderungen zulässig sind, ist in § 212 RAbgO. enthalten. Danach würde, wenn der vorliegende § 56 nicht bestände, eine rechtskräftige Veranlagung zum Reichsnotopfer in Fällen ihrer „objektiven Unrichtigkeit bis zum 31. Dezember 1924 abgeändert werden können, jedoch 1. nur zu ungunstendes Abgabepflichtigen und 2. nur auf Grund neuer Tatsachen und Beweismittel. In diese grundsätzliche Regelung greift § 56 ein, indem er bestimmt, 1. daß die Berichtigung (Neuveranlagung) auch zugunsten des Abgabepflichtigen („im Falle einer zu hohen Veranlagung") erfolgen kann, 2. daß sie innerhalb dreier Jahre (d. h. bis zum 31. Dezember 1922; vgl. unten Anm. 3) erfolgen kann, 3. daß sie nicht von der Ermittlung neuer Tatsachen oder Beweismittel abhängt. Es fragt sich hiernach, ob § 56 eine völlig selbständige Regelung der Zulässigkeit nachträglicher Berichtigungen herbeiführen wollte oder ob daneben die allgemeinen Vorschriften des § 212 RAbgO. bestehenbleiben, soweit sie nicht durch § 56 abgeändert sind. Man wird die (nicht unzweifelhafte) Frage im Sinne der letzteren Alternative zu entscheiden haben. Danach wird beispielsweise anzunehmen sein: 1. daß nach Ablauf der dreijährigen Frist des § 56 bis zum 31. Dezember 1924 Berichtigungen zulässig sind, wenn die Voraussetzungen des § 212 RAbgO. vorliegen, wenn also „neue Tatsachen oder Beweismittel bekannt werden, die eine höhere Veranlagung rechtfertigen", 2. daß das in Abs. 4 des § 212 RAbgO. ausgesprochene Verbot der Neuveranlagung auf Grund neuerer, dem Abgabepflichtigen ungünstiger, höchstrichterlicher Entscheidungen auch neben der Vorschrift in § 56 bestehen bleibt, 3. daß im Falle einer vollständigen oder teilweisen Hinterziehung des Reichsnotopfers trotz der Sondervorschrift des § 56 die Nachforderung der hinterzogenen Beträge auf Grund von §§ 212, 121 RAbgO. zehn Jahre lang zulässig ist.

b) Führt die Berichtigung zu einer niedrigeren Veranlagung, so ist der daraufhin an den Steuerpflichtigen zurückzuzahlende Abgabenbetrag, wenn er 800 ℳ übersteigt, vom Tage der Entrichtung ab mit 5 v. H. zu verzinsen (§§ 128, 132 RAbgO.).

c) Nach Ablauf der dreijährigen Frist des § 56 ist im Falle zu hoher Veranlagung eine Vermeidung unbilliger Härten immer noch auf Grund von § 108 RAbgO. möglich, welcher wie folgt lautet:

„Der Reichsminister der Finanzen kann für einzelne Fälle Steuern, deren Einziehung nach Lage der Sache unbillig wäre, ganz oder zum Teil erlassen, oder in solchen Fällen die Erstattung oder Anrechnung bereits entrichteter Steuern verfügen. Die Befugnis hierzu kann für bestimmte Arten von Fällen den Landesfinanzämtern oder den Finanzämtern übertragen werden

Für Fälle bestimmter Art kann der Reichsminister der Finanzen mit Zustimmung des Reichsrats aus Billigkeitsgründen allgemein Befreiungen oder

Ermäßigungen von Steuern sowie die Erstattung oder Anrechnung bereits entrichteter Steuern vorsehen."

2. „Können" erfolgen.

Die Frage, ob die nachträgliche Herabsetzung einer zu hoch veranlagten Steuer auf Verlangen des Abgabepflichtigen erfolgen muß, dürfte zu bejahen sein. Dies ist insbesondere wichtig für den Fall, daß bei der Veranlagung eine Rechtsfrage zuungunsten des Abgabepflichtigen entschieden worden ist und dieselbe Frage in einem gleichliegenden Fall durch höchstrichterliche Entscheidung zugunsten des Steuerpflichtigen geklärt wird.

3. Innerhalb dreier Jahre.

Es handelt sich nicht etwa (wie im Falle des § 80 VermZuwG.) um eine Frist, die für jeden einzelnen Steuerpflichtigen mit dem Zeitpunkt der Rechtskraft seiner Veranlagung beginnt, sondern allgemein um den dreijährigen Zeitraum vom 31. Dezember 1919 bis zum 31. Dezember 1922. Dies geht einwandfrei aus Abs. 2 hervor.

4. Die auf den 31. Dezember 1919 festgesetzten und veröffentlichten Steuerkurse und Steuerwerte.

a) Die Festsetzung von Steuerkursen hat die Wirkung, daß die davon betroffenen Werte zu dem festgesetzten Steuerkurs (nicht Börsenkurs oder gemeinen Wert) der Veranlagung und Steuererklärung zugrunde gelegt werden müssen. Die hierfür maßgebende Vorschrift des § 142 RAbgO. lautet (nachdem § 141 bestimmt hat, daß im allgemeinen Wertpapiere zum Börsenkurs und mangels eines solchen zum Verkaufswert zu bewerten seien) folgendermaßen:

„Für bestimmte Tage können die Steuerkurse der zum Börsenhandel zugelassenen und die Steuerwerte anderer Wertpapiere sowie der in § 141 Abs. 2 bezeichneten Gewerkschafts- und Gesellschaftsanteile festgesetzt werden.

Die Steuerkurse der zum Börsenhandel zugelassenen Wertpapiere werden von den Börsenvorständen, die Steuerwerte anderer Wertpapiere und der Gewerkschafts- und Gesellschaftsanteile werden von Sachverständigenausschüssen ermittelt, die der Reichsminister der Finanzen beruft. Auf Grund dieser Ermittlungen setzt der Reichsminister der Finanzen die Steuerkurse und Steuerwerte vorläufig fest und veröffentlicht sie. Nach Ablauf eines Monats, vom Tage der Veröffentlichung der vorläufigen Festsetzung gerechnet, setzt der Reichsrat die Steuerkurse und Steuerwerte endgültig fest. Die so festgesetzten Kurse und Werte treten an die Stelle der in § 141 bezeichneten Werte.

In den Fällen des § 141 und des § 142 Abs. 1, 2 kann der Steuerpflichtige bei Wertpapieren, die mit Gewinnanteilscheinen gehandelt werden, einen Betrag abziehen, der für die seit der Auszahlung des letzten Gewinns verstrichene Zeit dem zuletzt verteilten Gewinn entspricht; dies gilt nicht, wenn auch der laufende Gewinnanspruch bewertet werden muß."

b) Die Festsetzung der Steuerkurse ist noch nicht erfolgt.

c) Änderungen der Steuerkurse bei ihrer endgültigen Festsetzung gegenüber der vorläufigen Festsetzung lassen bei den davon betroffenen Abgabepflichtigen die Vorschriften des Abs. 1 praktisch werden.

§ 57. Auf den Antrag des Abgabepflichtigen ist die Vermögensabgabe nach dem auf den 31. Dezember 1920, 1921 oder 1922 neu festzustellenden Vermögen[1]) zu bemessen[2]), wenn er nachweist, daß sein Vermögen sich gegenüber dem Stande vom 31. Dezember 1919 infolge entgeltlicher Veräußerung von Vermögensteilen oder infolge Verlustes oder Entwertung von Vermögensteilen oder infolge außergewöhnlicher Unglücksfälle[3]) um mehr als den fünften Teil vermindert hat.

1. Nach dem auf den 31. Dezember 1920, 1921 oder 1922 neu festzustellenden Vermögen.

a) Hier ist also (im Gegensatz zu § 56) vorgesehen, daß für die nachträgliche Neuveranlagung ein anderer Stichtag zugrunde gelegt wird. Daraus folgt, daß auch die auf den 31. Dezember 1919 festgesetzten Steuerkurse (vgl. Anm. 4 zu § 56) im Falle des § 57 keine Bedeutung mehr haben.

b) Bei Vermögensverminderungen nach dem 31. Dezember 1922 ist eine Neuregelung der Abgabe nicht mehr möglich. In der Kommissionsberatung gestellte Anträge, die die Neubemessung der Abgabe jedes Jahr bis zu ihrer völligen Tilgung zulassen wollten, wurden als zu weitgehend abgelehnt. Es kann also der Fall eintreten, daß ein Abgabepflichtiger, der nach dem 31. Dezember 1922 ein früher beträchtliches Vermögen ganz oder zu einem erheblichen Teil verliert, durch die Pflicht zur Weiterzahlung der ihn treffenden Tilgungsrente völlig ruiniert wird oder zur Weiterzahlung der Tilgungsrente überhaupt nicht mehr imstande ist. In solchen Fällen kann die zinslose Stundung der Rente auf Grund von § 27, gegebenenfalls auch § 108 RAbgO. (vgl. Anm. 1c zu § 56) helfen.

2. Neu ... zu bemessen.

Die auf Grund der notwendigen Neuveranlagung zu erstattenden Abgabebeträge unterliegen nicht der Verzinsung seitens des Fiskus, da es sich nicht um eine „Aufhebung, Rücknahme oder Änderung des früher erlassenen Bescheides", sondern um eine neue Bemessung der Abgabe handelt (siehe §§ 128, 129, 132 RAbgO.).

3. Infolge entgeltlicher Veräußerung von Vermögensteilen oder infolge Verlustes oder Entwertung von Vermögensteilen oder infolge außergewöhnlicher Unglücksfälle.

Es genügt also jede nicht auf einem Verbrauch beruhende Art von Minderung des Aktivbestandes des Vermögens, dagegen ist ein Verbrauch von Vermögensteilen oder eine Vermehrung der Passiven nur dann von Bedeutung, wenn sie auf „außergewöhnlichen Unglücksfällen" (z. B. Operationskosten, Kurkosten od. dgl.) beruhen.

§ 58.[1]) Wer die nach diesem Gesetze zu entrichtende Abgabe hinterzieht[2]), wird mit einer Geldstrafe vom einfachen bis zum dreifachen Betrage der hinterzogenen Abgabe bestraft. Neben der Geldstrafe kann auf Gefängnis erkannt werden[3]).

1. Allgemeines.

a) Das Steuerstrafrecht und -verfahren ist für alle Reichssteuern in den §§ 355—443 RAbgO. ausführlich geregelt. Zu diesen Vorschriften bildet der vorliegende § 58 lediglich eine Ergänzung, und zwar insbesondere zu § 359 (abgedruckt unten Anm. 2). Außer § 359 interessieren hier von den Strafrechtsbestimmungen der Reichsabgabenordnung vornehmlich folgende. Straffrei bleibt, wer in unverschuldetem Irrtum über das Bestehen oder die Anwendbarkeit steuerrechtlicher Vorschriften die Tat für erlaubt gehalten hat (§ 358). Der Versuch der Steuerhinterziehung ist ebenso strafbar wie die vollendete Hinterziehung, jedoch mit einer Begrenzung der Höchststrafe des Inhalts, daß beim Reichsnotopfer die Höchststrafe das Anderthalbfache der Summe, die der Abgabepflichtige zu hinterziehen versucht hat, beträgt (§ 360). Das gleiche wie beim Versuch gilt bei der sogenannten „Steuergefährdung", d. h. der fahrlässigen Benachteiligung des Steuerfiskus (§ 367). Die Strafverfolgung verjährt in 5 Jahren seit der Tat, doch wird die Verjährung durch Einleitung der Untersuchung und durch Erlaß eines Strafbescheides mit der Wirkung unterbrochen, daß von der Unterbrechung eine neue fünfjährige Frist zu laufen beginnt (§ 384). Wegen Verlust der bürgerlichen Ehrenrechte siehe unten Anm. 3.

b) Zu den sonstigen Strafvorschriften kommen noch die §§ 2 u. 3 des Gesetzes über Steuernachsicht hinzu, wonach, wenn Vermögen, das nach dem Inkrafttreten der Reichsabgabenordnung bei der Veranlagung zur Kriegsabgabe vom Vermögenszuwachs und zum Reichsnotopfer pflichtwidrig der Steuerbehörde nicht angegeben wird, zugunsten des Reichs verfällt. Die Einziehung der verfallenden Vermögensgegenstände erfolgt nach den Vorschriften der Reichsabgabenordnung über die Beitreibung auf Grund eines Vollstreckungsbescheids des Finanzamts. Der Vollstreckungsbescheid ist im Berufungsverfahren (§ 218 RAbgO.) anfechtbar.

Kann die Einziehung verfallener Vermögensgegenstände nicht vollzogen werden, so tritt an ihre Stelle der in dem Vollstreckungsbescheid oder einem Ergänzungsbescheide festgesetzte Wert.

Die Reichsregierung wird ermächtigt, mit auswärtigen Regierungen Übereinkommen wegen der Einziehung der verfallenen Vermögensgegenstände oder ihres Wertes abzuschließen.

c) Neben der Strafe wird natürlich die hinterzogene Abgabe selbst ebenfalls eingezogen.

2. „Hinterzieht".

Der Begriff der Hinterziehung ergibt sich aus § 359 RAbgO. Dieser lautet:

„Wer zum eigenen Vorteil oder zum Vorteil eines anderen nicht gerechtfertigte Steuervorteile erschleicht oder vorsätzlich bewirkt, daß Steuereinnahmen verkürzt werden, wird wegen Steuerhinterziehung mit den in den einzelnen Gesetzen hierfür angedrohten Strafen bestraft. Der Mindestbetrag einer Geldstrafe ist, soweit kein anderer Betrag bestimmt ist, zwanzig Mark.

Der Steuerhinterziehung macht sich auch schuldig, wer Sachen, für die ihm Steuerbefreiung oder Steuervorteile gewährt sind, zu einem Zwecke verwendet, der der Steuerbefreiung oder dem Steuervorteil, die er erlangt hat, nicht entspricht, und es zum eigenen Vorteil oder zum Vorteil eines anderen vorsätzlich unterläßt, dies dem Finanzamt vorher rechtzeitig anzuzeigen.

Es genügt, daß infolge der Tat ein geringerer Steuerbetrag festgesetzt oder ein Steuervorteil zu Unrecht gewährt oder belassen ist; ob der Betrag, der sonst festgesetzt wäre, aus anderen Gründen hätte ermäßigt werden müssen oder der Vorteil aus anderen Gründen hätte beansprucht werden können, ist für die Bestrafung ohne Bedeutung.

Eine Steuerumgehung (§ 5) ist nur dann als Steuerhinterziehung strafbar, wenn die Verkürzung der Steuereinnahmen oder die Erzielung der ungerechtfertigten Steuervorteile dadurch bewirkt wird, daß der Täter vorsätzlich Pflichten verletzt, die ihm im Interesse der Ermittlung einer Steuerpflicht obliegen. Die Vorschriften der Zoll- und Verbrauchsabgabengesetze, nach denen eine Bestrafung wegen Steuerhinterziehung eintritt, ohne daß der Vorsatz der Hinterziehung festgestellt zu werden braucht, bleiben unberührt."

3. Neben der Geldstrafe kann auf Gefängnis erkannt werden.

Dies wird natürlich nur bei ganz besonders schweren Fällen geschehen. Wird Gefängnis verhängt, so muß sich die Strafe zwischen einem Tag und fünf Jahren bewegen. „Wird wegen Steuerhinterziehung auf eine Gefängnisstrafe von mindestens drei Monaten erkannt, so kann zugleich auf Verlust der bürgerlichen Ehrenrechte erkannt werden" (§ 364 RAbgO.).

§ 59. Der Reichsminister der Finanzen ist ermächtigt, in Ausnahmefällen, in denen die Ermittlung des Vermögenswerts besonderen Schwierigkeiten begegnet, durch Vereinbarung mit dem Abgabepflichtigen die Abgabe in einem Pauschbetrage festzusetzen und auf diese Weise auch die Bindung des Vermögens aus Gründen des öffentlichen Wohles angemessen zu berücksichtigen.

Anmerkung. Ein wichtiger Anwendungsfall ist, wie in der Kommissionsberatung hervorgehoben wurde, die Ermittlung von Auslandswerten. Dem Reichsfinanzminister ist dabei eine Handhabe geboten, die besondere wirtschaftliche Lage von Auslandsdeutschen angemessen zu berücksichtigen. Vgl. wegen der Berechnung von Werten, die sich im Ausland befinden, auch § 87.

Stellt sich die Ermittelung eines Vermögenswertes nachträglich als zu hoch heraus, so kann § 57 und gegebenenfalls § 108 RAbgO. helfen (vgl. Anm. 1a u. b zu § 57).

§ 60.[1]) Bei allen Abgabepflichtigen, die infolge des Krieges Kleidungsstücke oder Haushaltungsgegenstände verloren haben, bleibt, soweit noch keine Neuanschaffungen erfolgt sind[2]), das Vermögen in Höhe des Wertes der verlorenen Kleidungsstücke und Haushaltungsgegenstände, jedoch nicht über fünfzigtausend Mark abgabefrei.

Sind diese Gegenstände oder ein Teil derselben unter einem feindlichen Zwange veräußert, so gilt der Betrag, um den ihr Wert höher ist als der Erlös, als verloren. Der Erlös bleibt abgabefrei. Neben ihm darf aber eine Abgabefreiheit für den Wert der verlorenen Gegenstände nur insoweit eintreten, als dieser einschließlich des Erlöses fünfzigtausend Mark nicht übersteigt.

1. Allgemeines.

§ 60 steht in Zusammenhang mit § 11 Nr. 1; wer infolge des Krieges seinen Hausrat verloren hat, soll wegen des Betrages, den er zur Wiederanschaffung braucht, ebenso steuerfrei sein, wie er es wäre, wenn er den Hausrat noch hätte (jedoch Höchstgrenze 50000 ℳ).

2. „Soweit" noch keine Neuanschaffungen erfolgt sind.

Es ist also nicht notwendig, daß überhaupt noch keine Neuanschaffungen erfolgt sind, sondern die Abgabefreiheit tritt entsprechend dem Wert der verlorenen und noch nicht durch Neuanschaffungen ersetzten Sachen ein.

§ 61. Die Einnahme aus dem Reichsnotopfer ist nach näherer Bestimmung des Reichshaushalts zu verwenden.

§ 62. Die Ausführungsbestimmungen zu diesem Gesetz erläßt der Reichsminister der Finanzen mit Zustimmung des Reichsrats.

Anmerkung. Die Ausführungsbestimmungen haben im Gegensatz zum Gesetz selbst keine Gesetzeskraft. Im Entwurf der Reichsabgabenordnung war (vgl. Strutz, DJZ. 1918, 340) vorgesehen, den Ausführungsbestimmungen eine weitgehende Bedeutung beizulegen (vgl. AusfBest. der amtl. Begr. zu § 2 des Entwurfs der RAbgO.). Die Bestimmungen des Entwurfs sind aber nicht Gesetz geworden.

Berlin, den 31. Dezember 1919.

Der Reichspräsident.
Ebert.

Der Reichsminister der Finanzen.
Erzberger.

Anhang.

Ausführungsbestimmungen zum Gesetz über das Reichsnotopfer, vom 31. Dezember 1919 (RGBl. S. 2189).

Vom 16. Mai 1920 (RZBl. S. 601).[1]

Steuerbehörden.

§ 1. Die Veranlagung und Erhebung des Reichsnotopfers erfolgt durch die Finanzämter.

Ermittlung der steuerpflichtigen Personen und Vermögensmassen und deren Eintragung in die Reichsnotopferlisten.

§ 2. (1) Vor der öffentlichen Aufforderung zur Abgabe der Steuererklärungen sind für jeden Veranlagungsbezirk die Personen und Vermögensmassen zu ermitteln, die für die Veranlagung zum Reichsnotopfer in Frage kommen.

(2) Nach Anleitung der Muster 1 bis 6 sind Steuerlisten für das Reichsnotopfer (Reichsnotopferlisten A bis D) aufzustellen und die Eintragungen vorzunehmen. In die Reichsnotopferliste A und A I sind alle natürlichen Personen sowie die im § 49 des Gesetzes bezeichneten Nachlaßvermögen aufzunehmen, die die Voraussetzung der persönlichen Steuerpflicht erfüllen und von denen zu vermuten ist, daß sie unter Berücksichtigung der Hinzurechnungen ein steuerbares Vermögen von mehr als 5000 ℳ besitzen. Natürliche Personen, die ein steuerbares Vermögen der im § 12 Nr. 2 des Gesetzes bezeichneten Art besitzen, sind hinsichtlich dieses Vermögens in die Reichsnotopferliste A II einzustellen. In die Reichsnotopferliste B sind alle im § 2 Nr. 4 des Gesetzes aufgeführten juristischen Personen mit Ausnahme der Genossenschaften, in die Reichsnotopferliste C alle steuerpflichtigen Genossenschaften, in die Reichsnotopferliste D alle übrigen, im § 2 Nr. 5 und 6 des Gesetzes aufgeführten juristischen Personen und Vermögensmassen aufzunehmen, die die Voraussetzungen der Steuer-

---

[1]) Die Muster und Anlagen sind hier nicht mit abgedruckt.

pflicht erfüllen, ohne Rücksicht auf ihr steuerbares Vermögen. Die im § 3 des Gesetzes erwähnten Personen und Vermögensmassen sind in die Liste einzutragen, in die sie einzutragen wären, wenn sie zu den im § 2 Abs. 1 des Gesetzes bezeichneten Personen und Vermögensmassen gehörten.

(3) Die Reichsnotopferlisten sind am 15. November 1920 in der Spalte der bis dahin festgesetzten Steuerbeträge nebst etwaigen Zuschlägen abzuschließen und aufzurechnen. Der endgültige Abschluß der Reichsnotopferlisten hat am 31. März 1923 zu erfolgen.

(4) Nach dem 15. November 1920 einzuleitende neue Steuerfälle oder nach dem 31. März 1923 vorkommende Zugänge der Steuer sind in besondere Zugangslisten einzutragen, die nach dem Muster der betreffenden Reichsnotopferliste einzurichten sind, an die sie sich hinsichtlich der Nummernfolge anschließen. Abgänge, die nach dem 31. März 1923 eintreten, oder solche, die infolge Niederschlagung oder Erlaß eintreten, sind in besonderen Abgangslisten nachzuweisen, die nach Anleitung des Musters 7 aufzustellen sind.

Steuererklärung.

§ 3. Als Frist für die Abgabe der Steuererklärung (§ 28 Abs. 1 des Gesetzes) wird die Zeit vom 28. Juni bis 28. August 1920 bestimmt. Die Landesfinanzämter können für ihren Bezirk mit Zustimmung des Reichsministers der Finanzen die Frist allgemein verlängern, soweit besondere Verhältnisse ihre Innehaltung unmöglich machen. Im einzelnen Falle kann das Finanzamt auf besonders begründeten Antrag ausnahmsweise eine Verlängerung der Frist bewilligen.

§ 4. Mindestens eine Woche vor Beginn der im § 3 bestimmten Frist erläßt das Finanzamt in den für die amtlichen Bekanntmachungen der unteren Verwaltungsbehörden bestimmten Tagesblättern eine öffentliche Aufforderung des aus der Anlage A ersichtlichen Inhalts zur Abgabe der Steuererklärung zum Zwecke der Veranlagung des Reichsnotopfers. Das Landesfinanzamt kann bestimmen, daß die Aufforderung außerdem in sonst ortsüblicher Weise bekanntgemacht wird. In dieser Aufforderung sind die Steuerpflichtigen über ihre Pflicht zur Abgabe einer Steuererklärung (§ 28 des Gesetzes) sowie über die Möglichkeit der Auferlegung eines Zuschlags wegen verspäteter Abgabe der Steuererklärung zu belehren.

§ 5. (1) Gleichzeitig mit der öffentlichen Aufforderung (§ 4) ist den in den Steuerlisten aufgenommenen Personen sowie den nach §§ 84 und 86 der Reichsabgabenordnung zur Steuererklärung verpflichteten Vertretern juristischer Personen, Personenvereinigungen ohne Rechtspersönlichkeit und von Zweckvermögen (Vermögensmassen) zwei Vordrucke für diese Steuererklärung nebst einem Abdruck der öffentlichen Aufforderung zu übersenden.

(2) Ein Steuerpflichtiger, der von mehreren Finanzämtern zur Abgabe einer Steuererklärung zum Zwecke der Veranlagung des Reichsnotopfers aufgefordert wird, ist nur verpflichtet, einem Finanzamt die Steuererklärung abzugeben; den andern Finanzämtern hat er gleichzeitig mitzuteilen, welchem Finanzamt er eine Steuererklärung abgegeben hat.

§ 6. Die Steuererklärung des Ehemanns muß das Vermögen der Ehefrau mitumfassen, sofern die Ehegatten nicht dauernd voneinander getrennt leben.

§ 7. (1) Für einen nach dem 31. Dezember 1919, aber vor der Abgabe der Steuererklärung verstorbenen Steuerpflichtigen ist die Steuererklärung, wenn ein ohne Beschränkung auf einzelne Gegenstände bestellter Testamentsvollstrecker oder ein Nachlaßpfleger die Verwaltung des Nachlasses übernommen hat, von diesen Personen, andernfalls von den Erben abzugeben.

(2) Hat von mehreren Erben einer dem Finanzamt gegenüber die Erfüllung der den Erben in Ansehung des Reichsnotopfers obliegenden Pflichten übernommen, so ist die Aufforderung zur Abgabe der Steuererklärung nur an ihn, andernfalls nach dem Ermessen des Finanzamts nur an einen von ihnen zu richten.

§ 8. Die Steuererklärung ist nach Anleitung der Muster 8 und 9 zu gestalten.

§ 9. Die Abgabe der Steuererklärung ist nötigenfalls auf dem in der Reichsabgabenordnung vorgesehenen Wege (§ 202 der Reichsabgabenordnung) zu erzwingen.

Prüfung der Steuererklärung.

§ 10. (1) Auf Grund der Steuererklärung findet die Veranlagung der Steuerpflichtigen statt.

(2) Hat das Finanzamt Bedenken gegen die Richtigkeit der Steuererklärung, so hat es den Steuerpflichtigen oder den zur Abgabe der Steuererklärung Verpflichteten unter Mitteilung der Bedenken aufzufordern, sich binnen einer Frist von einer bis zu vier Wochen zu äußern. Bei Steuerpflichtigen, die nicht im Inland wohnen, kann eine längere Frist festgesetzt werden. Von den Angaben in der Steuererklärung darf bei Feststellung des Vermögens nur abgewichen werden, falls der Steuerpflichtige der Aufforderung nicht nachkommt oder die Bedenken nicht zu beseitigen vermag.

(3) Ergibt sich bei der Prüfung der Steuererklärung, daß der Steuerpflichtige von einer ihm zustehenden Vergünstigung keinen

Gebrauch gemacht hat, so hat das Finanzamt die Vergünstigung bei der Steuerfestsetzung zu berücksichtigen oder den Steuerpflichtigen von Amts wegen auf diese hinzuweisen.

Feststellung des steuerbaren Vermögens.

§ 11. Steuerpflichtige, die als Inhaber eines Betriebs von dem Rechte des § 22 Abs. 3 des Gesetzes Gebrauch machen, haben der Steuererklärung den Geschäftsabschluß für das letzte Wirtschafts- oder Rechnungsjahr beizufügen.

§ 12. (1) Als Vorkriegskurse im Sinne des § 20 des Gesetzes gelten die Wechselkurse der Berliner Börse vom 25. Juli 1914. Hat die Berliner Börse Wechselkurse für die Währung eines Landes nicht notiert, so gelten die von einer anderen Börse notierten Kurse.

(2) Soweit am 25. Juli 1914 eine Notierung nicht stattgefunden hat, ist die nächstvorhergehende Notierung maßgebend.

§ 13. In Zweifelsfällen ist bei Beurteilung der Frage, ob es sich um einen Luxusgegenstand (§ 12 Nr. 1 des Gesetzes) handelt oder nicht, entsprechend der mit der Gesetzesvorschrift verfolgten Absicht, den zu treffen, der sein Vermögen in wertvollen Gegenständen angelegt hat, um es der Besteuerung zu entziehen, dem Umstand Bedeutung beizumessen, daß der Gegenstand wieder ohne erhebliche Verluste veräußert werden kann.

§ 14. (1) Für die Feststellung der nach § 13 des Gesetzes dem Vermögen hinzuzurechnenden Beträge sind die betreffenden Vermögensgegenstände nach den Grundsätzen zu bewerten, die anzuwenden gewesen wären, wenn die Hingabe nicht stattgefunden hätte.

(2) Bei Vermögensübergaben (§§ 13, 15 Nr. 3 des Gesetzes) mindert sich der hinzuzurechnende und abzuziehende Betrag um den Wert etwaiger Gegenleistungen.

(3) Zuwendungen von Gegenständen, die nicht zum steuerbaren Vermögen gehören, sind weder dem Vermögen des Zuwendenden, noch dem des Bedachten zuzurechnen.

Berechnung der Steuer.

§ 15. Nach Abschluß der Ermittelungen über das dem Reichsnotopfer unterliegende Vermögen ist die Steuer festzusetzen, die auf volle Mark nach unten abzurunden ist. Zu ihrer Berechnung dient die beigefügte Hilfstafel.

Steuerbescheid.

§ 16. (1) Dem Steuerpflichtigen ist ein schriftlicher Steuerbescheid nach Anleitung der Muster 10 bis 14 zu erteilen; er hat zu enthalten:

den Betrag der zu zahlenden Steuer;
die Berechnungsgrundlagen der angeforderten Steuer;
den Hinweis, daß gemäß § 56 des Gesetzes bis zum 31. Dezember 1922 Berichtigungen und Neuveranlagungen erfolgen können, auch ohne daß neue Tatsachen oder Beweismittel vorliegen, und daß die Steuerkurse und Steuerwerte innerhalb dieses Zeitraums nach näherer Bestimmung des Reichsrats nachgeprüft und festgesetzt werden;
eine Belehrung über das zulässige Rechtsmittel unter Angabe der Rechtsmittelfrist und Bezeichnung der Behörde, bei der das Rechtsmittel einzulegen ist;
einen Hinweis auf die Zulässigkeit der sofortigen Zahlung und auf die für die bis zum 31. Dezember 1920 erfolgten baren Zahlungen zustehende Vergütung sowie auf die Verpflichtung zur Verzinsung der nach der Fälligkeit bezahlten Steuerbeträge (einschließlich der Tilgungsbeträge und des Reichsnotzinses);
die Bezeichnung der zur Empfangnahme der Zahlungen zuständigen Kassenstelle;
eine Aufforderung zur Erklärung, in welcher Form der Steuerpflichtige die Abgabe zahlen will (ein entsprechender Vordruck nach Muster 15 oder 16 ist beizufügen).

(2) In dem Steuerbescheid ist anzugeben, in welchen Punkten bei der Feststellung des Vermögens von der Steuererklärung abgewichen worden ist. Eine Begründung der Abweichung ist nicht erforderlich.

(3) Über den Betrag der Steuer, für den nach § 13 Abs. 3 des Gesetzes der Bedachte der Steuerschuldner ist, erhält dieser einen besonderen Steuerbescheid unter Beifügung der Berechnung nach Muster 17.

§ 17. (1) Der festgestellten Steuer sind die Zinsen mit 5 v. H. des Steuerbetrags für die Zeit vom 1. Januar 1920 bis zum Ende des Monats zuzuschreiben, der auf den Monat der Zustellung des Steuerbescheids folgt.

(2) Wird der Steuerbescheid dem Steuerpflichtigen vor dem 2. September 1920 zugestellt (§ 31 des Gesetzes), so sind dem festgestellten Steuerbetrage die für die Zeit vom 1. Januar bis zum 30. September 1920 laufenden Zinsen mit 5 v. H. der Steuer zuzuschreiben.

(3) Wird der gesamte Steuerbetrag oder ein Teil der Steuer vor der Zustellung des Steuerbescheids gezahlt, so werden die Zinsen des ganzen oder Teilbetrags der Steuer vom 1. Januar 1920 ab nur bis zum Tage der Zahlung berechnet.

(4) Nach Zuschreibung der Zinsen ist der durch 500 ℳ teilbare Betrag (§ 31 des Gesetzes) festzustellen.

§ 18. Zahlungen über den Grundbetrag der Steuer einschließlich der bis zum Zahlungstermin aufgelaufenen Zinsen sind nach dem Muster 18 abzurechnen und gegebenenfalls zu erstatten.

§ 19. (1) Erhöht sich der nach dem Steuerbescheide zu entrichtende Steuerbetrag infolge anderweiter Festsetzung der Steuer, so ist zu verfahren, wie wenn bereits der Steuerbescheid über den tatsächlich fälligen Steuerbetrag gelautet hätte. Die danach bis zur Fälligkeit des nächsten Rentenbetrags zu wenig gezahlten Beträge sind bis zum nächsten Fälligkeitstermine zu entrichten.

(2) Ermäßigt sich der nach dem Steuerbescheide zu entrichtende Steuerbetrag infolge anderweiter Festsetzung, so ist die anderweit festgesetzte Steuer gemäß Abs. 1 Satz 1 und §§ 31, 33 des Gesetzes neu zu berechnen. Hierbei hat eine Gegenüberstellung und Abrechnung der gezahlten und der nach der anderweiten Festsetzung zu zahlen gewesenen Tilgungsrenten und des etwaigen Reichsnotzinses zu erfolgen. Die nach § 31 Abs. 1 Satz 1 des Gesetzes sofort zahlbaren, nicht durch 500 ℳ teilbaren Beträge sind ebenfalls gegenüberzustellen und abzurechnen. Ergibt sich hierbei ein Überschuß zugunsten des Steuerpflichtigen, so sind hiervon und ebenso von den zuviel gezahlten Tilgungsrenten und Reichsnotzinsen gegebenenfalls gemäß § 132 der Reichsabgabenordnung Zinsen zu berechnen. Der sich alsdann durch Zusammenrechnung der zuviel gezahlten Beträge nebst Zinsen ergebende Gesamtbetrag ist zu erstatten.

(3) Ist der bei der anderweiten Festsetzung der Steuer sich ergebende, nach § 31 Abs. 1 Satz 1 des Gesetzes sofort fällige, durch 500 ℳ nicht teilbare Steuerbetrag im Falle des Abs. 1 niedriger oder im Falle des Abs. 2 höher als der im ersten Steuerbescheide berechnete, so ist der Unterschied auf die ersten zu wenig oder zuviel gezahlten Tilgungsrenten oder Reichsnotzinsen zu verrechnen. Nur die hiernach im Falle des Abs. 2 nicht in Anspruch genommenen Beträge dieser Art sind zu verzinsen.

(4) Für die Abrechnungen nach Abs. 1 bis 3 dient das Muster 19 als Anhalt.

§ 20. Auf Verlangen ist dem Steuerpflichtigen, der die notwendigen Unterlagen beibringt, vom Finanzamt mitzuteilen, welche Steuer auf sein Vermögen und welche auf das seiner Ehefrau entfallen wäre, falls die Vermögen getrennt veranlagt worden wären (§ 16 des Gesetzes), und welche Steuer auf die Vorerbschaft allein und auf das übrigen Vermögen bei getrennter Veranlagung entfallen wäre (§ 54 des Gesetzes). Außerdem ist auf Verlangen, falls die notwendigen Unterlagen beigebracht werden, sowohl dem Inhaber eines Lehens, Fideikommisses oder Stammguts (§ 50 des Gesetzes) der auf das Lehen, Fideikommiß- oder Stammgutvermögen entfallende Betrag, als auch dem an einer fortgesetzten Gütergemeinschaft beteiligten Abkömmling (§ 53 des Gesetzes) der auf seinen Anteil am Gesamtgut entfallende Betrag der Steuer vom Finanzamt mitzuteilen.

§ 21. Ist nach Ansicht des Finanzamts ein völliger oder teilweiser Erlaß der Steuer angezeigt, so kann das Finanzamt die Erhebung des entsprechenden Steuerbetrags vorläufig aussetzen und dem Steuerpflichtigen anheimstellen, binnen einem Monat einen Erlaßantrag einzureichen. Derartige Anträge sind beim Finanzamt anzubringen und mit einer Darstellung des Sachverhalts sowie mit einer gutachtlichen Äußerung des Landesfinanzamts dem Reichsminister der Finanzen vorzulegen.

Erhebung des Reichsnotopfers.

§ 22. Über die Erhebung des Reichsnotopfers werden zwei Hauptbücher geführt, ein Sollbuch und ein Einnahmebuch. Das Sollbuch umfaßt die Erhebung aller Beträge des Reichsnotopfers, das Einnahmebuch den Zeitraum des Rechnungsjahrs. Außerdem sind besondere Sollbücher über die Steuerbeträge zu führen, die in Form der Tilgungsrente (§ 31 des Gesetzes) oder des Reichsnotzinses (§ 33 des Gesetzes) entrichtet werden.

§ 23. (1) Das Sollbuch ist nach dem Muster 20 zu führen. Durch das Sollbuch ist zugleich der rechtzeitige Eingang der fälligen Teilbeträge der geschuldeten Steuer sowie der Ablauf der etwa bewilligten Zahlungsfristen zu überwachen. Das Finanzamt hat nach der Veranlagung auf Grund der festgestellten Reichsnotopferlisten für jeden Erhebungsbezirk ein Sollbuch unter Ausfüllung der Spalten 1 bis 7 aufzustellen. Das Sollbuch ist in Spalte 7 aufzurechnen und auf dem Titelblatt mit einer Feststellungsbescheinigung zu versehen. Die Erhöhung oder Herabsetzung der zum Soll gestellten Steuer im Rechtsmittel-, Berichtigungs-, Neu- oder Nachveranlagungsverfahren kommt in den Spalten 8 bis 12 zur Darstellung. Die Spalte 12 (berichtigtes Soll) ist erst beim Abschluß des Sollbuchs auszufüllen. Die in Form der Tilgungsrente (§ 31 des Gesetzes) oder des Reichsnotzinses (§ 33 des Gesetzes) zu entrichtende Steuer ist in den Spalten 16 und 17 einzutragen, ebenso in Spalte 15 der nach § 46 des Gesetzes von der Anstalt übernommene Steuerbetrag. Das Sollbuch wird am 31. März 1923 durch die Finanzkasse in den Spalten 8 ff. aufgerechnet und abgeschlossen. Die nach Spalte 19a verbleibenden Rückstände werden in die Restnachweisung (§ 49) übernommen.

(3) Unter dem Abschluß des Sollbuchs ist von einem an der Kassenführung nicht beteiligten Beamten zu bescheinigen, daß die nach Spalte 19a verbleibenden Rückstände sämtlich in die Restnachweisung übertragen worden sind.

§ 24. (1) Das Einnahmebuch ist nach Muster 21 für je ein Rechnungsjahr zu führen. Abweichungen in der Führung des Einnahmebuchs sind mit Zustimmung des Reichsministers der Finanzen zulässig.

(2) Die in Zahlung gegebenen Schuldverschreibungen, Schuldbuchforderungen und Schatzanweisungen des Deutschen Reichs sind in dem nach dem Muster 22 zu führenden Anhang A zum Einnahmebuche nachzuweisen.

(3) Der Nachweis der erstatteten oder zurückgezahlten Reichsnotopferbeträge ist in einem Anhang B zum Einnahmebuche zu führen. Muster 23 dient hierfür als Anhalt.

§ 25. Die Sollbücher für die Tilgungsrenten und den Reichsnotzins sind nach dem Muster 24 für den Zeitraum von vier zu vier Jahren zu führen.

§ 26. Die Steuerbeträge, die von der im § 45 des Gesetzes bezeichneten Anstalt übernommen sind, sind jährlich nach dem Muster 25 zusammenzustellen und dem Landesfinanzamt zur Weitergabe an den Reichsminister der Finanzen einzureichen.

Entrichtung der Steuer.

§ 27. (1) Bei baren Zahlungen (§ 41 des Gesetzes) bis zum 30. Juni 1920 sind für je 100 ℳ der Steuer 92 ℳ und vom 1. Juli bis 31. Dezember 1920 96 ℳ von dem Steuerpflichtigen entgegenzunehmen. Markbeträge, die sich nicht durch 92 oder 96 teilen lassen, sind zurückzuweisen.

(2) Die Entrichtung der in den §§ 31, 33 des Gesetzes bezeichneten Rentenbeträge und des durch 500 nicht teilbaren Betrags gilt ohne Rücksicht auf den Zeitpunkt der Entrichtung nicht als bare Zahlung im Sinne des § 41 des Gesetzes.

§ 28. Eine Vergütung von Zinsen auf vor der Fälligkeit erfolgte Zahlungen der im § 27 Abs. 2 bezeichneten Art kann nicht beansprucht werden.

§ 29. Wird der gesamte Steuerbetrag oder ein Teil der Steuer nach der Zustellung des Steuerbescheids, aber vor dem ersten Fälligkeitstermine der Tilgungsrente (§ 31 Abs. 1 Satz 1 und Abs. 2 Satz 2 des Gesetzes) gezahlt, so werden von dem nach dem Steuerbescheide zu zahlenden Gesamtbetrage 5 v. H. Zinsen des gezahlten Steuerbetrags vom Tage der Zahlung bis zum ersten Fälligkeitstermin abgerechnet, soweit nicht § 28 in Frage kommt.

§ 30. (1) Die Ablösungsbeträge (§ 34 des Gesetzes) müssen stets durch den für 100 ℳ berechneten, noch nicht getilgten Betrag der der Tilgungsrente oder dem Reichsnotzins zugrunde liegenden Steuerschuld (Ablösungsbetrag für 100 ℳ Grundbetrag) teilbar sein. Der Grundbetrag der Tilgungsrente oder des Reichsnotzinses ermäßigt sich bei der Entrichtung eines solchen Ablösungsbetrags um so viel 100 ℳ, als der Ablösungsbetrag für 100 ℳ in dem gezahlten Betrag enthalten ist. Zur Berechnung der Ablösungsbeträge dient die beigefügte Hilfstafel C.

(2) Die Berechnung richtet sich nach den Beispielen in der Anlage C.

§ 31. Der Entnahme der Steuer aus dem gebundenen Vermögen (§ 50 des Gesetzes) steht die Belastung des Grundbesitzes durch den Reichsnotzins gleich.

Reichsnotzins.

§ 32. Besitzt ein Steuerpflichtiger mehrere wirtschaftlich selbständige Grundstücke, so ist der Reichsnotzins nach Verhältnis des steuerlich festgestellten Reinvermögens des Steuerpflichtigen an den einzelnen Grundstücken auf diese zu verteilen.

Annahme von Schuldverschreibungen, Schuldbuchforderungen und Schatzanweisungen des Deutschen Reichs an Zahlungs Statt.

§ 33. (1) Bei Entrichtung der Steuer sind nach § 43 des Gesetzes bis zum 31. Dezember 1920 Schuldverschreibungen, Schuldbuchforderungen und Schatzanweisungen des Deutschen Reichs an Zahlungs Statt anzunehmen.

(2) Die Frist bis zum 31. Dezember 1920 ist gewahrt, falls bis zu diesem Termine die Stücke bei der Annahmestelle oder der Übertragungsantrag bei der Reichsschuldenverwaltung eingereicht sind.

§ 34. (1) Bis zum 31. Dezember 1920 werden die 5prozentigen Schuldverschreibungen, Schuldbuchforderungen und Schatzanweisungen der Kriegsanleihen des Deutschen Reichs sowie die 4½prozentigen Schatzanweisungen der 6., 7., 8. und 9. Kriegsanleihe mit Zinsen für die Zeit vom 1. Januar 1920 ab zum Nennwert, die 4½prozentigen Schatzanweisungen der 4. und 5. Kriegsanleihe unter Zugrundelegung des gleichen Zinsenlaufs zum Werte von 96,50 ℳ für je 100 ℳ Nennwert für das Reichsnotopfer an Zahlungs Statt angenommen, wenn der Steuerpflichtige nachweist, daß er oder im Falle des § 16 des Gesetzes seine Ehefrau die an Zahlungs Statt hingegebenen Schuldverschreibungen, Schuldbuchforderungen oder Schatzanweisungen

1. infolge einer Zeichnung von Kriegsanleihe für sich oder für den Bedachten (§ 13 des Gesetzes) erworben hat, oder
2. aus dem Nachlaß eines Verstorbenen von Todes wegen

erworben und der Erblasser sie infolge einer Zeichnung von Kriegsanleihe erworben hat, oder die Zeichnung für eine Erbengemeinschaft erfolgt ist, an der der Steuerpflichtige oder dessen Ehegatte beteiligt war, oder

3. von einer offenen Handelsgesellschaft, Kommanditgesellschaft, Gesellschaft mit beschränkter Haftung, Genossenschaft oder von einem Syndikat als deren Gesellschafter, Genosse oder Mitglied empfangen und die Gesellschaft, Genossenschaft oder das Syndikat sie infolge einer Zeichnung von Kriegsanleihe erworben hat, oder
4. von einer Genossenschaft als deren Mitglied käuflich erworben hat, sofern der dafür entrichtete Erwerbspreis nicht den Betrag seines am 31. Dezember 1919 vorhanden gewesenen Guthabens überstiegen und die Genossenschaft die Schuldverschreibungen, Schuldbuchforderungen oder Schatzanweisungen infolge einer Zeichnung erworben hat. Die Bestimmung findet keine Anwendung auf solche Genossenschaftsmitglieder, die die Mitgliedschaft erst nach dem 1. Juli 1919 erworben haben;
   oder
5. an Stelle einer auf gesetzlicher Verpflichtung beruhenden Aussteuer erhalten hat und der Aussteuernde die Schuldverschreibungen, Schuldbuchforderungen und Schatzanweisungen infolge einer Zeichnung erworben hat.

(2) Infolge einer Zeichnung hat auch derjenige Kriegsanleihe im Sinne des Abs. 1 Ziff. 1 für sich erworben, der sie von einem andern empfangen hat, wenn der andere zwar im eigenen Namen, aber für Rechnung des Empfängers gezeichnet hat.

(3) Sind Beträge, die nach § 13 des Gesetzes dem Vermögen des Steuerpflichtigen hinzuzurechnen sind, in der Form von selbstgezeichneten Kriegsanleihen im Sinne des § 43 des Gesetzes geschenkt oder zugewendet worden, so kann der Bedachte für die auf diese Kriegsanleihen entfallende Steuer die Anleihen als selbstgezeichnet in Zahlung geben.

§ 35. (1) Im Sinne des § 34 (§ 43 des Gesetzes) als selbstgezeichnet anzusehende Schuldverschreibungen, Schuldbuchforderungen und Schatzanweisungen der Kriegsanleihen des Deutschen Reichs werden je nach den in Zahlung mitgegebenen Zinsabschnitten (Zinsen) zu den in den Mustern 33 Spalte 6 und 34 Spalte 6 angegebenen betreffenden Beträgen, andere Schuldverschreibungen, Schuldbuchforderungen und Schatzanweisungen des Deutschen Reichs zu entsprechenden Beträgen angenommen, die noch durch den Reichsminister der Finanzen veröffentlicht werden.

(2) Eine Verzinsung (§ 30 des Gesetzes) des Teiles der Steuer, der durch die Inzahlunggabe von Schuldverschreibungen, Schuldbuchforderungen und Schatzanweisungen des Deutsches Reichs entrichtet wird, findet nicht statt.

(3) Schuldverschreibungen und Schatzanweisungen des Deutschen Reichs sollen nur dann an Zahlungs Statt angenommen werden, wenn weitere Zinsabschnitte als der laufende nicht fehlen.

§ 36. (1) Der Nachweis der Zeichnung für sich oder den Bedachten (§ 13 des Gesetzes) wird bei Schuldverschreibungen und Schatzanweisungen durch Vorlegung einer von der Zeichnungs-(Vermittlungs-)Stelle auszustellenden Bescheinigung erbracht. Aus der Bescheinigung müssen sich die Nummern der gezeichneten Stücke ergeben. Als Anleitung soll das Muster 26 dienen. Bescheinigungen der Vermittlungsstellen über die für eigene Rechnung gezeichneten Stücke sind unzulässig; in solchen Fällen ist nach Abs. 3 zu verfahren.

(2) Bei Schuldbuchforderungen wird der Nachweis der Zeichnung durch die von der Reichsschuldenverwaltung zu treffende Feststellung, daß die Forderung unmittelbar infolge einer Schuldbuchzeichnung in das Schuldbuch eingetragen worden ist, erbracht.

(3) Kann der Steuerschuldner eine Bescheinigung der Zeichnungs-(Vermittlungs-)Stelle über die erfolgte Zeichnung von Schuldverschreibungen oder Schatzanweisungen nicht vorlegen oder kann die Reichsschuldenverwaltung die Feststellung nach Abs. 2 nicht treffen, so kann der Steuerschuldner bei dem Finanzamt die Ausstellung einer Bescheinigung über die Zeichnung beantragen. Der Antrag muß die Erklärung enthalten, warum der Steuerschuldner zur Vorlegung einer Bescheinigung der Zeichnungsstelle nicht imstande ist. Erachtet das Finanzamt den Nachweis der Zeichnung für hinreichend geführt, so stellt es unter Verwendung des Musters 27 die Bescheinigung aus; andernfalls weist es den Antrag zurück.

§ 37. Im Falle der Zeichnung von Kriegsanleihe durch die Ehefrau des Steuerschuldners hat dieser den Nachweis der Zusammenrechnung des Vermögens der Ehegatten zu erbringen. Dieser Nachweis wird durch eine unter Benutzung des Musters 28 von dem Finanzamt auszustellende Bescheinigung geführt.

§ 38. (1) Der Nachweis des Erwerbes von Kriegsanleihe aus dem Nachlaß eines Verstorbenen von Todes wegen (§ 34 Abs. 1 Nr. 2) oder des Empfanges von Kriegsanleihe von einer offenen Handelsgesellschaft, Kommanditgesellschaft, Gesellschaft mit beschränkter Haftung, Genossenschaft oder von einem Syndikat als deren Gesellschafter, Genosse oder Mitglied (§ 34 Abs. 1 Nr. 3), oder des käuflichen Erwerbes von Kriegsanleihe von einer Genossenschaft (§ 34 Abs. 1 Nr. 4) oder des Empfanges der Kriegsanleihe an Stelle einer auf gesetzlicher Verpflichtung beruhender Aussteuer (§ 34 Abs. 1 Nr. 5) kann auf jede geeignete Weise vor dem Finanzamt geführt werden. Erachtet das Finanzamt den Nachweis für erbracht, so stellt es hierüber unter Verwendung des Musters 29 eine Bescheinigung aus; andernfalls lehnt es die Ausstellung der Bescheinigung ab.

(2) Soweit es sich um zugewendete Kriegsanleihe im Sinne des § 34 Abs. 3 handelt, hat der Bedachte nachzuweisen, daß sie der Geber selbst gezeichnet hat, sowie welcher Steuerbetrag hiervon gemäß § 13 Abs. 3 des Gesetzes von dem Bedachten erfordert worden ist. Der Nachweis kann auf jede geeignete Weise vor dem Finanzamt geführt werden. Erachtet das Finanzamt den Nachweis für erbracht, so stellt es hierüber unter Verwendung des Musters 30 eine Bescheinigung aus; andernfalls lehnt es die Ausstellung der Bescheinigung ab.

(3) Bei Schuldbuchforderungen darf das Finanzamt die Bescheinigung nach Abs. 1 und 2 nur ausstellen, wenn der Übergang der Schuldbuchforderung durch Eintragung im Schuldbuch beurkundet worden ist. Die Eintragung im Schuldbuch setzt einen Antrag in der durch das Reichsschuldbuchgesetz vorgeschriebenen Form voraus.

§ 39. (1) Die Bescheinigung nach § 36 ist auch dann auszustellen, wenn ein Steuerpflichtiger Schuldverschreibungen, Schuldbuchforderungen oder Schatzanweisungen, die er infolge einer Zeichnung erhalten hat, in andere Schuldverschreibungen, Schuldbuchforderungen oder Schatzanweisungen, gegebenenfalls in solche mit anderem Nennwert oder mit anderem Zinstermin umgetauscht hat. In diesem Falle hat die Bescheinigung sowohl die Nummern der gezeichneten Schuldverschreibungen, Schuldbuchforderungen oder Schatzanweisungen als auch die Nummern der für sie eingetauschten Kriegsanleihen zu enthalten.

(2) Das gleiche gilt, wenn ein Steuerpflichtiger einer Reichsbehörde Schuldverschreibungen, Schuldbuchforderungen oder Schatzanweisungen, die er infolge einer Zeichnung erhalten hat, in Zahlung gegeben hat und von dieser, da er zuviel gezahlt hat, Ersatzstücke geliefert erhalten hat.

(3) Der Ausstellung einer besonderen Bescheinigung durch das Finanzamt nach §§ 36 Abs. 3, 37 und 38 bedarf es nicht, wenn das Finanzamt als Annahmestelle für Wertpapiere (§ 41 Abs. 1) in Betracht kommt.

§ 40. (1) Schuldverschreibungen, Schuldbuchforderungen und Schatzanweisungen des Deutschen Reichs können nur insoweit in Zahlung gegeben werden, als der Annahmewert (§ 35 Abs. 1) den Betrag der geschuldeten Vermögensabgabe nicht übersteigt.

Eine bare Herauszahlung auf hingegebene Stücke oder Buchforderungen der Reichsanleihen findet nicht statt.

(2) In dem Annahmewerte der Schuldverschreibungen, Schuldbuchforderungen und Schatzanweisungen der Anleihen des Deutschen Reichs ist die vom Tage der Fälligkeit der in den §§ 31 und 33 des Gesetzes bezeichneten Teilbeträge entstehende Zinspflicht (§ 104 der Reichsabgabenordnung) berücksichtigt. Der Steuerschuldner hat daher nur den nicht durch Hingabe von Schuldverschreibungen, Schuldbuchforderungen und Schatzanweisungen des Deutschen Reichs beglichenen Restbetrag vom Tage der Fälligkeit der Teilbeträge der geschuldeten Abgabe ab (§ 23 Satz 2) mit 5 v. H. zu verzinsen.

§ 41. (1) Wer bei Entrichtung des Reichsnotopfers Schuldverschreibungen oder Schatzanweisungen des Deutschen Reichs hingeben will, hat die Stücke nebst den dazugehörigen Zinsscheinen und Zinserneuerungsscheinen einer der vom Reichsminister der Finanzen öffentlich bekanntzumachenden Annahmestellen mit einem Antrag nach Muster 31 einzureichen.

(2) Wer zur Entrichtung des Reichsnotopfers Schuldbuchforderungen des Deutschen Reichs verwenden will, hat bei der Reichsschuldenverwaltung (Schuldbuchangelegenheit) in Berlin SW 68, Oranienstraße 92/94, einen Antrag auf Übertragung seiner Schuldbuchforderung oder eines entsprechenden auf volle hundert Mark lautenden Teiles auf das Konto der Reichskasse für Reichsnotopfer nach Muster 32 zu stellen. Der Antrag ist von dem Antragsteller zu unterschreiben. Von einer Beglaubigung der Unterschrift wird die Reichsschuldenverwaltung in der Regel absehen. Der Antrag wird nur berücksichtigt, sofern sich auf dem Konto des Antragstellers keine Beschränkung zugunsten Dritter, wie Zinsgenußrechte, Pfandrechte usw., befindet.

(3) Vordrucke zu den Anträgen (Abs. 1 und 2) werden den Steuerpflichtigen kostenfrei verabfolgt.

(4) Die Übertragung der Reichsschuldbuchforderungen auf das Konto der Reichskasse erfolgt gebührenfrei.

(5) Wer bei Entrichtung des Reichsnotopfers Schuldverschreibungen, Schuldbuchforderungen oder Schatzanweisungen der Kriegsanleihen des Deutschen Reichs zu dem im § 34 bezeichneten Werte hingeben will, hat dem bei der Annahmestelle oder der Reichsschuldenverwaltung (Abs. 1 und 2) einzureichenden Antrag die nach den §§ 36 bis 39 erforderlichen Bescheinigungen beizufügen.

§ 42. (1) Die Annahmestellen für Wertpapiere (§ 41 Abs. 1) berechnen den Annahmewert der ihnen übergebenen Stücke, die Reichsschuldenverwaltung (§ 41 Abs. 2) den Annahmewert der auf das Konto der Reichskasse übertragenen Schuldbuchforderungen und stellen den Antragstellern (Einlieferern von Stücken) Bescheinigungen über den Gesamtannahmewert der eingelieferten Stücke oder übertragenen Schuldbuchforderungen nach Muster 33 oder 34 aus.

(2) Diese Bescheinigungen sind von dem Steuerpflichtigen der Finanzkasse zu übergeben, von dieser zu dem darin angegebenen Gesamtannahmewert auf das zu entrichtende Reichsnotopfer in Zahlung zu nehmen und bei den Einnahmeablieferungen als Belege über Zahlungen für Rechnung der Reichshauptkasse aufzurechnen.

§ 43. Die Verzinsung der bei der Reichsschuldenverwaltung auf das Konto der Reichskasse übertragenen Schuldbuchforderungen hört auf.

Wegzug des Steuerpflichtigen.

§ 44. (1) Verlegt ein Steuerpflichtiger seinen Wohnsitz oder gewöhnlichen Aufenthalt nach der Veranlagung, aber vor dem 31. März 1923, in den Bezirk eines anderen Finanzamts, so hat die Überweisung des Steuerfalls und des noch nicht gezahlten Sollbetrags der Steuer erst nach diesem Tage zu erfolgen.

(2) Bei der Verlegung des Sitzes eines Steuerpflichtigen der im § 2 Abs. 1 Nr. 4 bis 6 des Gesetzes bezeichneten Art findet eine Überweisung des Reichsnotopfers zur Einziehung nicht statt.

Verfahren bei Erstattung des Reichsnotopfers.

§ 45. (1) Die nach §§ 18, 19 berechnete, sowie eine sonstige Erstattung des Reichsnotopfers hat bis zu dem Betrage, der bei der Entrichtung bar eingezahlt worden war, in bar, darüber hinaus durch Ausreichung von Schuldverschreibungen oder Schatzanweisungen des Deutschen Reichs unter Berechnung des Annahmewerts zu erfolgen, soweit dies nach der Stückelung möglich ist und §§ 33 und 34 in Frage kommen. Die auszureichenden Wertpapiere sind bis zum Gesamtbetrage der zum Steuerkurs erfolgten Anrechnungen zum Steuerkurse, darüber hinaus zu dem höheren Kurse (§ 34) zu berechnen, zu dem die Wertpapiere oder Schuldbuchforderungen an Zahlungs Statt angenommen worden sind.

(2) Zu diesem Zwecke hat die Finanzkasse bei dem vorgesetzten Landesfinanzamt die Überweisung der benötigten Stücke unter Angabe des Gesamtbetrags der Herauszahlung, des davon durch Ausreichung von Wertpapieren zu begleichenden Teiles und des Zinsfußes der seinerzeit bei der Bezahlung des Reichsnotopfers in Zahlung genommenen Anleihe in vier Ausfertigungen nach Muster 35 zu beantragen.

(3) Das Landesfinanzamt übersendet alle vier Ausfertigungen dieses Antrags an das Kontor der Reichshauptbank für Wert-

papiere in Berlin SW 19 mit dem Ersuchen, die Stücke unmittelbar der Finanzkasse zuzustellen.

(4) Die Reichshauptbank hat aus den bei ihr für die Reichshauptkasse lagernden Beständen die entsprechenden Wertpapiere — und zwar, soweit angängig, solche mit gleichem Zinsfuß wie die seinerzeit in Zahlung genommene Anleihe — zu entnehmen und der Finanzkasse mit zwei Ausfertigungen des Antrags, auf denen der Nennwert, Zinsfuß, Zinsenlauf und Annahmewert der Wertpapiere anzugeben sind, unmittelbar zu übersenden. Von den übrigen zwei Ausfertigungen, auf denen ebenfalls Nennwert, Zinsfuß, Zinsenlauf und Annahmewert der übersandten Wertpapiere anzugeben sind, ist eine dem Landesfinanzamt, die andere der Reichshauptkasse zuzustellen.

(5) Die Finanzkasse hat auf einer der ihr von der Reichshauptbank zugegangenen Ausfertigungen den Empfang der Wertpapiere zu bescheinigen, die Empfangsbescheinigung an das Kontor der Reichshauptbank für Wertpapiere zurückzusenden, die Wertpapiere nebst Zinsscheinen dem Empfangsberechtigten auszuhändigen und den von der Reichshauptbank berechneten Annahmewert auf den zurückzuzahlenden oder zu erstattenden Betrag anzurechnen.

(6) Der Annahmewert der bei Zurückzahlungen oder Erstattungen ausgereichten, von der Reichshauptbank bezogenen Wertpapiere ist bei den Abrechnungen mit der Reichshauptkasse als „Einnahme für ausgereichte Wertpapiere aus dem Bestande der Reichshauptkasse" abzuliefern.

(7) Die nach § 132 der Reichsabgabenordnung zu vergütenden Zinsen sind nur von dem bar herauszuzahlenden Betrage zu berechnen. Die Zinsen für den durch Ausreichung von Schuldverschreibungen oder Schatzanweisungen des Deutschen Reichs erstatteten Betrag sind in dem Wert der zurückzureichenden Stücke berücksichtigt.

(8) Wenn in Zahlung gegebene Anleihestücke oder übertragene Schuldbuchforderungen über einen höheren Betrag lauten, als das zu begleichende Reichsnotopfer beträgt, erfolgt die Rückgabe der zuviel gezahlten Beträge (Überzahlungen) nach Maßgabe des Rundschreibens des Reichskanzlers (Reichsschatzamt) vom 19. September 1917 — Nr. III 6790 — (Mitteilungen über die Zuwachssteuer, die Reichsbesitzsteuern und die Reichsverkehrssteuern, S. 152) auf dem vorstehend für Erstattungen vorgeschriebenen Wege.

Stundung.

§ 46. (1) Ist ein Antrag auf Stundung des Reichsnotopfers gemäß § 27 des Gesetzes gestellt, so hat das Finanzamt zu prüfen, ob die Voraussetzungen des Gesetzes vorliegen, und gegebenenfalls weitere Ermittelungen anzustellen. Ist das steuerbare Vermögen des Antragstellers geringer als 100000 ℳ, so entscheidet das Finanzamt über den Antrag. Im andern Falle gibt das Finanzamt den Antrag mit einer Darstellung des Sachverhalts sowie mit einer gutachtlichen Äußerung an das Landesfinanzamt ab, das seinerseits über den Antrag entscheidet oder ihn, wenn das steuerbare Vermögen des Antragstellers über 200000 ℳ beträgt, an den Reichsminister der Finanzen weiterleitet.

(2) Der Antragsteller ist bei der Benachrichtigung von der Genehmigung seines Gesuchs darauf hinzuweisen, daß die Stundung ganz oder teilweise zurückgenommen werden kann, sobald sich seine wirtschaftlichen Verhältnisse ändern.

(3) Von Zeit zu Zeit, spätestens alle vier Jahre, ist nachzuprüfen, ob sich die Verhältnisse, die zu einer Stundung der Steuer oder eines Teiles derselben geführt haben, inzwischen geändert haben.

(4) Der Bescheid über die völlige oder teilweise Ablehnung eines Stundungsantrags, über die Änderung oder Aufhebung einer Stundung ist zuzustellen. Innerhalb einer Frist von einem Monat ist gemäß § 27 des Gesetzes in Verbindung mit § 282 der Reichsabgabenordnung die Beschwerde zulässig. Der Bescheid hat den Hinweis auf die ausschließliche Zulässigkeit dieses Rechtsmittels zu enthalten.

(5) Ist ein Antrag auf Stundung nicht gestellt, nach Ansicht des Finanzamts eine völlige oder teilweise Stundung aber angezeigt, so kann das Finanzamt die Erhebung der entsprechenden Steuerbeträge vorläufig aussetzen und dem Steuerpflichtigen anheimstellen, binnen einem Monat einen Stundungsantrag zu stellen.

(6) Beim Ableben des Steuerpflichtigen ist der überlebenden Ehefrau auch ohne besonderen Antrag weitere Stundung zu gewähren, falls das Finanzamt zu der Überzeugung gelangt, daß die wirtschaftlichen Verhältnisse eine weitere Stundung rechtfertigen.

§ 47. Im Falle der Stundung nach § 46 beginnen die Verzinsung und der Lauf der Tilgungsrente oder des Reichsnotzinses für die gestundete Steuer oder den gestundeten Teil der Steuer erst nach Ablauf oder Aufhebung der Stundung.

Neuveranlagung.

§ 48. Eine Neuveranlagung des in dem § 49 des Gesetzes bezeichneten Berechtigten hat für den Fall stattzufinden, daß er unter Berücksichtigung seines eigenen Vermögens und der Vorschriften der §§ 23 und 26 des Gesetzes eine höhere oder niedrigere Steuer zu zahlen gehabt hätte, als auf seinen Anteil am Nachlaß verhältnismäßig festgesetzt ist.

Restnachweisung.

§ 49. (1) Sind am 31. März 1923 beim Abschluß des Sollbuchs für das Reichsnotopfer die zum Soll gestellten Steuerbeträge noch nicht oder nicht vollständig zur Hebung gelangt oder noch nicht in die in den §§ 25, 26 bezeichneten Bücher und Zusammenstellungen übertragen, so sind die Rückstände in eine Restnachweisung einzutragen und dort weiter abzuwickeln.

(2) Diese Restnachweisung wird nach Muster 36 für den Zeitraum von je vier Jahren geführt. Von einem an der Kassenführung nicht beteiligten Beamten ist auf dem Titelblatte zu bescheinigen, daß die beim Abschluß des Sollbuchs rückständig gebliebenen Beträge in die Restnachweisung übertragen worden sind.

(3) Einzahlung auf diese Reste sind im Einnahmebuche für das Reichsnotopfer zu buchen.

Aktenführung.

§ 50. Über jeden einzelnen in die Reichsnotopferlisten aufgenommenen Steuerpflichtigen sind Akten anzulegen, in die alle auf die Veranlagung zum Reichsnotopfer bezüglichen Mitteilungen, Steuererklärungen, Anträge und sonstigen Schriftstücke nach der Zeitfolge geordnet aufzunehmen sind. Die Akten sind derart zu führen, daß sich eine Nachprüfung nach ihrem Inhalt ermöglichen läßt.

Aufbewahrung der Veranlagungsunterlagen.

§ 51. Die Steuerlisten sowie die Kassenbücher und Akten sind nach Abschluß des Einziehungsverfahrens noch fünfzehn Jahre aufzubewahren.

Prüfungsverfahren.

§ 52. Rechtzeitig vor dem 31. Dezember 1922 sind sämtliche Akten nach Anweisung des Reichsministers der Finanzen einer Prüfung zu unterziehen.

§ 53. Die Sollbücher, die Restnachweisungen und die Einnahmebücher nebst den dazu gehörigen Belegen sind durch die Landesfinanzämter nachzuprüfen. Zu diesem Zwecke sind nach Ablauf des Rechnungsjahrs 1922 die Sollbücher und die Einnahmebücher nebst den dazu gehörigen Belegen dem Landesfinanzamt einzureichen. Den Zeitpunkt der Einreichung der Restnachweisung, der in dem § 25 bezeichneten Sollbücher und der hierzu gehörigen Einnahmebücher bestimmt der Reichsminister der Finanzen.

§ 54. Der Reichsminister der Finanzen ist ermächtigt, die Muster zu ändern und neue Muster einzuführen.

Sachregister.

Die Zahlen bei den Worten weisen auf die Seiten hin.

T

U

V

W

Z

Kolibri 360 GmbH
Ferdinand-Jühlke-Straße 7
99095 Erfurt, Deutschland
produktsicherheit@kolibri360.de